萬曆首輔
張居正

酈波——著

序

二〇〇八年十二月十日，對我來說，那是一個永生難忘的日子。

前天，我正在「百家講壇」錄製「萬曆首輔張居正」系列的最後幾集，那幾講是講述張居正做為一個改革家所獨具的孤獨的心路歷程。其中，講到他在父親去世後，在親情與理想間痛苦掙扎，在世俗與操守間艱難取捨。當時，因為過於投入，講述中竟一時情難自抑，潸然淚下。

過後，現場觀眾和編導們都來對我說：「酈老師，您講得太感人了！」

我知道，這是大家對我的認可，我很感謝他們。可當時的我，悶悶不樂，一點兒也高興不起來。

我以為自己只是沉浸在人物命運的悲歡離合中。

自覺是個比較感性的人，對於講述對象總喜歡做心靈的感悟與揣摩。在「百家講壇」講述明代大改革家張居正的風雨人生，前前後後近一年的時間。在這一年裡，我愈來愈泥足深陷、不可自拔。很多時候，尤其是漫長夜裡備稿的時候，在昏黃的燈光下，在泛黃的書頁上，似乎總能看到那從遙遠時空映射來的消瘦身影，似乎總能聽見那從歷史深處傳來的一聲吶喊，也總能清晰地感受到一個靈魂的孤獨與徬徨。

所以，那一年裡，自己也變得很孤獨、很徬徨，甚至很沉默。內人說我有些走火入魔，分不清自己是講述者還是被講述者！

所以，我一直以為是張居正這個人物命運的沉重讓我快樂不起來。尤其是講到他在推行改革最緊要關頭，父親突然去世，竟意外引發了政治風暴！在親情與世情之間，在世俗倫理與個人理想之間，他不得不做出痛苦的抉擇。內心的掙扎與失去親人的痛苦糾結纏繞，終於讓張居正有了驚人之舉。

我自覺感受到了他內心的那種孤獨與痛苦，所以率性講來，一切皆屬當然。

除了這些，也還有種隱約的預感，讓我愈發開心不起來。

十日這天，我坐在首都機場三號航站樓偌大的候機室裡，看著機場上空滿天的陰雲，麻木地等待著誤點的航班。

突然電話鈴響，是父親的來電。

我很奇怪，父親已退休多年，平常多是我打電話問候他，倘若沒事，他甚少主動打電話給我。

父親先問了此次的錄製，又問了我最近的工作情況，最後翻來覆去地叮囑我要注意身體，講課、寫作、孤身在外，都不能累著，要學會自己照顧自己。

我輕鬆地回答他說：「您放心，只要是上課，我就很開心，不會累著的。」

他突然笑著說：「呵呵，當初研究所畢業，我勸你留校當老師，這沒錯吧！」

當初畢業時，我有各種各樣的選擇。正因為有選擇，反而讓我痛苦不堪。向父親請教，他說：「自己的人生，應當自己選擇。不過要是換了我，我會選擇一件能讓我一輩子都開心的事去做。可惜我年輕時沒機會選擇，換作是你，我願意當個大學老師。」

知道他說的是心裡話，父親戎馬一生，後來轉業到了地方，做過很多工作，但他最喜歡的竟是去培訓班給人上課。他口才好，又勤奮，別人都喜歡聽他的課。可惜的是，上課的機會實在不多。

其實我知道，他一直都有當老師的夢想。

於是，我做出了自己的選擇——完成他一直以來的夢想。

後來，我驚奇地發現，大概是父親對講臺的熱情影響了我，自己竟也如此熱愛這小小的三尺講臺。人們總把教師比作蠟燭，因為他們燃燒自己，散發出光和熱。我卻發現，在燃燒的過程中，得到溫暖與光亮最多的就是蠟燭本身。

我因此而幸福，並由衷地感謝父親，是他用他的智慧點亮了我的人生。

父親聊了半天後突然說，他也在機場，馬上要去雲貴一帶出差，參加一個「關心下一代」工作會議，會上他還要做主題發言，所以等我回到南京，他已經離開南京了。

我聽了突然心生一種異樣的感覺，昨天講完張居正後那種悶悶不樂中的預感忽然在心頭閃過。我對他說：「都退休了，就好好在家歇著唄！幹嘛還要出差？還要去雲貴高原那種地方？你總勸我注意身體，我這麼年輕，有啥好注意的。反倒是你，跑那麼遠，高原氣候適不適應？要不咱就別去了！」

「真是說孩子話！我馬上都要走了，怎麼能不去呢？你放心，我身體好著呢！」父親渾厚的聲音裡充滿了自信，「好了，我要登機了，等回來我們再聊。」我默然無語，以為他要掛電話了，他卻又說了句，「以後一定要學會照顧自己，好好注意身體啊！」

這就是我聽到父親對我說的最後一句話！

僅僅一天之後，噩耗傳來，父親在做完大會主題發言後，突發心肌梗塞，倒在會場上。而我與他遠隔天涯，竟不能見上最後一面！

我終於知道，我在講述張居正喪父後的痛苦時為什麼會淚流滿面！

我終於知道，我在黯然走下講臺時為什麼會有不祥的預感！

我終於知道，我在機場的滿天陰雲下為什麼會接到父親的電話！

只因為我敬愛的父親就這樣離我而去，而我卻無法留住他，只能這樣眼睜睜地看著他如流星般從我的身邊永遠地劃過……

我多想再回到那一刻，講述張居正的孤獨與痛苦的那一刻。我願意永遠在那一刻的孤獨裡徘徊，只要時間能停下來，不再過去！只要我的父親沒有登機、沒有打電話來！

可我，終究還是無能為力！

後來，我在思念父親的歲月裡有了一個小小的願望：如果將來有一天，要告別這美麗的人世間，也要像父親一樣，微笑著倒在我熱愛的講臺上。

父親說過：「是我們的夢想，賦予生命以榮光！」
謹以此書獻給我永遠敬愛的父親！
是為序。

第一章

大明王朝一五八二

最失敗的教育

我們知道，歷史跟人生一樣，總是充滿了遺憾。

就大明王朝的歷史而言，最大的遺憾既不是明成祖朱棣一怒之下殺了執拗的儒生方孝孺，也不是亡國的崇禎皇帝自毀長城殺了邊關大將袁崇煥，而是明代嘉靖到萬曆年間的一段失敗教育。

你絕對想不到！

一個最好的老師，加上一個最好的學生，一個最好的家長，再加上一個最好的陪讀，四個加在一起的結果並不等於四，它甚至不等於三，也不等於二，更不等於一，它實際的結果竟然是等於零，等於一場幾乎是有史以來最失敗的教育！

這場最失敗的教育在大明王朝一五八二年的夏天爆發出驚人的毀滅力，直接為明王朝的終結拉開了序幕。

這到底是怎麼回事呢？

這樣的教育事件是不是特別值得我們研究、分析呢？

最好的老師

我們先來看看這位最好的老師。

說起這位明代最優秀的老師，他第一個突出的特點倒不在他的教學上，而在於他的長相。《明史》這樣記載他的長相，說他「為人頎面秀眉目，鬚長至腹。勇敢任事，豪傑自許」（《明史・卷二一三・張居正傳》，後同）。

這十九個字裡提供了兩點資訊。一個純粹是外型上的。「頎面」就是指英俊的面孔，這種臉形較修長，不是國字臉，有點類似於梁朝偉在《赤壁》裡扮演周瑜的那種儒雅風流的長相。在這張英俊的面龐上長著一雙細眉毛、長眼睛，這細眉毛、長眼睛用專業術語來說，那就叫臥蠶眉、丹鳳眼。這還不算，頜下還有一縷長髯。說這個鬍子長得太漂亮了，「鬚長至腹」——美髯一直垂過胸前，那就是一個標準的美髯公啊！這要是右手提把青龍偃月刀，左手再一捋長髯，大家說這是誰啊？

對啊，活脫脫就是一個關羽關雲長再世。

關公若是蠶眉一豎、鳳眼一睜，那絕對是威震華夏的。關公最後在民間文化裡被請到廟裡給供了起來，就是因為他是中國傳統文化中最具男子漢氣質的象徵。

這也正是明代這位最優秀、也是最帥的老師的第二個特點：「勇敢任事，豪傑自許。」就是說他不僅長得好看，而且還特別有氣質。什麼氣質呢？和關公一樣，男子漢豪放、勇敢與沉穩的氣質。

要是在現在，這長相，這氣質，只能用一個字來形容，那就是——酷！

有人會說，這麼帥的一位大帥哥怎麼當了老師呢？

這話說得，好像古代當老師的都只能是私塾裡那種乾癟的小老頭，就不能有英俊瀟灑的帥哥一樣。這位明代的大帥哥還就此義無反顧地走上了教育崗位，用畢生心血擔負起一項特殊的教育工作。

這項教育工作比較特殊，是因為他這輩子只教過兩個學生，而且是兩位極為特殊的學生。這兩位學生是父子，他教完了爸爸教兒子。如果不是因為他病逝得早，我估計他教完了兒子還得去教孫子。

那麼，這兩位父子學生憑什麼能請得動這位明代最好的老師呢？而這位最好的老師為什麼又要傾盡畢生心血呢？那是因為這對父子學生的身分太特殊了。爸爸的名字叫朱載坖，兒子的名字叫朱翊鈞。有人會說，這誰啊？名字不熟，好像沒聽過。不要緊，他們還有許多其他名號，大家一定聽說過。這位父親朱載坖還被稱為隆慶皇帝，他死後的廟號叫明穆宗；而兒子朱翊鈞則被稱為萬曆皇帝，他死後的廟號叫明神宗。

原來，這父子倆就是大明王朝的第十二任和第十三任皇帝，怪不得他們可以請動天底下最好的老師。

那麼他們請的這位最好的老師是誰呢？

這個人在歷史上可是鼎鼎有名。國學大師梁啟超先生在《中國歷史研究法補編》中說他是近三百年大明歷史上唯一的一個政治家。美學家朱東潤先生稱他是「一個受時代陶熔而同時又陶熔了一個時代的人物」。明代的大史學家王世貞稱他是「救世宰相」。他生前的對頭明代思想家李贄在他死後稱他是「宰相之傑」。而《萬曆十五年》的作者史學家黃仁宇先生則稱他是「智慧的象徵」。

他在一些歷史課本與教材上最常見的情況是與商鞅、王安石等人並列，被稱為是中國歷史上最偉大的改革家之一。

這個人，就是明代萬曆時期的內閣首輔——張居正。

「四最」組合

有細心的讀者可能會指出來，你說了這麼多後人的評價，雖然都非常推崇張居正，但沒人說他是明代最好的老師，你憑什麼這麼說呢？

確實，前人並未從一個老師的角度來評價這位大明王朝最傑出、也最英俊的宰相張居正，但這並不等於說他就不是大明朝最好的老師。我們從他的任教經歷裡就可看出，這個「大明朝最好老師」的評價並不過分。

張居正給隆慶當老師的時候並不突出。隆慶登基前就有一個講師團負責他的教育工作，張居正只是講師團中的一員，而且在這個講師團裡按資歷和地位，他只能敬陪末座，並不是隆慶老師中最重要的一個。所以他在教隆慶時，他的教育事業到底怎樣，並沒有明確的史料可提供參考。

我們說他是明代最好的老師，主要是從他教育小萬曆的過程中看出來的。

隆慶六年，也就是一五七二年，隆慶帝突然病逝，才十歲的小萬曆登基接替皇位。當時小萬曆的母親李太后很著急，急什麼呢？一怕小皇帝的位置坐不穩，二怕小皇帝的教育不夠完善，這兩件事讓這位孀居的李太后心裡十分著急。

這時候，從小陪侍萬曆的大太監馮保為李太后出了個主意，說他可以推薦個天下最好的老師，有了這位老師的指導，小萬曆的教育自然不成問題，而小萬曆的江山也將因此固若金湯。

李太后忙問是誰？馮保說出了一個響噹噹的名字：張居正！

馮保為什麼會推薦張居正呢？

有兩個原因：一是馮保即我們一開始說的那位最好的陪讀。他看著小萬曆成長，不僅照看小萬曆的生活起居，還要陪著他玩，所以小萬曆從來不叫他的名字，只叫他「大伴」，就是年齡很大的夥伴。馮保跟小萬曆是有感情的，他當然希望能找到最好的老師來教他，而他深知張居正的才華，於是推薦了張居正。

第二個原因大概更為關鍵，《明史》裡不止一次說「保與居正深相結」，也就是說馮保與張居正在政治上是同盟關係，由誰來做皇帝老師這個關鍵的位置，馮保當然要推薦自己的政治盟友！

馮保一推薦張居正，李太后當時心中一動，隨即想起那張「頎面秀眉目」的俊美臉龐來。在隆慶登基前做為裕王時，李太后還只是李才人，她在裕王府裡見過張居正，但也只是見過面而已，並未交談。

於是馮保把張居正請來，李太后當面與張居正進行了一番交談。

李太后雖然因小萬曆登基而成為太后，但她這時也只有二十多歲，喪夫的李太后在孤獨無助時領教了張居正的熱情與才華，對這位張老師佩服得五體投地。此後，她便把大明朝的江山和皇帝兒子都託付給張老師，對張老師在小萬曆教育上的各種作法始終是無條件的支持，這種支持與配合絕對稱得上是一位好家長才會有的表現。

但歷史上則有一種說法，認為李太后在張老師面前之所以成為一位最貼心、最通情達理、最好的家長，是因為她愛上了張居正。

那麼，年輕的李太后與英俊的張居正間到底有怎樣的情感糾葛呢？他們是不是像有人說的那樣發展成祕密情人的關係？還是像另外一些人認為的——兩人間根本沒有任何曖昧關係？我們暫且先把這個有趣的謎題放下，留待後文分析。

不管張居正與李太后、馮保之間有多麼「剪不斷、理還亂」的關係，反正在這位最好的家長與最好的陪讀的支持下，張居正滿腔熱情地投入了對小萬曆的教育工作。

與當隆慶的老師不同，做為小萬曆的老師，張居正身分已經相當於「校長」兼「班主任」再兼「語文老師」了，他是所有老師的總督導，而且是萬曆所有老師中最盡心盡力的一個。

說他是最好的老師，從他做這個「班主任」的工作熱情就可看出。為了這個十歲小朋友的學習，張居正不僅要編訂全年及之後數年的教學大綱，還要非常仔細地親自審定教學目標與教學內容。每次上課，他總要提前一個小時到課堂上做好準備。他一生只為兩件事付出過全部的心血，一個是他的改革大計，另一個就是他對這位學生的教育。

最能說明他為教育這位學生付出巨大心血的一個細節是，他在教授「古代皇帝治國策略」這門課時，考慮到小萬曆還是個小孩子，在辛辛苦苦備課的同時，還在教學內容旁畫上連環圖，以使故事生動有趣。

這雖不是最早的插圖本讀物，也可算是頗有創意的「連環畫」或「小人書」了。《明史紀事本末》裡說小萬曆看了這本名叫《帝鑑圖說》的書之後「喜動顏色」，當時就勤於翻閱，可見這本教材的魅力。

讀遍明代的典籍，再也找不到另外一位為學生畫插圖本教材的語文老師，所以由此稱張居正是明代最好的老師，我想並不為過。

有了好老師，沒有好學生，那是人生的一大憾事。張居正應該沒有這個遺憾，在他眼裡，小萬曆是個難得一遇的好學生。

按道理，雖然張居正是小萬曆的老師，但從更大的禮法上講，小萬曆是皇帝，張居正是大臣，小萬曆是君，張居正是臣。我們知道封建社會講究的是「君君臣臣，父父子子」，君臣大義才是根本。可是身為皇帝，小萬曆從來不以君臣之禮來對待張居正，他和張居正之間幾乎只有師生之情。

小萬曆尊敬張老師到什麼地步呢？

他從來不稱呼張居正的名字，甚至不稱他的官職，不論人前人後都只稱張居正為「先生」，而且不論私下或朝堂上都這樣稱呼。在萬曆朝的頭十年裡，「先生」一詞在朝廷裡是個專有名詞，幾乎就是專為張居正而設的。這種尊師重教之心，真可謂是天下學生的楷模。

最重要的是這位小萬曆同學不僅在形式上尊師重教，而且在內容與精神上完全能領會這位張老師所傳的道、所授的業和所解的惑。一般張居正講個道理，問小萬曆能否領會時，這個小小的學生總能深刻體悟，並適時地做精闢的發揮，這讓張老師非常欣慰——能教到這樣天資聰穎的學生實在是為師者的幸運。

要說師生間也推崇「理解萬歲」的話，這個已成為皇帝的小萬曆的理解能力在當時堪稱是「萬歲」的水準了。

在張居正教他練書法後沒多久，他的字就寫得非常好了。小皇帝愛上了書法這門藝術，很快就能寫出斗大的字來，而且還極具水準。一天，他很得意地在書法課上寫了兩個大字，並請張老師評點。結果張居正在誇獎後卻話鋒一轉說：「一個皇帝，有些愛好是可以的，但絕不應該在書法這些藝術領域上過於偏好，否則精力就不會放在勵精圖治與治理國家上了。你看當年的宋徽宗，書法獨步天下，可是玩物喪志，最終丟掉了大好河山，做了亡國之君，前車之鑑啊！」

張居正說了這番話後，這位號稱「十歲天子」的小萬曆隔天就主動要求取消書法課，也不在書法這門藝術領域上多花心思了。

這對於一個掌握著至高無上權力的十歲孩子來說，這種理解能力是多麼不同尋常啊！

正是緣於師生間的這種理解與默契，小萬曆在母親的支持下全力依賴並支持張居正的改革，以至於張居正在萬曆元年到萬曆十年的執政期間，大張旗鼓地進行一場名為「萬曆新政」的改革運動，把大明王朝從泥足深陷的困境裡拯救出來。

成績

對於在萬曆母子支持下，張居正進行的這場聲勢浩大的改革運動的成績，我們從幾組簡單數據就可以有深刻的印象。

第一、萬曆新政前，國家財政每年巨額虧損三百萬兩白銀，財政赤字逐年累積。戶部，相當於現今財政部，幾乎一分錢也拿不出來，連國家公務員的薪資幾乎都發不出來，國家機器眼看著就沒有錢這個關鍵性的「潤滑劑」了。

可萬曆新政施行兩年後，國庫每年財政盈餘達三百萬兩，到一五八二年，也就是張居正去世時，光中央庫存白銀創紀錄的達到一千兩百五十萬兩，倉庫儲存的糧食足夠支撐十年，當時明王朝的GDP總量全世界第一，遠勝於所謂的歐洲列強。

第二、萬曆新政前，百姓民不聊生，一個重要的原因就是土地兼併嚴重，大地主階級的土地壟斷已經到了危及國家經濟命脈的地步。

張居正斷然推行著名的「一條鞭法」，改革稅制，清丈田畝。到萬曆八年（一五八〇），張居正重新核查全國的耕田數為七百零一萬三千九百七十六頃，比弘治十五年（一五〇二）增加納稅田畝近三百萬頃。三百萬頃多大呢？相當於半個荷蘭，而荷蘭生產的糧食在當時幾乎可以養活整個歐洲。經過這一次的徹底清查，整個國家的稅收，陡增了將近一・五倍。

第三、萬曆新政前，大明王朝國防千創百孔、疲於奔命。南有倭寇橫行，西南有少數民族暴動，西北、東北兩線面臨蒙古人的鐵蹄踐踏，局勢極為吃緊。蒙古人的一支俺答曾經在嘉靖二十九年長驅直入，一直打到北京城下，大明王朝在當時險些就走入歷史，明朝那些事兒差點要提前近一百年結束。

張居正主政後，在強大的經濟改革的後盾下嚴整國防，先用俞大猷、戚繼光徹底平定東南沿海的倭寇，又用殷正茂平息西南少數民族的暴動，再施反間計瓦解長久威脅北方的俺答。成功瓦解敵人後，又派王崇古、譚綸守宣大（宣府、大同合稱）一線，戚繼光、李成梁鎮守薊遼與遼東，從而徹底解除北部邊患。

反過來，國防的加強又為改革提供了一個穩定的發展環境，這樣，政治、經濟、軍事進入了一種良性的循環。

所以在張居正死後，明朝的軍隊得以抗日援朝，在中國與日本的第一次全面戰爭中大獲全勝。很多人認為主要是日軍主帥豐臣秀吉猝逝，其實，張居正改革為明王朝留下了一份豐厚的家底，這才是根本原因。

除了以上這些轉變，張居正還利用「考成法」整頓官僚體系，派潘季馴治理黃河水患，又在湖北開展填湖造田運動，以至於兩湖地區成為重要的農業基地，所以到了晚明和清代便有「湖廣熟，天下足」的說法。

這麼多改革成就在張居正主持萬曆新政的十年內出現，不能不說是人類社會史上的一個奇蹟。到了大明王朝一五八二年張居正去世時，明朝的國力由弱變強，可算是當時世界上唯一的一個超級大國。

清人蔡岷瞻評價說：「明只一相，張居正是也。」

什麼意思呢？也就是說明代近三百年的歷史、前後共一百六十七位閣臣中，只有張居正能算得上是個有本事、有成就的宰相。事實上，很多史學家也認為，明朝兩百七十六年的歷史，這末尾的七十六年都是靠張居正一人之力才賴以延續。

王安石的變法運動和張居正的變法，號稱中國封建社會史上最有名的兩次變法運動。但王安石變法卻是以徹底失敗告終，甚至在後來的七百多年裡，歷代封建王朝都認為宋代之所以滅亡，根源都在王安石那場失敗的改革。

但張居正的改革，就當時的成效來看，可謂是中國封建歷史上唯一一次徹頭徹尾的成功改革。到萬曆十年，也就是大明王朝一五八二年張居正去世時，經歷了改革洗禮的明王朝已經徹底扭轉了嘉靖以來的頹勢。

而這，張居正又是怎麼做到的呢？

當然，這一切與張居正的才華和能力不無關係，但也跟他這位最好的老師教了小萬曆這樣一個最好的學生，以及這位皇帝學生背後的那位最好的家長，還有那位最好陪讀的支持不無關係。應該說，是這個大明歷史上難得一遇的「四最」組合，為萬曆新政提供了最理想的權力保障。

但更讓人奇怪的是，也正是這個最為理想的「四最」組合，在萬曆十年，也就是大明王朝一五八二年，突然將創造力一變而成毀滅力，在張居正死後不久，就把張居正苦心經營的萬曆新政成果吞噬殆盡。

正是這位曾經最好的學生萬曆皇帝，親手把他最敬愛的老師張居正一生心血都摧枯拉朽似地毀滅掉。這還不算，張居正一死，他就對他這位曾經最敬愛的老師反攻清算，將張家逼得家破人亡，甚至差點把張居正從棺材裡拉出來鞭屍。

直到萬曆朝結束時，那個長大的萬曆只做了一件事，就是完全消耗和毀滅張居正改革所獲得的一切成果。

而那位最好的家長李太后也一改初衷，不再管自己兒子倒行逆施，眼睜睜地看著小萬曆把大明江山的資本揮霍一空。萬曆朝結束後，世間再無張居正！大明朝自此算是真正踏上了滅亡的不歸路！

為什麼會這樣呢？

其中固然有很複雜的發展過程，但我認為，根本問題還是出在這個最理想的「四最」組合上。這也是我們說這「四最」加起來等於一場最失敗的教育，而這一場最失敗的教育才是大明朝最大遺憾之所在。

反思

我們來看一下這個教育過程到底出現了什麼問題。

在小萬曆還很小的時候，母親李太后每天一大早就會拉他起床，哪怕這個十歲大的孩子賴床不起，李太后也會讓人把他給架起來，為他漱洗。

到了課堂上，每堂課不論上什麼，「大伴」馮保都會站在小萬曆的身旁陪聽。每當小萬曆有所懈怠時，這個陪讀的馮保都會大聲地在旁邊喊皇太后的那句名言：「皇上要聽先生的話啊！」

放學後，李太后會親自檢查小萬曆的功課，若有生疏、不會的地方，最嚴厲的處罰就是罰跪，而且一跪就是一個時辰——兩個小時！

這就是最好的家長與最好的陪讀經常做的事。

這位張老師呢？更不用說了，扼殺小萬曆學書法的興趣還算是比較委婉的。

據《明通紀》記載，萬曆帝漸漸長大後，有天上課，助教在講授《論語》，講到「色勃如也」這一句，朱翊鈞把它讀成了「色背如也」。因為這個「勃」字在做通假字的時候就讀作「背」，但明人通常讀「勃」。時張居正突然大喝一聲：「當讀作『勃』。」萬曆帝的反應則是「悚然驚起」，就是被他嚇得一下站了起來，而且渾身直打哆嗦。

這並不是普通的課堂，萬曆也不是普通的學生。做為一個皇帝，張居正這一嗓子就能把他嚇成這樣，這孩子要是有朝一日回想起來，他會怎麼做呢？

到了萬曆十八歲那年，據《明神宗實錄》（卷一〇六）記載，萬曆帝犯了個大錯。說是大錯，其實只是飲酒大醉，鬧事打人。馮保打了小報告，張居正與李太后表現得極為氣憤。

張居正上書激烈批評萬曆帝「宮中起居頗失常度」，就是說這種生活作風太不像話了。

李太后因此氣得甚至想廢掉萬曆，另立萬曆的弟弟潞王為帝。最後雖然在萬曆的萬般哀求下原諒了他，但還是逼著萬曆寫了一篇《罪己詔》，也就是寫檢討報告，而且還是一篇向全天下公開的檢討書。

這件事後，萬曆帝開始消極怠工，而這時他最寵愛的鄭貴妃開始代替母親與張老師，成為他的情感支柱。就這樣，一年半後，也就是在大明王朝一五八二年的夏天，等那位既慈祥又嚴厲的張老師一死，便展開了對張居正本人及其改革的清算。

我們列舉了以上這些教育事件說明了什麼？

無疑的，張居正是個好老師，他也教到了一個好學生。做為一個改革家兼皇帝最敬愛的老師，張居正確實是想通過教育把小萬曆培養成自己改革事業的接班人。但應該說，也正是這位張老師的強勢教育最終毀滅了這種完美的組合，也毀掉了自己的改革成果。

他一生為之付出全部心血的兩件事——一個是培養一個改革的接班人，一個是完成一場成功的改革——這兩件事最終竟成了一對矛盾體！

事實上，創造這對矛盾體的人——張居正，他本人也是一個充滿了傳奇色彩的矛盾體。他一方面無私，另一方面卻又有些褊狹；他既勵精圖治，又有些貪圖享樂；他既勇於實踐、巧於謀畫，又有些固執己見、飛揚跋扈，以致為身後的悲劇埋下禍端。

他身上有數不盡的優點，這些優點促使他成為一個偉大的改革家、促使他一手開創了一個中興的萬曆王朝，這完全值得後人深入研究與學習；但他身上也有些去不掉的陋習與缺點，這也使得他未能很好地籌畫自己的身後事，以及將來的改革發展，以至於多年心血功虧一簣，這些更值得我們反思並引以為鑑！所以，讓我們走入張居正的世界，重溫一下這位梁啟超先生所說的「明代唯一一位政治家」的風雨人生。

說到張居正的家長式教育促使萬曆皇帝長大後表現出強烈的逆反，我們不由得猜想，張居正小時候又是怎樣成長的呢？

佛洛伊德說，一個人的童年往往會決定一個人的一生！

據史料記載，和唐伯虎、徐文長一樣，張居正少年時就是大明朝有名的天才，可這位天才參加科舉考試時居然以最好的成績「落榜」了。這又是怎麼回事呢？

第二章
天才「落榜」之謎

天才

自大明王朝一四七一年以後，曾經出過三位名聞天下的天才兒童。一個是唐寅唐伯虎，一個是徐渭徐文長，這兩位從小就是天才。但還有一位，後人往往不知他曾經也是個天才兒童，他就是後來的萬曆名相——張居正。

後人之所以不覺得張居正曾經是個天才兒童，是因為他的人生發展軌跡和大多數的天才們的發展軌跡並不相同。

就像王安石在他那篇有名的文章〈傷仲永〉裡描述的一樣，很多天才兒童的人生軌跡往往是「小時了了，大未必佳」（註：東漢末年陳韙評孔融語，載於《世說新語》），意思是說小的時候往往很神奇、很出眾，可長大後，不論能力或才幹，往往和一般常人沒什麼兩樣。按王安石的原話就是「泯然眾人矣」，甚至有些天才成年後的才能表現還不如平常人。

這些人少年時是天才，青年時未必是人才；青年時是人才，壯年、中年時卻又未必是治國之才、將相之才、國家棟梁之才。

漢族知識分子都講究「學而優則仕」，不能齊家治國平天下，那叫什麼「才」啊？所以像徐文長與唐伯虎，一生狷狂憤世、鬱鬱而終，都是因為他們沒能施展人生的抱負，不能算作是標準的棟梁之才。

就像〈傷仲永〉裡說的那樣，很多天才兒童最後往往都和方仲永一樣「泯然眾人矣」了。但是，張居正卻跳出了這個怪象。

那麼，為什麼張居正能跳出這個怪象呢？

他為什麼既能夠「小時了了」，「大時」又能一展鯤鵬之志，開啟一段中興的萬曆王朝呢？

這都要從這個天才的第一次「落榜」說起。

家世與傳承

說到張居正少年時的天縱奇才與落榜之謎，首先要交代一個前提，那就是從基因遺傳學的角度來看，張居正這位天才的血管裡到底流著怎樣的家族血液呢？

按照家庭出身看，張居正出身於一個斷斷續續的軍人世家。

據張居正在他回憶父親的一篇文章〈先考觀瀾公行略〉裡回憶說，他明確可考的祖先應該是他的七世祖張關保。他是鳳陽人，生長在元末農民起義那個戰火頻仍的年代，而且他是跟著他的鳳陽老鄉朱元璋打天下的，不管怎麼說，衝著跟朱元璋老鄉的身分也不該是個平庸之輩。

但這個張關保比較老實，最終也沒像徐達、湯和那樣混上個開國元勛。他只是憑著努力踏實，而不是憑著他是朱元璋的老鄉，在徐達手下當一名普通的士兵。

後來，徐達領兵攻打采石磯，由於在渡江戰役中，這位張關保奮力衝鋒，率先攻入敵陣，所以受了封賞。張居正在〈先考觀瀾公行略〉中就說，張關保「國初以軍功授歸州安御千戶」。這個歸州就是現在的湖北秭歸。

不要小看這個「千戶」，我們經常會在以明史為背景的武俠片裡聽到這樣的稱呼——「千戶大人」，這個「千戶」在當時絕對算得上是個「大人」。

因為明代施行的是軍分區制，各府要衝之地設衛，「衛」就相當於是軍分區，而一「衛」由五個左右的千戶所組成，一個千戶掌管一千兩百人左右。這可以看出來，一個千戶做為地方的軍事將領在當時還是很有地位的。

還有一點，千戶可以世襲，也就是說可以老子傳給兒子，兒子再傳下去，千秋萬代，這種軍事「戶籍」可以不變，所以在當時，也是一種顯赫的榮耀。

所以，張居正一再強調他的祖先是「以軍功授千戶」，既可看出他對這種世代軍功的崇尚，也可看出他對祖先那種憑踏實努力而累積功業的行為方式的崇尚。

這兩點對他的人生極具影響力：一方面，他的工作作風也體現出這種踏實嚴謹的作風；另一方面，「國富兵強」始終成為他最現實的政治理想，甚至從軍事上看，就在張居正時代，明朝偶爾表露出一絲進行某些軍事擴張的想法。

反過來說，沒有這種軍事思想的保障，張居正的萬曆新政也不會有那麼好的改革環境，應該說這一點軍功思想還是從張關保的身上流淌到文人張居正的身上。

但事實上，千戶的榮耀沒能傳到張居正的頭上，也幸好沒傳到他的頭上，否則，明代只不過多了一位「千戶大人」，卻少了一位治世能相，那該是一件多麼讓人遺憾的事啊！

張關保累積軍功換來的千戶位置，到了第四代，也就是張居正的曾祖父張誠時，就跟張居正家沒關係了。因為張誠是次子，排行老二，也就是說有他哥在，他就沒資格繼承千戶的位置。於是，「千戶大人」這個詞從張誠就與張居正無緣了。

因為不可能再成為歸州的「千戶大人」，張誠成家後索性搬離歸州。搬到哪兒呢？搬到了江陵，也就是今天湖北的荊州，也就是李白說「千里江陵一日還」的那個地方。所以張居正後來常自稱是「江陵張太岳」，因為他名居正，號太岳，而後人有時也索性稱他為「張江陵」。

因為沒能繼承千戶的位置，張誠對孩子寄寓的期望很高，這從他給孩子起的名字上就可以看出來。

他有三個兒子，老大叫張鉞，老二叫張鎮，老三叫張釴。

看這三個名字，可以發現這個張誠還挺有水準的。鉞是古代一種帶長柄的斧，既是一種古老的兵器，也可用於儀式、儀仗中，最早是用青銅打造的；鎮是鎮紙，古代以玉鎮最為有名，但最早時也是用青銅做的；釴就是一種左右帶耳朵的青銅鼎，我們現在用的鍋很可能就是打釴這兒演化來的。

你看這三個兒子的名字都用金字旁，而且還都和青銅器有關，青銅器可是國之重器，所以我估計這個張誠純心想打造一個「青銅時代」，不過當然只是他們張家的「青銅時代」而已。

可惜，在這三個兒子身上，在張居正出世之前，張家的「青銅時代」只是一個夢想而已。

老大和老三還好一點，一個做生意，一個讀書，唯獨老二張鎮，也就是張居正的祖父，遊手好閒，偏偏他爹最喜歡他、溺愛他。結果這老二更加任性，還一事無成，但結交狐朋狗友倒是豪爽，所以張居正有那麼點飛揚跋扈的性格，可能是從他爺爺張鎮那兒遺傳來的。

因為遊手好閒，所以張鎮成家後，日子很不好過。張居正老說自己「起自寒士，非閥閱衣冠之族」（《張太岳集．卷三十五．謝病別徐存齋相公》），也就是說自己出身於貧苦家庭，小時候家裡窮得很，說的是他爺爺那段日子。

但事實上，張居正誇大其詞，因為他出生時，家裡的條件已有明顯改善。

在張誠的努力下，後來張鎮憑著遊手好閒鍛鍊出來的健壯體格，謀得當時江陵遼王府護衛的職務，多少回歸他們家的軍事傳統。而且這是個鐵飯碗，張鎮一直到死，都待在遼王府護衛這個崗位上。

有人會奇怪，這個遊手好閒的張鎮怎麼突然改邪歸正了？怎麼這麼敬業，老死在工作崗位上，難道他不退休嗎？

先賣個關子，這個謎團的內涵對張居正的影響還滿大的，到底是怎麼回事，下一講會有詳細的解釋。

張鎮一輩子也就那樣了，他爹張誠就把張家「青銅時代」的期望寄託到張鎮兒子的身上，希望他能好好讀書，至少考個舉人什麼的。於是，張誠給他的孫子，也就是張居正的爹，取名張文明，字治卿，就是想做文化人，當個公卿大夫之類。

帶著這個理想，這位張文明同學一輩子都很努力讀書，結果一輩子也沒讀出個結果來。直到他的兒子張居正考中了進士，張文明連個舉人也沒考上，眼看「長江後浪推前浪」，張文明這朵「前浪」最後徹底認輸。他在四十歲時完全放棄了科舉考試。他終於明白，原來他名字中那個「文治武功、公卿明相」的理想，是為他那個天才兒子準備的。

張居正出世了，張家的「青銅時代」、明朝的「中興時代」來臨了。

夢與天才

明朝嘉靖四年（一五二五）五月初三，張居正出生了。

出生前，據張居正的兒子張敬修後來寫的《文忠公行實》記載，張居正的祖父張鎮和他的曾祖父張誠不約而同地做了一個夢。

祖父張鎮做的夢是突然發現家裡淌滿了水，就問下人，哪裡來的水啊？下人回答說，水是從張少保的地裡流出來的。

少保是太子少保的簡稱，太子少保是個官職，也是朝廷的宰輔重臣，張家這時候連個舉人都沒出過，哪來的太子少保？所以這個夢就是將來要出宰相的徵兆。

曾祖父張誠做的夢更有意思了，他夢到他們家的大水缸裡浮上來一隻白烏龜。

烏龜雖然常見，但白烏龜卻是罕見的。這到底是什麼樣的烏龜？

中國古人有個習慣，喜歡把稀有顏色的動物當作祥瑞。夢到白烏龜，說明祥瑞出現。於是，張誠那個要建立張家青銅時代的願望再度萌生，他取白烏龜的諧音，為張居正取名叫「白圭」，這個「圭」就是玉的意思。

所以，一直到十二歲之前，張居正並不叫張居正，他叫張白圭。

說到張居正的祖父與曾祖父的夢，還有一個共同的特點，那就是夢裡都有水。這又說明了什麼呢？

由古代易學發展而來的民俗學裡有一門學問叫相夢之學。做夢夢到水，往往是種吉兆。張鎮的夢是水加少保，張誠的夢是水加白烏龜，這兩個夢說明張家因為這個小孩兒的降生，轉眼要發達了。

事實上，據張敬修的記載，不僅祖父與曾祖父做了這樣的好夢，張居正的媽媽趙氏在懷孕前做過更怪的夢。

傳說，趙氏夢見夜裡自己的房間突然亮了起來，天上降下一名青衣童子，繞著趙氏的床走了兩圈，然後就不見了，第二天，趙氏便懷上了張居正。

我覺得，趙氏這夢明顯有點臆造的成分。不過，據張敬修的《文忠公行實》明確記載，趙氏是懷胎十二個月才生下張居正，這也讓當時人認為這個遲遲不肯降臨人世的張居正肯定不是個凡種。於是，大家都預期這個名叫張白圭的寶寶會逐漸表現出不同於常人的神奇一面。

果然，不負眾望，張居正從小就表現出天才的一面。

傳說張居正不到兩歲時，有天，奶娘抱著他在院子裡玩，正好他的一位堂叔在看《孟子》，便拿著書對這位張家人都很期望的張白圭說：「小孩子哪有什麼天才，要認得字才算天才，看看這兩個字，叫『王曰』，認不得『王曰』就不算天才。」

哪知第二天，奶娘又抱著張居正出來玩，堂叔正好又在院子裡看書，這時不到兩歲的張白圭小朋友走過去，指著書上的兩個字念道：「王曰！」

這一下他那堂叔傻眼了，真是無師自通的天才啊！

從此以後，張居正開始認字，五歲時就會寫詩，十歲時寫得一手好文章，整個江陵府為之震動。十二歲時，小小的張白圭輕鬆考上秀才。

傳說他投考前，主管官荊州知府李士翱也做了一個夢，夢見天帝給他一塊玉印，讓他轉交給一個小孩子。

後來，李士翱看了張居正的文章非常喜歡，荊州府點名時，第一個叫上前來的就是張白圭。其實白圭就是白玉印的意思，李士翱一看，這小孩兒正是之前夢到的那一個，於是他就琢磨那個夢到底是什麼意思？這孩子已經叫白圭了，又怎麼把玉印交還給他呢？

想著想著，李士翱突然間豁然開朗，白圭這個名字雖然不錯，但對於這樣一個人才，小時用用還可以，再往下要一展鴻圖則不宜，於是他為張白圭同學另取了一個名垂青史的名字，這就是——張居正！

從此，考上秀才的天才兒童張居正告別張白圭的時代。

他在眾人的期待中，滿懷信心地參加了第二年的鄉試，也就是舉人的考試，要為張家開啟一段青銅時代。當所有人都認為張居正中舉是理所應當、輕而易舉的時候，他卻意外地遭受到人生的第一個重大挫折——這位當時公認的天才，居然落榜了。

這又是怎麼回事呢？

落榜見天才

我們說，當時的人都認為張居正是天才，在這種環境影響下，張居正對自己的期待也很高。他去應考面試時，隨口寫過一首詩，是詠竹子的，最後兩句「鳳毛叢勁節，直上盡頭竿」（《張太岳集‧卷六‧題竹》）。

什麼意思呢？

「鳳毛」是個典故，意思是繼承前賢，要成為出類拔萃的人才。而十三歲的張居正是說他要以竹之品格，揚鳳毛之才，登上百尺竿頭，一展青雲之志。尤其是這句「直上盡頭竿」，這個「直上」的信心與霸氣，多少也暴露了這個少年的野心。

其實，所有天才的成長都伴隨著一種自我心理預期的膨脹，不僅僅張居正如此，唐伯虎、徐文長的成長經歷中都有過這樣的階段。

從好的一面來看，這是種信心與進取心的表現。但從更長遠的人生發展來看，這種心理能否得到適當的調節也極為關鍵，尤其是調節的時機與方式，往往會決定一個人的一生。比如唐伯虎和徐文長，最後都因科舉考試失敗的重大打擊改變了人生發展的方向。

事實上，張居正也經受過這樣的打擊，但這種打擊來的時機與方式對於張居正而言，都是恰到好處的，他幸運地因為這種打擊成就了他一生中的第一次鳳凰涅槃。

說起這次落榜，真是很有意思。

張居正少負神童之名，不僅被鄉里鄉親所看重，也被江陵府當時最重要的幾位重量級人物所看重。其中最看重他的就是後來做了大司寇、當時任湖廣巡撫的顧璘，當時的巡撫相當於現在的省長。

那麼，這位顧省長是如何器重十三歲的張居正呢？

據張居正自己回憶說，顧璘第一次與他交談後，「一見即許以國士，呼為小友」（《張太岳集・卷三十五・與南掌院趙麟陽》），一下子把他當成是忘年交。後來，這位顧省長還留十三歲的張居正在自己家吃飯，用正式對待客人的禮儀來接待他。不僅如此，席間，還把自己的兒子叫出來，指著張居正介紹說：「這就是我常說的那位江陵張秀才，他將來必是國家的棟梁，你要好好地跟他學習，日後可以投靠他做一番事業。」從這些細節裡，可以看出一方諸侯顧巡撫對張居正的器重。

也正是這位顧巡撫，一手促成了張居正的落榜。

在鄉試後的閱卷階段，顧璘對朝廷派來主持招生工作的監察御史說：「這個張居正不是一個普通人才，我覺得他將來必是國之棟梁。但年齡太小了，這時若讓他中了舉、入了官場，不過是多一個風花雪月、舞文弄墨的文人而已，不如趁他小，讓他受點挫折，對他將來的塑造定有好處。」

這位姓趙的監察御史聽了這話很猶豫。為什麼呢？一是他自己也很喜歡張居正，認為應該錄取他；二是因為另外一位主考官湖廣按察僉事陳束堅決反對不錄取張居正，認為將來一切都說不準，但現在憑卷面成績不錄取他，實在是埋沒人才。

最後在幾番權衡之下，趙御史終於理智戰勝了情感，聽了顧璘的話，沒有錄取張居正，這導致了天才少年張居正第一次參加鄉試遭到了落榜的命運。

在很多小說裡，是如此演繹張居正面對這種命運，說他開始忿忿不平，甚至找到主考官那兒去理論。而顧璘很坦白地告訴張居正，說不錄取他，完全是自己的主意。

張居正的表現呢？完全出人意料！

這個十三歲兒童的表現居然是——因為顧璘的這個決定，在此後漫長的一生裡都對顧璘充滿了感激。

若說他長大後體會到顧璘的一片苦心也就罷了，問題是張居正這個十三歲的兒童在當時就表現出遠遠超越一般人的眼光與理解力，這也是我說張居正是個「天才」的地方。

他在日後回憶起此事時說：「僕自以童幼，豈敢妄意今日，然心感公之知，思以死報，中心藏之，未嘗敢忘。」（《張太岳集・卷三十五・與南掌院趙麟陽》）這話是說，我那時年紀小，當然不知道自己的將來會是什麼樣，但知道顧璘顧巡撫是真的對我好，常想不負他的期望，鞠躬盡瘁，以死相報，這種想法，到現在還不敢忘。

請注意，這話雖然說這種想法現在也「未嘗敢忘」——這是到了他成年以後，但前面的內容都是在回憶他當年面對這件事的心態，也就是說十三歲的張居正當時就能夠明瞭並理解顧璘的一片苦心，且坦然地接受這個落榜的結局，沒有半句怨言！

這種通達，這種睿智，我以為就是張居正真正能被稱為天才兒童的地方！

他後來屢經挫折，卻不會一蹶不振，世事對他而言，幾多大風大浪，都如履平地，這和他那種面對困難與挫折的心態絕對是有直接關係的，而十三歲的落榜則可以看作是這種心理訓練的第一次。

當然，我們也不能說，落榜了的張居正在當時完全沒有情緒上的波動，這也不符合人之常情，但他後來的表現是接受眼前的挫折，並進一步加以超越，甚至因此一輩子感激使他落榜的顧璘，這才是這個十三歲男孩最難能可貴之處。

他就像一隻雛鷹，經歷了十三歲的落榜，好比經歷了鳳凰涅槃、經歷了浴火重生，之後，他終於可以以更健康、更有力的姿態，飛向他人生無比廣闊的天空！

說到經歷過落榜挫折的張居正表現出令人嘆服的睿智與成熟，並不是說他在這之後馬上一飛沖天、一鳴驚人。

顧璘一手促成的落榜打擊，從本質上說還是一種善意的打擊，但當惡意的打擊來臨時，張居正這個天才還能表現得那麼從容嗎？

第三章
冷眼暗藏殺機

我們常會問——愛一個人到底會愛多久？

我覺得這取決於你是怎樣愛上他的，而他又給過你怎樣的震撼。

這不僅限於男女之情，就像張居正一生敬愛顧璘，不僅是因為顧璘把年少的張居正當成忘年交，也不僅是因為顧璘與他初相遇就「一見即許以國士」（《張太岳集・卷三十五・與南掌院趙麟陽》），一見面就認定他必將會是國家的棟梁之才。而是因為顧璘對張居正中舉的阻撓，是因為這種阻撓背後的愛護與期望給年少的張居正帶來了巨大的震撼。所以張居正終其一生，都把顧璘當作是他人生的精神導師。

同樣，要回答「恨一個人到底會恨多久」這個問題，我們也可以拿張居正來做一個典型的案例。

這就要說到我們上一章中留下來的那個謎團了。

我們曾經提到過張居正的爺爺張鎮年輕時是個遊手好閒、也有幾分遊俠仗義的人。當初張居正的曾祖父，也就是張鎮的父親張誠還對這個不務正業的孩子極為不滿。但後來張鎮突然改頭換面，原因是他找了一份好工作，到當時荊州的遼王府謀了個護衛的工作，也就是到遼王府當保安。因為是給皇室宗親遼王當保安，所以他這個保安在當時還有公務員的性質。

這下，張鎮的家境不僅改善了，而且張鎮這個人也徹底改變。這個當年遊手好閒的張鎮後來居然兢兢業業，死在工作崗位上。

這到底是怎麼一回事呢？

話說嘉靖十九年（一五四〇）的一個傍晚，荊州遼王府內正上演著一齣決定一些人一生命運的悲劇。

十六歲的遼王朱憲㸅從母親毛妃那裡回來，一走進自己的房間就開始摔桌子、砸板凳，發洩一個具有叛逆性格的皇室宗親的滿腔怒火。

其實，說起來毛妃並非朱憲㸅的生母。因為朱憲㸅的父親死得早，他父親的元配王妃，也就是這位毛妃，就成了他名義上的母親。

朱憲㸅只是第六代遼王一個小妾生的孩子，因為毛妃沒生孩子，所以朱憲㸅繼承了王位。又因朱憲㸅是遼王王位的繼承人，所以他的生母反倒沒有權利管他，毛妃成了朱憲㸅的法定監護人和管教者。

因為毛妃對朱憲㸅一向管教甚嚴，就像後來張居正、李太后對萬曆帝的教育一樣，所以朱憲㸅和後來的萬曆帝一樣，表面上都很老實，但骨子裡卻相當叛逆。

剛剛，毛妃又把這位已經繼承了王位的朱憲㸅叫去訓了一頓。其實，這頓訓說起來也沒什麼來由，朱憲㸅雖然遊手好閒，但最近也沒犯什麼錯。但有件事卻讓毛妃對比著看出朱憲㸅的不足，那就是與朱憲㸅同歲的好朋友張居正考中舉人了。

那麼有人會問，張居正考中舉人干朱憲㸅什麼事呢？毛妃為何要訓朱憲㸅呢？這關係到一個很普遍的教育問題。

做家長的都有一種根深柢固的攀比情結。這個毛妃也是如此，再加上朱憲㸅又不是她親生的，所以在言語中就更容易對朱憲㸅形成不自覺的打擊。而這個用來做為打擊朱憲㸅的力量就是張居正。

張居正十二歲考中秀才時，就已是名滿當地的小天才。後來，毛妃偶然得知這個天才兒童的爺爺居然就在自己府裡當護衛，很是高興。在張居正考上秀才後，就讓張鎮帶他這個天才孫子到遼王府來玩。

毛妃見到張居正，是愈看愈喜歡，就讓張居正跟與他同歲的朱憲㸅做好朋友。兩個人年歲相當，再者朱憲㸅做為遼王王位的繼承人，平常被管得很嚴，根本沒什麼朋友，所以一下子就和張居正玩在一起。

但是毛妃對自家這個紈袴子弟朱憲㸅總是看不順眼，就當著所有人的面教訓朱憲㸅說：「你這樣不上進，終有一天要給張居正牽著鼻子走啊！」

這句話說者無心，聽者有意，年少的朱憲㸅當時狠狠地瞪了旁邊的張居正一眼，心裡仇恨的種子開始播下。

佛洛伊德說過，童年的一些心理傷害往往會影響一個人的一生，毛妃這句話對朱憲㸅自尊心的傷害真的影響了他的一生。

後來，張居正鄉試落榜，朱憲㸅心裡的傷害大概減輕過一些。可等到張居正再以十六歲之齡成為當地最年輕的舉人時，這傷害又加重了。

這時候，朱憲㸅已經成了一個標準的紈袴子弟，尤其是他正值守孝期滿，繼承了遼王的王位，成了飛揚跋扈的第七代遼王。又因為毛妃愈來愈管不了朱憲㸅，看到張居正中舉，遂又藉著這個話題把朱憲㸅數落一頓，所以朱憲㸅這個十六歲的叛逆少年才會在自己屋裡摔桌子、砸板凳。

按道理，這樣發洩一下也就完了，可這個朱憲㸅並不是一個普通的十六歲少年，他可是遼王啊！人的身分一旦特殊，心理就會相應地膨脹起來。他摔完東西後，突然怒從心頭起、惡向膽邊生，想出了一個狠招來。

什麼狠招呢？

這個十六歲的少年決定痛下殺手，一洩多年來因張居正所受的惡氣。

他以遼王的身分擺下一桌酒席，把正在當班的張鎮請來，說是要慶賀自己的好朋友張居正中舉。

張鎮當然興高采烈，孫子高中舉人，老闆又擺酒祝賀，所以什麼也沒想，高高興興地赴這鴻門宴。

小遼王朱憲㸅一杯杯地賜酒，張鎮一杯杯地喝，最後張鎮實在喝不下了，可遼王不答應，還是逼著他喝。這一下張鎮也懵了，但問題是已經醉到不行，自己也搞不清是怎麼回事，反正遼王要他喝還是得喝。喝到他已經醉得不省人事，杯子也拿不起來的時候，遼王朱憲㸅還要他喝。張鎮自己喝不了，朱憲㸅就讓人架著張鎮將酒不停灌下，直到再也灌不下去，這才作罷。

朱憲㸅大概也沒想過要怎麼樣，只是想用一種極端的方式報復張居正。可現實的結果卻是，張鎮，這個張居正敬愛的爺爺最後給灌死了，也可說是醉死了。

張家從張居正中舉的喜悅裡一下跌落到張鎮猝死的悲傷裡。但誰也不能說是朱憲㸅害死張鎮的，因為張鎮是為了慶祝張居正的中舉而醉酒死的，只能說是樂極生悲的偶發事件。你能說遼王賜酒慶祝是有意謀害嗎？所以，張家也只能把這事打落牙往肚裡吞。

他的爺爺少年時遊手好閒，但也有幾分遊俠仗義，後來當了遼王府的護衛，多少回歸張家原來的軍事傳統。所以張鎮的這種性格和尚武習氣對張居正青少年的影響一定更大，要不然成年後的張居正也不會與戚繼光等人結成莫逆之交。所以，少年時的張居正對這個爺爺一定很敬愛。遼王朱憲㸅灌死了爺爺，他心裡應該跟明鏡似的，但這件事後他還是跟遼王一如既往地友好，並沒有因此有什麼不愉快，這又是怎麼回事呢？

這就要說到張居正的性格和我們稱他為天才的地方了。

治國之才

我們知道當時人稱張居正為天才，主要是因為他的早慧。

在中國古代，社會的話語權完全掌握在知識分子手裡，所謂天才的標準主要就是詩詞文章的天賦比較突出。比如說王安石那篇有名的論天才的文章〈傷仲永〉，其中的主人公方仲永少年時之所以被認為是天才，就是因為他五歲就會寫詩，而且寫得相當有文采。按王安石的說法是「指物作詩，立就，其文理皆有可觀者，邑人奇之」。也就是說當時人認為方仲永是天才的標準有二：一是五歲就會寫詩，二是詩寫得還特有文采。

其實方仲永的例子是很典型的，中國古代典籍記載的神童，他們神奇之處幾乎都是很小就能認字，然後很小就能寫一手好詩、好文章。要不，就不能算是神童。至於像張衡小時候躺在奶奶懷裡數星星的天文學天賦，那是算不上什麼的。

而張居正之所以被稱為神童，在當時最重要的原因就是他兩歲就能認字、五歲就能寫詩、十歲上便能寫上一手好文章。也就是說，少年張居正的文學天賦非常突出，所以，從傳統意義上來說，他確實應該算是一個天才。

但如果說張居正是因為他的文學天賦才被湖廣巡撫顧璘、荊州知府李士翱這些見慣了大世面的人識為天才的話，我覺得有三個疑問。

一是為什麼我們現在看不到張居正少年時的作品呢？

從張居正的後人為其刊刻的《張太岳集》裡，我們能看到張居正最早的作品是他十三歲赴鄉試時作的兩首詩，之後就是他二十多歲進入仕途後的作品了。前面那些五歲成詩、十歲成文的傑作，一點影子都見不著。

就那十三歲的兩首應試之作，坦白說，寫作水準並不特出。一首〈題竹〉，雖然有氣象，但不能說特別有文采。另一首也是考試時寫的一首四言詩，題目叫〈題呂仙口號〉，也就是寫呂洞賓的，詩云：

「這個道人，黃服藍巾。分明認得，卻記不真。呵呵，原來是醉岳陽、飛洞庭、姓呂的先生。」

呵呵，裡面居然用到了「呵呵」這兩個字，我覺得倒挺像現在的網路語言。說實話，雖然這對於一個十三歲的孩子來說，也算是難能可貴了，但要說有文采，我覺得實在有些牽強。

第二個疑問是，不僅從他小時候我們看不出什麼文采來，即便他成年後，他的詩文作品大多都被收錄在《張太岳集》裡了，但從《張太岳集》所輯錄的作品來看，在明代文學史上他也算不上是大家。

和張居正同年考上進士的王世貞在後來成為文壇盟主；在張居正的時代，文學運動開展如火如荼，但張居正卻始終沒有名列明代著名文學家之列。《張太岳集》序言裡也說他「不刻意為文」，也就是說他的文學成就在明代並不顯眼，這樣的話，又怎麼對得起他少年時文學天才的稱號呢？

除非有一種情況，就是他的「少年天才」並不是指文學天才。

還有一個疑問，就是顧璘勸鄉試的主考官不要錄取十三歲張居正的理由就是，這麼小的張居正此時中了舉，不過多一個吟弄風月的文人而已，卻會少了一個治國的良才。如果張居正的天才表現在文學領域，那麼多一個吟詩作賦的傑出文人不正是一種最好的結果嗎？顧璘又為什麼要阻撓這一結果的出現呢？

所以我覺得，這鮮明地表明了顧璘認為張居正具有天分之處絕不是指他的文學天賦。

總結以上三個疑問我們可以看出，雖然當時因為張居正的兩歲識字、五歲能詩、十歲能文從而識其為天才，但像顧璘、李士翱這些有識之士，他們認定張居正是天才的原因恐怕並不在這一方面。

那麼，他們認定張居正是天才的真正原因又是什麼呢？

張居正十二歲考秀才時，荊州知府李士翱一看他的文章就很喜歡，等到見了面，喜歡得當即就給這個原來名叫張白圭的小朋友取個響噹噹的名字叫張居正。等到李士翱把自己發現了一個天才的消息告訴湖廣學政，也就是當時省教育廳廳長田頊。田頊把張居正叫來，當面考了他一篇文章，題目就叫〈南郡奇童賦〉，結果這個奇童不負眾望，當時就寫了一篇文章，田頊看了之後說，果然是奇童。也就是肯定了張居正是個天才的說法。

李士翱和田頊欣賞張居正的原因都是因為讀了這個十二歲小孩兒的文章。

我們知道，一篇好文章主要是好在兩個方面，要麼好在文采，要麼好在思想，像唐代王勃的〈滕王閣序〉是以文采見長，而西漢賈誼的〈過秦論〉則是以思想深度見長。我們前面說，張居正本人的文采並不見得有多麼突出，那麼能讓荊州知府李士翱和湖廣學政田頊都欣賞之處，應該是在文章裡所表現出來的不凡見識與思考能力。

這裡還有一個佐證，那就是最欣賞張居正的顧璘，在與張居正初次見面中的評價。史載顧璘遇張居正「一見即許以國士」。

這個「國士」可是很有講究的。《戰國策》裡俠士豫讓對趙襄子說：「知伯以國士遇臣，臣故國士報之。」（《戰國策・趙策一》）這個「國士」就是一國之內最傑出的人才，而這種人才可不只是舞文弄墨的人才，他們往往是有報國之雄心、治國之能力的良才。從這個意義上說，當初顧璘看重張居正的地方恐怕也是從他的文章、言談舉止裡看出了這個天才兒童具有不凡的思考能力與眼光。

另外，我覺得張居正成年之前的人生經歷也充分證明這一點。

第一個證明就是他能理解顧璘對他的期望，並正確地對待人生中第一次「高考落榜」，這證明他具有獨特的理解力與眼光。

第二個證明就是他的第二次落榜。

張居正在十三歲第一次鄉試落榜後，一直到十六歲才等到三年一次的鄉試考試，這一次，他順利過關。中舉後，他去拜訪顧璘，顧璘把自己的二品佩戴的犀帶解下來送給他，並且對他說，是自己不好，耽誤了他三年的時光。但如今中舉後，顧璘說希望張居正能繼續努力，以天下為己任，不要只做一名年少成名的文士，而要做古代伊尹那樣的千古名相。

從顧璘對張居正的激勵裡，我們不難看出他當年所說的「國士」指的是哪一方面。

在顧璘的鼓勵下，張居正潛心治學，並在嘉靖二十三年甲辰參加了會試考試。

在明代，鄉試相當於高考，而會試則相當於研究生考試，最高級別為殿試，考上的人叫進士，相當於現在的博士生考試。張居正第一次參加會試時，和他第一次參加鄉試一樣，又意外地落榜了。

這次是不是又有一個顧璘式的人物從中作梗呢？

事實上並沒有。

那麼，是什麼讓這位有天才之稱的張居正又落榜了呢？

張居正後來在給自己兒子的一封信中曾坦誠地分析過這次落榜的原因。他說：「夫欲求古匠之芳躅，又合當世之軌轍，惟有絕世之才者能之，明興以來，亦不多見。」因為「棄其本業，而馳騖古典」所以導致「甲辰下第」（《張太岳集‧卷三十五‧示季子懋修》）。

這段話的意思是說，當時科舉考試的考察重點是文章的寫法，而張居正當時的興趣卻轉向古代典籍，以至於在文章寫法的訓練上荒疏了，導致會試落榜。

那麼，他當時興趣轉向了哪些古籍呢？

從他後來的文章可以看出，他當時的興趣轉向了西漢的一些政論文，比如他中進士後第一篇主動的上書即模仿西漢賈誼的〈陳政事疏〉而寫的〈論時政疏〉。賈誼的這類文章都屬於國家大政方針的探討，當時賈誼在西漢雖不得志，但後來漢武帝開創大漢帝國的思想基礎與大政方針，都是在賈誼的政論文裡最早提出來的。

因為沉醉於對漢代政論文治國之道的研究，所以疏忽了對八股文形式上的訓練，這就是張居正第二次落榜的真正原因。

這也證明了思考力與政治眼光的訓練，才是這個天才成長過程中特別追求的學習內涵。

恩怨

第三個證明，就是他跟遼王朱憲㸅的私人恩怨。

在朱憲㸅害死爺爺張鎮後，張居正並沒有表現出什麼，而且始終與朱憲㸅保持良好的朋友關係。

比如在踏入仕途後，張居正為躲避政治鬥爭，旋即回家休養三年。這三年間，他經常與遼王朱憲㸅往來。朱憲㸅也經常拉著張居正遊山玩水、詩酒聚會。因為他是遼王，所以張居正也不能拒絕，有時候他甚至還得陪著這個紈袴子弟去一些花紅柳綠的地方。所以張居正曾在這一時期的詩裡表現過憤懣與苦惱的情緒，這裡頭固然有憂國憂民的成分在，但也應該有他那位好朋友朱憲𤎩的因素。

那段時期，朱憲𤎩把張居正折騰了一番，大概從十六歲灌死張鎮後，朱憲𤎩的心裡就很痛快，心想：當年毛妃非要說你會牽著我的鼻子走，現在看看是誰牽著誰的鼻子走？

可張居正也沒閒著，這段時間他把遼王的一些不法行為，尤其是日後可以變成政治把柄的行為都記錄下來。

朱憲𤎩不是天天逼著張居正陪自己玩嗎？於是他的那些糗事，張居正摸得一清二楚。像是霸占民女，私立遼王繼承人，甚至擅離遼王封地，這些對於日後的清算可都是非常關鍵的證據。畢竟在人事鬥爭上，遼王這個紈袴子弟和天才的張居正沒得比。

這裡頭，有一個細節頗能說明問題。這個細節是一篇文章。

張居正進入官場後，就遇到了權相夏言與奸相嚴嵩你死我活的鬥爭。在這場鬥爭中，張居正到底扮演怎樣的角色、有怎樣的心路歷程，這個我們下一講再說。問題是張居正在夏言與嚴嵩鬥爭的縫隙裡寫了一篇有名的文章——〈論時政疏〉。

這篇文章把當時國家政治危機的幾個方面分析得相當透徹，體現了這個二十多歲年輕人敏銳的政治眼光。

這篇文章也受到當時一位重要人物的注意，這個人物是繼顧璘後，第二個可以稱是張居正精神導師的人物。他是誰？我們暫且先賣個關子。他因此看重張居正，並著力想把張居正培養成政治接班人，這說明張居正的這篇分析時政的〈論時政疏〉裡表現出突出的政治天賦。

但世人往往不知道，張居正這篇〈論時政疏〉所表現出「政治天賦」的內涵並不僅限於治國韜略方面，文章中還透露出張居正這個「政治天才」的心機與性格。

在〈論時政疏〉裡，張居正列舉了當時政治危機最迫切的五大問題，分別是「宗室」問題、人才問題、官僚問題、軍備問題與財政收入問題。張居正後來的改革有一篇綱領性的文章〈陳六事疏〉，就是在〈論時政疏〉的基礎上發展而來的，這篇文章的分量可想而知。

仔細分析這篇文章，曾為張居正作傳的朱東潤先生發現到一個奇怪的問題。那就是後面四個問題確實都是當時政治腐敗、國家危機的癥結所在，但第一個「宗室」問題，卻明顯有些莫名其妙。

因為從明代的政治史來看，甚至只從嘉靖朝的政治史來看，所謂的宗室，也就是各分封王等不規矩的事，根本就不算什麼，當然更不算是國家政治危機的癥結所在。這方面，明朝形勢明顯與西漢初年的「七王之亂」根本無法相提並論。但張居正卻在這篇嶄露頭角的文章裡將它做為第一條，這豈不是太沒有政治眼光了？不要說與「政治天才」的說法不符，與〈論時政疏〉的「時政」這個題目也不相稱。

這又是為什麼呢？

張居正在說宗室問題的時候說：「乃今一二宗藩，……競求真人之號，招集方術逋逃之人，惑民耳目……而尾大之勢成。」（《張太岳集，奏疏十二・論時政疏》）

這話明顯誇大其詞，甚至說得像有造反跡象。若是按他這篇文章的邏輯，為國家政權的穩固考慮，第一件事就是得先拿掉這幾個藩王的封號，繼而殺掉這幾個藩王才能永絕後患。

那麼，當時符合張居正所指的有哪幾位藩王呢？

一個是徽王朱厚爝，一個就是遼王朱憲㸅。這兩個人跟著嘉靖皇帝崇奉道教，而且全荒淫無道。

這下，張居正把宗室問題放在首位的目的就不言可喻了。

朱東潤先生又分析說，嘉靖皇帝本身就迷信道教長生理論，遼王朱憲㸅迷信道教完全是拍皇上馬屁，因此稍稍聚眾、鬧事，嘉靖帝哪會當回事，所以這種上疏根本動搖不了朱憲㸅。

但我想，朱東潤先生的理解可能只是一位忠厚長者的想法，張居正此舉可能只是一個伏筆，並不是現在就要達到報復的目的，他是想提出一個導向，以便將來可以痛下殺手。

這也可以解釋，為什麼張居正在十六歲爺爺被害時未表現出憤恨與不滿來，因為那時候他除了憤恨與不滿外，別無他法。但現在不一樣了，進入官場，而且嚮往權力，他的復仇計畫已經從一篇文章裡露出了蛛絲馬跡。

隆慶二年（一五六八），在張居正進入內閣一年多後，遼王朱憲㸅倒楣的日子終於來了。不過，當時看不出來遼王的出事與張居正有任何關係，這也正是張居正高明之處。

先是有御史彈劾遼王犯有十三條大罪，其中主要罪狀與張居正當年在文章裡記錄的都是同一回事。因為有御史彈劾，朝廷便派了刑部侍郎，也就是司法部副部長做為欽差大人，直接到江陵查這件事。

看到朝廷如此重視，這個雖然已經四十四歲、但本質上還是個紈袴子弟的朱憲㸅被逼急了，居然毫無政治頭腦驚天動地的鳴起冤來，還在府中挑起了鳴冤的大旗。內容是鳴冤，但架勢卻像造反。於是當地官員迅速調集部隊，把遼王府團團包圍。

後來，負責調查的刑部侍郎洪朝選還算正直，堅決不肯上報朱憲㸅造反，但朝廷的結論還是廢了遼王封號，將朱憲㸅貶為庶人，永遠軟禁起來。這位曾經自以為牽著張居正鼻子走的遼王朱憲㸅，就在高牆下度過了慘澹的餘生。遼王府後來成了張居正家在江陵的府第。

當時人紛紛指責張居正公報私仇，張居正也無從辯解。後來甚至因洪朝選當初不肯誣陷朱憲㸅造反，萬曆八年，在張居正最當權得勢時，洪朝選也莫名其妙遭到陷害，最後死在獄中。

就當時的情況來看，雖然世人都說張居正是幕後策畫者，並沒有確切的證據證明這些事就是張居正一手策畫的。不過有一點可以確定，那就是以張居正當時的權力和能力來看，他要是施以援手，他的少年好友朱憲㸅和洪朝選的下場都不會那麼慘，所以他和這些事畢竟脫不了干係。

這就是具有天才之稱的鐵腕張居正，他面對落榜挫折固然表現出寬闊的胸襟，但他面對個人恩怨，也有睚眥必報的手段。

不過從人性的本來面目看，人就是如此。在心靈的世界裡，不是善戰勝了惡，就是惡一時戰勝了善。大善者固然有小惡，大惡者也多少有些小善。

從明代的歷史來看，張居正的善應該是大善，而他的惡應該只是小惡。

第四章 直面奸相嚴嵩

張居正進入官場後，第一個要面臨的問題並不是國計民生等大事。那麼是什麼呢？與所有甫進官場的人一樣，張居正面臨的是人事關係，而且還不是一般的人事關係，反倒是如何面對明代最大奸臣嚴嵩的問題。

為何張居正一進官場就和大奸臣嚴嵩有所牽連呢？他剛進官場，肯定也只是個小官，事實上張居正確實在五品以下的位置上做了十幾年，而嚴嵩一直都是內閣首輔、是宰相，張居正怎麼跟他搭得上邊呢？

這就要說到張居正當的是什麼官了。

嘉靖二十六年（一五四七）年，張居正考中進士。然後當了翰林院的庶起士。

這個庶起士取自《尚書》裡的「庶常起士」一詞，是對青年才俊的美稱。明朝設此官職，主要是為了讓那些剛進官場的青年才俊，先旁觀、學習一下國家行政工作是如何展開的，所以它只是一個見習的位置。這就像現在大學生分配工作後到單位都有個見習期、試用期一樣。

等到三年見習期滿，就可進入翰林院當編修。張居正於嘉靖二十九年正式當上了翰林院的編修。

這個翰林院在明代可是非同小可，基本上相當於國家行政學院。《明史・選舉志》（卷七〇）裡說，翰林院裡的知識分子，官場上是「群目為儲相」，也就是說但凡能進內閣的人，都要有在翰林院的工作學習經歷，這裡的人全被視為宰相的可能人選。

所以，翰林院其實就是國家高層幹部的培養基地。

因為翰林院這麼重要，按明朝的規定，內閣首輔，也就是宰相，必須同時兼管翰林院，也就是兼任國家最高學府的校長，這樣做為翰林院編修的張居正就和做為內閣首輔的嚴嵩有所牽連：一方面他們可以算是一個單位的同事，另一方面他與嚴校長之間也有一層師生關係。

我們常說，人很簡單，事也很簡單，但人事，就不簡單了。張居正是個有抱負的青年，一進入官場就這麼靠近權力中心，所以他要在人事關係上做出考慮，並跟當朝宰相嚴嵩適切地套點交情，完全是合情合理的事。

當然，促使張居正與嚴嵩發生關係的最根本原因，還是嘉靖朝那兩場有名的政治鬥爭。一場是夏言與嚴嵩的鬥爭，一場是嚴嵩與徐階的鬥爭，這兩場鬥爭中嚴嵩都是核心人物。

在這兩場歷經數十年的政治鬥爭面前，張居正肯定得做出反應：

第一、他要面臨選邊的選擇，也就是向左走還是向右走、應加入哪個政治集團的選擇。

第二、因為靠近權力中心，而他的官職又不太高，所以他不用過度地捲入政治鬥爭的漩渦，也就是說他可以在這幾場最為精采的政治鬥爭裡冷靜、客觀地學到很多東西。

事實上，張居正在掌權之前，即萬曆新政前，嘉靖朝到隆慶朝，也就是明代第十一到第十二個皇帝之間，有名的政治鬥爭還不止這兩場，嘉靖朝是嚴嵩的兩起，隆慶朝也有兩起，分別是徐階與高拱的鬥爭及高拱與張居正的鬥爭。這四場鬥爭中，張居正捲入的程度愈來愈深，甚至最後更成了政治鬥爭的主角，並獲得了勝利。

但我一直認為，張居正之所以能獲得最終的勝利、之所以能在後來的政壇上如魚得水，一方面固然與他的政治天賦有關，但另一方面，也和他在這幾場政治鬥爭中所接受的「崗前培訓」有關。

那麼在前三場鬥爭中，張居正是怎麼介入的呢？在這前三場的「崗前培訓」中他又學到了哪些鬥爭技巧呢？第一場夏言和嚴嵩的鬥爭，到底給張居正帶來怎樣的震撼？

怪嘉靖

張居正剛進官場時，夏言和嚴嵩分別是內閣首輔和次輔。但奇怪的是我們可以在《張太岳集》裡找到張居正與嚴嵩的聯繫，卻找不到他與夏言的絲毫聯繫。

其實，這也不奇怪，因為張居正做為一個剛進官場的見習生，大概還沒來得及考慮怎麼發展與高層的人事關係，夏言就倒臺了。

說起夏言和嚴嵩的鬥爭，有個極大的啟示，就是在政治鬥爭中，一個人的姿態，高調還是低調，決定了一個人所處的政治環境。這在夏言和嚴嵩身上表現得特別明顯。

因為嘉靖皇帝在明代皇帝中是個「特別的傢伙」，所以，他的性格和習慣與一般人不太一樣。不過話說回來，明代皇帝中除了朱元璋外也沒幾個正常的，清人蔡岷瞻在《廣陽雜記》裡就評價過：「明只一帝，高皇帝是也。」也就是說明代的皇帝裡就朱元璋還算是個正常人。

這個嘉靖帝是半路當上皇帝的，因為他的前一任武宗皇帝死了。這個武宗就是那個喜歡打仗、還封自己為「威武大將軍」的糊塗皇帝。因為武宗無子，沒有繼承人，而自己又是獨子，所以眾大臣就擁立武宗的堂弟朱厚熜，就是後來的嘉靖當了皇帝。

當了皇帝後，嘉靖反倒心理不平衡了。為什麼呢？因為他想給自己死去的親爹上個太上皇一樣的名號。

可眾大臣不從。

眾大臣都覺得按照朝廷的禮法，是無法可想才讓你來當皇帝的，你應該像是過繼來的一樣，跟著武宗皇帝，尊武宗的爹也就是嘉靖的伯父為太上皇啊！

但嘉靖不從。他覺得自己都已經是皇帝了，給自己的親爹弄個好聽的封號也不算過分吧！況且，按邏輯來說，只要我是皇帝，我爹當然就是太上皇了，你說你們這幫大臣的邏輯學是怎麼學的啊！

於是，他就和這幫大臣槓上了。明代的文人都是倔脾氣，就好拌嘴、鬥氣，這皇帝不肯讓步，他們也不肯，整天就為這事在朝廷上爭鬧不休。這就是明代有名的「議大禮」事件。

為了這個「議大禮」，嘉靖帝特喜歡一種叫「廷杖」的刑罰，也就是在朝廷之上把反對者脫了褲子打屁股。誰跟他較勁兒，他就打誰屁股。不過他愈打，跟他較勁兒的人愈多，最後弄得眾大臣都以被打過為榮、沒被打過為恥，這也成為明代史上罕見的奇觀。

在這起事件中，夏言脫穎而出。因為他覺著這幫大臣都太迂腐了，嘉靖就只是想給他死去的爹上個太上皇的封號，你們這幫大臣放著軍國大事、經濟金融不操心，為這事和皇帝較什麼勁呢？所以他就帶了一撥人轉而支持嘉靖「議大禮」。雖然夏言不是第一個支持嘉靖「議大禮」的，但他卻是非常重要的一個。

這下嘉靖可高興了。一個人是吆喝不來的，再狠也是孤家寡人，現在有人幫襯，聲勢就不一樣了，況且還是從競爭對手那兒分化過來的。於是他龍心大悅，重用夏言，一路讓他當到內閣首輔，而封號一事也依他的意思底定了。

嘉靖經過此事後，形成一個畸形的心理。他老拿那幫大臣當仇人，時刻提防，因此他對權力始終抓得很緊。他喜歡道教，天天想著求長生，平常不上朝，也不管事，但他總會偶爾出來殺個人、貶個官，讓大家對他心生畏懼。

坦白說，夏言在「議大禮」事件上的處理是正確的。為了個虛名，怎麼能耽誤國家大事呢？所以就算是在道德立場上做出讓步，那也是值得的。

夏言任內閣首輔後，還算兢兢業業，也能一心為國。但這個人有個大毛病，也是有才之人的通病，那就是太傲了。其實張居正在官場一直也很傲，但張居正表現出的是傲骨，所以人人敬重他，可夏言這個人渾身冒出的盡是傲氣，有句話說：「人不可無傲骨，但不可有傲氣。」夏言因此在官場上得罪了很多人。

尤其他在嘉靖面前也充滿傲氣，嘉靖本就是個強勢的人，所以潛在的矛盾就跟著埋下。

相反的，像嚴嵩是傲氣、傲骨都沒有，整個就是一副奴顏媚骨相，我們說這肯定是小人，但有句話叫「小人得志」，這副相當低調的好脾氣給嚴嵩掙到不少優勢。

嘉靖因為喜歡道教，經常舉行祭天儀式，他平常不上朝，也不住皇宮，他住的地方叫西苑，整天就琢磨著怎麼長生不老。因為經常舉行祭天的儀式，而儀式中有個重要內容是要火化青詞。

青詞是什麼呢？

其實，也就是嘉靖向玉皇大帝或太上老君寫的思想匯報。

但這個匯報可不好寫。要有隱語，因為天機不能明說；還要寫得特別美，用詩化的韻文語言，特別難寫。

夏言也幫嘉靖寫過，但寫寫就煩了，後來他乾脆隨便糊弄。可嚴嵩不一樣，他努力鑽研青詞的寫作，後來終於能寫出一手漂亮的道教思想匯報，所以嘉靖特別喜歡他，再加上他又特別聽話，不多久他就成了內閣次輔，即副宰相。

夏言看不起嚴嵩，覺得他沒本事，靠拍馬屁、寫青詞上來的。你要是公文寫得好也就罷了，你說你最拿手的是給太上老君寫思想匯報，憑這就當上次輔，以夏言那麼傲氣的人，他當然看不上。而嚴嵩表面很低調，但骨子裡卻是睚眥必報的人。再加上夏言曾在政壇上三起三落，但每一次官復原職後都能成為嚴嵩的頂頭上司，這讓嚴嵩感覺很憋屈，他暗下決心要徹底扳倒夏言，兩人間的鬥爭就這麼如火如荼地開始了。

夏言倒沒想到要搞掉嚴嵩，因為他從來就不把嚴嵩放在眼裡，一個人你都不把他放在眼裡，又怎麼會將他當成對手呢？

他對嚴嵩很不當回事兒。《明史・夏言傳》裡說他平常在內閣，對嚴嵩是「直陵嵩，出其上，凡所批答，略不顧嵩」，也就是他非常鄙視嚴嵩，什麼國務公務，自己說了算，就當嚴嵩不存在。

嚴嵩表面上不敢怎麼樣，但心裡恨得要命，心想當我是空氣，我哪天就讓你好看。

嚴嵩扳倒夏言的手段主要有兩種。

第一種叫做「離間」。

離間誰呢？離間一切最高權力層與夏言的關係。

首先就是離間夏言與嘉靖之間的關係。

嘉靖每天熱中於神神叨叨地舉行道教的儀式，嚴嵩投其所好，但夏言對此卻敷衍了事，使得嚴嵩有了可乘之機。

有次祭天儀式時，嘉靖用荷葉做了幾頂香葉冠，做完儀式，就把又高又細的香葉冠分賜給嚴嵩和夏言。第二天，嚴嵩戴著這頂香葉冠來上朝，為了表示尊重，還在顫顫巍巍地香葉冠外裹了層細紗。

嘉靖看了很高興，轉頭就問夏言：「你的呢？」

夏言居然說：「哪有政府首腦戴那玩意兒的，況且還在朝廷之上，嚴嵩你個老小子也太不像話了。」

嘉靖當時雖然沒說什麼，但過後嚴嵩就單獨跑到嘉靖那兒跪在地上哭，說夏言平常老欺負他，今天在朝上嘲笑他戴「荷葉綠帽子」這事還算是輕的。

嚴嵩這個狀告得真有技巧，他並沒說夏言不戴這個「香葉冠」是對你嘉靖的不尊敬，他只是像小孩訴委屈一樣說夏言欺負他，你看，連狀都告得這麼低調。可眼前事卻是因為嘉靖做的這兩頂「綠帽子」而起的，所以嘉靖心裡非常不是滋味。嚴嵩這樣告了幾次黑狀後，嘉靖開始不喜歡夏言了。

其次就是離間夏言跟內廷的關係。

夏言連嚴嵩都看不起，對於那些內廷的宦官更加看不起。而嚴嵩對皇帝身邊的人卻是十分巴結。皇帝身邊的太監到嚴嵩那裡傳旨，他都熱情的接待，不僅經常塞錢賄賂，還跟這幫太監稱兄道弟，所以皇帝在大內的動向他摸得一清二楚。

這點夏言剛好相反，他最看不起那幫不算男人的太監。按《明史‧夏言傳》的說法，他見到他們是「負氣岸奴視之」（《明史》卷一九六），也就是徹頭徹尾地把他們當奴才看，再加上嚴嵩偶爾不經意地挑唆，使得這幫太監對夏言也頗不以為然。

再來就是離間夏言與言官的關係。

明朝的官僚系統內，言官屬於監察系統，他們的力量極為龐大。言官的作用是議論朝政，他們動不動就彈劾某某人，所以離間了言官與夏言的關係，就使得夏言不得安身了。

完成離間後，嚴嵩第二種手段更毒辣了。這種手段叫「藉勢」，也就是藉一件具體事件的發展勢頭，把水攪渾，然後乘機落井下石，置人於死地。這一招特別狠，夏言果然中計。這個過程，當時甫進官場的張居正也有幸親眼目睹。

夏言雖然有些剛愎自用，但一心為國事而操勞，並未覺察到嘉靖對他態度的變化，也沒提防到嚴嵩的工作已經做得異常深入了。他仍趾高氣昂地做他的宰相。

嘉靖二十五年，由夏言一手提拔上來的陝西總督曾銑，欲解決蒙古人後裔韃靼對河套地區的威脅，想用武力收復河套。這一點夏言很支持，嘉靖開始時也相當支持。但明王朝自英宗以來已經被蒙古人打怕了，所以在這件大政方針上，夏言勇往直前，嘉靖卻反覆無常。

夏言關鍵的失誤是忽略了嘉靖的態度和嘉靖猜疑的性格。

據說夏言的岳父也支持收復河套的計畫，而夏言的岳父和曾銑又是私交很好的朋友，所以夏言在這件國事上讓岳父做為中央與曾銑間的聯絡人。這犯了國家公共事務操作辦法的大忌，也就是領導幹部的親人和家屬不得參與朝政。

嚴嵩敏銳地看到這點，也抓住了這點大做文章。

他通過太監裡的內應，了解到嘉靖不敢下收復河套的決心，後來就在嘉靖搖擺、翻盤之際，抓住這個節點，乘機誣告夏言與曾銑內外勾結、家人交易，實際上是要藉收復河套謀取私利，從而使國家陷入危機。

這顯然是羅織罪名，但凡嘉靖若腦子清楚點也不會相信。可嘉靖只見夏言的岳父摻和其中，就信了嚴嵩的話。

嘉靖二十七年，曾銑先以誤國、通敵、貪污等罪名下獄。當時，夏言正在出差回北京途中，剛到通州，就聽到曾銑入獄的消息。夏言突然意識到問題的嚴重性，也突然意識到這其中一定是嚴嵩在搞鬼，大呼一聲，說：「噫，吾死矣！」就是說哎呀，這下完了，這下我要被嚴嵩害死了！

這時他才意識到中了嚴嵩的奸計，可一切都晚了。就在他喊出這聲幡然醒悟的話時，朝廷來抓他的錦衣衛也到了通州。一個堂堂宰相夏言，還有一個堂堂總督邊關事務的大帥，都以莫名其妙的誤國罪被殺掉了。

這一下朝野震動，而嚴嵩就此取代夏言，成為嘉靖朝權勢通天的內閣首輔。

結交

夏言之死，在當時實在太出人意料了。

張居正嘉靖二十六年考上進士、進入官場時，他還是當朝宰相；可張居正的見習期還未滿，一個當朝宰相就被莫名其妙地殺掉了。北京官場上上下下的官員都非常震驚，更不用說張居正這個剛入官場、還在見習的庶起士。

有關這件事，雖然張居正並未留下任何文字紀錄，他當時的想法和看法不得而知，但做為一心想在政治上一展抱負的年輕官員，張居正的內心深處肯定受到不小的震動，這從他在此事後與嚴嵩的互動看得出一二。

明眼人都知道是嚴嵩害死了夏言，《明史．夏言傳》就說夏言臨死前曾上疏嘉靖，指出是遭到嚴嵩陷害。以夏言的地位，突然被嚴嵩扳倒，且遭遇的不是勒令退休或罷官，而是殺身之禍，這就讓當時的眾官員大為吃驚。所以當時嚴嵩一取代夏言後，依附嚴嵩的人一下子多了起來。

張居正並不了解這場鬥爭的來龍去脈，他也不知道嚴嵩與夏言各自的為人。他只知道嚴嵩現在是他的校長、老師，還是內閣首輔；他只看到在收復河套這件國事上，大家還沒弄清怎麼回事，嚴嵩就把一個當朝宰相和一個邊關總督給放倒了。做為新進官場的年輕官員，張居正很自然地與嚴嵩套上了交情。

在張居正的《張太岳集》中總共有十幾篇為嚴嵩父子寫的讚美詩，還有一些文章。有的是為了嚴嵩的生日慶賀，有的是過節時寫的慶賀詩文，還有一些是代嚴嵩寫的上奏朝廷的賀表。其中最早的詩文即始於此一時期。

從慶賀生日的詩文，到一些無關緊要的日子也要寫慶賀詩文，再到嚴嵩後來甚至讓年輕的張居正代他寫上奏朝廷的賀表，基本上可以看出，這個過程中，張居正與嚴嵩的關係愈走愈近，而且嚴嵩對張居正頗為欣賞，要不然也不會讓他代自己寫文章。

但我們不能說，這代表張居正要加入嚴嵩的政治陣營。

在「加入哪一個政治陣營」這個根本性問題上，我覺得張居正的政治敏感與政治天賦是一般人所不能比的。

首先，他知道在官場上，可以孤芳自賞，但要想有所作為，就一定不能孤立無援。因為官場是最講究團隊合作的。「官場官場」，沒有共振和呼應，哪來「場」的效應呢？

所以他剛入官場，就在嚴嵩的權勢面前，伸出橄欖枝來，這說明他是有此準備的。其次，有此準備，並不代表已經做出了必然的選擇。

張居正向嚴嵩伸出的橄欖枝，更像是一種政治觸角，他這樣做的目的，只是為了保持一種可能性罷了。

可現在不選擇，不代表永遠不選擇。張居正水準再高，也終歸要有自己的立場。在政治上，最壞的情況不是你沒能力，而是你沒立場。

在即將到來的第二場風雨中，張居正面臨嚴嵩與徐階兩大政治集團，他到底是該向左走還是向右走？張居正最後會做出怎樣的選擇？而什麼樣的因素會成為決定張居正選擇的標準？

第五章

向左走向右走

變故

張居正初入官場，就面臨著如何處理與內閣首輔嚴嵩的關係。他靠近嚴嵩、接近嚴嵩，並不等於他加入嚴嵩的政治陣營，為什麼這麼說呢？

這要從嘉靖二十九年的一場突發變故說起。

嘉靖二十九年（一五五〇），算來已是張居正踏入官場的第四個年頭。這一年張居正回江陵老家休假半年，可是才回到家一、兩個月，就待不住了。為什麼呢？時局變化，時刻掛懷，所以張居正在家沒待幾天就趕往京城。

那麼，是什麼時局讓張居正這麼著急呢？

他進入官場四年，前三年都任庶起士。我們說過這只是個見習生的位置，好不容易三年試用期滿，這才授了個七品翰林院編修的職務，雖然有品階，但一來七品，不過是京官裡最低的；二來翰林院編修也是個閒職，不過就是皇家行政學院的研究員而已。論職稱，張居正當時只是個助教，沒什麼實權，更談不上什麼政治實踐。什麼樣的時局變化讓他著急、讓他挨得上邊呢？

這要說到一句名言──「國家興亡，匹夫有責！」正是牽扯到國家興亡的大事，才讓這個熱血青年心急如焚地趕回京城。

原來，北方蒙古族的後裔韃靼逐漸強大。在明英宗時，他們占據了河套地區，對北京的防衛形成極大威脅。前些年，他們還只是在邊境上騷擾，隨便搶點東西。後來因明王朝國防力愈來愈薄弱，他們便一次次地逐步深入。

嘉靖二十九年初夏，韃靼的首領俺答再次率兵深入內地劫掠，原本只是打算多搶點東西，所以深入的程度加大了些。哪知明朝的軍隊根本缺乏戰鬥力，俺答的軍隊突入古北口，明軍一戰即潰不成軍，結果俺答乘勢兵進通州，一下對北京形成了包抄之勢，史稱「庚戌之變」。

蒙古人眼看就打到北京城下，這可是國都，是國家的象徵，北京被打下來就算亡國了。做為一個愛國青年、知識分子，張居正能不著急嗎？他急急趕回京城，希望能在這國難當頭做些什麼。

但能做些什麼呢？他自己也不知道，他只知道，這個時候他應該站出來，站在政府當權者的面前，表明態度，積極進言，哪怕貢獻個人一丁點的智慧也是好的。

張居正一個七品芝麻官，憑什麼能到執政大臣面前說話、表態呢？張居正為什麼有這份自信呢？

這是因為，他和這時政壇的兩位當權人物的關係都還算不錯。

一個就是嚴嵩。

在嚴嵩鬥倒夏之後，張居正把友好的政治觸角伸向了嚴嵩，也得到了一些回報。嚴嵩雖然沒重用張居正，但他對張居正的態度是很友好的。

另一個就是徐階。

夏言倒臺前，方始認識到嚴嵩的奸詐，可惜為時已晚，於是他快速提拔一個正直又可在將來與嚴嵩對抗的人，這就是徐階。徐階這時任禮部尚書，因為也擅長替嘉靖寫青詞，正逐漸受到嘉靖的重視和喜愛。

同時，因為徐階這時還兼任翰林院的掌院學士，相當於是常務副校長，所以他才是張居正真正的老師。

我們講過，張居正寫過一篇談改革思想的〈論時政疏〉，受到過一個人的賞識，這個人就是徐階。明末周聖楷的《張居正傳》說：「時少師徐階在府，見公沉毅淵重，深相期許。」也就是說徐階看中張居正，尤其是說「深相期許」，即徐階很早就看好張居正，並打算重點培養他。

但嘉靖二十九年這個國家興亡的危急時刻，張居正並不清楚自己到底要走向哪個政治陣營。這個從湖北急急趕回北京的年輕人，此時站在北京的十字街頭，就要面臨一個看似簡單卻又非常重要的問題。

選擇

人活在世上，大概都面臨過這看似簡單卻又難解的課題，這個難題就叫「選擇」。

關於選擇，先秦有個非常有名的故事。戰國時魏國有個人名叫楊朱，有天走到一個三岔路口，面對著眼前的三岔口，突然放聲痛哭。

旁邊的人就問他，說：「唉，這位，您哭什麼呢？」

楊朱倒也老實，直接就回答說：「唉，我不知道該走哪條路？」

旁邊這人聽了直搖頭，說：「嗨，弄半天你就為這個哭啊！挺大個人，你又不是小孩兒迷路回不了家，有必要這樣嗎？」

結果楊朱鄙夷地看了看身邊這人，眼淚還沒抹乾，卻帶著滿臉的憂愁說：「你哪裡知道，人生到處都是這樣的三岔路口啊！」

這就是有名的「楊朱臨路而泣」的故事。楊朱是先秦有名的哲學家，他的臨路而泣實際上是一種面臨選擇時的人生感慨。

臺灣作家幾米用漫畫的形式也演繹過這種「臨路難」的選擇情結。後來還拍成過一部很好看的電影，名字叫《向左走，向右走》。

四百多年前，也就是嘉靖二十九年的夏天，那個站在北京十字街頭的年輕人張居正，當時也正面臨這樣一個「向左走」還是「向右走」的人生選擇。

向左走，是進菜市口的丞相胡同，那裡是內閣首輔嚴嵩的府第；向右走，穿過兩條街，到槐樹胡同，那裡則是禮部尚書徐階的府第。

按道理要找最高的當權者，應該向左走去嚴嵩家，因為嚴嵩是內閣首輔、是宰相。徐階雖然是禮部尚書，但和宰相還是沒得比。從要向高層匯報思想、提建議的角度，當然應該去嚴嵩那兒；另外，從要加入某個政治陣營的角度來說，嚴嵩這邊更有勢力，加入後個人也更有發展前途。所謂「良禽擇木而棲」，這個「擇木」俗話裡就是「攀高枝」，宰相這邊顯然比禮部尚書那邊高，所以張居正根本無需猶豫，他的選擇應該很明確：向左走，去嚴嵩那兒。

但張居正還是猶豫了，他雖然沒像先秦楊朱那樣「臨路而泣」，但他在北京酷熱的十字街頭皺著眉頭就是不抬腳。

說實話，要我們現在的人幫張居正做選擇，也很容易。因為道理很簡單，嚴嵩是歷史上少有的大奸臣，《明史》把他列在〈奸臣傳〉裡，張居正怎麼能跟他同流合污呢？

但我們現在這樣看純粹是事後諸葛，所有的選擇回過頭來看都清楚而簡單，但在當時、在當局者迷的情況下，能做出正確選擇對於絕大多數人與絕大多數情況而言，都是非常不容易的事。

憑著張居正的政治敏感度，他也意識到了這一轉身向左還是向右，可能對自己造成全然不同的政治後果。

於是他決定往左走，因為他覺得雖然不太了解這位嚴嵩嚴首輔，但自從他為嚴嵩寫過幾篇慶賀生日和朝廷表賀的文章後，嚴嵩還滿喜歡他的。而嚴嵩這會兒畢竟是一人之下萬人之上的內閣首輔，對於渴望掌握更高權力的張居正來說，嚴嵩對他的重視程度完全會決定一個時期內他在官場上的發展。

但張居正臨到轉身又不自覺地猶豫了起來，這就是他的政治敏感發揮作用的時候了。

他雖然不了解嚴嵩，但在直覺上又不能和嚴嵩靠得太近，因為張居正從骨子裡感到嚴嵩雖然是個權臣，但和他心中所想像的政治家形象還有不小的距離，反倒是他的老師徐階，一身正氣，一心為國，雖然這時權勢遠不如嚴嵩，但總讓張居正覺得那才是他發展的方向。於是，他又決定抬腳向右走。

這時候，張居正的隨從游七在旁邊說：「老爺，你怎麼老在這路口愣著，咱們往前走，一會兒就到家了，您怎麼大老遠趕回京城來不先回家呢？」

原來張居正回到京城還沒回家，他本來最直接的選擇應該既不是向左走也不是向右走，而是應該直接向前走先回家。

但張居正聽了這話，瞪了旁邊的游七一眼，轉身，走向右邊的街道，直奔槐樹胡同徐階的府第而去。

交談

見著了徐階，和自己的老師一番交談後，張居正才知道，嘉靖帝雖然想抵抗，但京城這會兒根本沒有可以抵抗的力量。

因為長期不打仗，也不訓練，京城附近實際兵員只有五萬多人，且都是老弱殘兵，根本沒有戰鬥力可言。而外地勤王的部隊還沒趕到。這時俺答的部隊已經在北京城下大肆搶劫，還不知道他們什麼時候會攻城。

而內閣首輔嚴嵩的態度居然是投降、獻貢，省得城被攻下後，後果會更慘。

張居正一聽這話火了，當時一拍桌子就站起來，說嚴首輔怎麼可以這樣，這不是賣國嗎？他說了這話，見徐階並不吭聲，試探地問：「尚書大人總不會也向皇上這樣建議吧！」

徐階看看激動的張居正，心想年輕人還是好衝動。他不露聲色地問：「那你張居正要是在嚴首輔這位置上，你會怎麼辦呢？」

張居正回座，想了想說：「當然是堅壁清野、拚死抵抗，然後等待各地勤王援軍到來。」

徐階笑著搖搖頭，說：「拚死抵抗固然勇氣可嘉，但以現在京城的兵備情況，你看抵抗得了嗎？等到各地勤王的部隊趕到，北京城大概已經被攻下來了。」

張居正一聽這話又站起來，這下他真的有點激動了，「這麼說，徐大人的意思也是和嚴首輔一樣要降嘍？」張居正這話相當不客氣，就差沒說出賣國兩字。

徐階並不生氣，微微一笑，說：「做事靠的是動腦子，而不是憑意氣，做為身擔國家命運的大臣更應該這樣。」

這話是在含蓄地教訓張居正。

徐階看著又坐下的張居正說：「你看俺答年年劫掠邊境，每次滿載而歸，這回雖然一直跑到皇城邊，但畢竟還是為了搶東西，我看他們就算打下北京城，也沒有在這兒一統山河的志向，俺答肯定也是在北京搶劫一番就回他們老家。也就是說，俺答並沒有想改朝換代的野心，只不過是一個搶東西的強盜罷了。」

徐階這麼一分析，張居正隨即覺得思路開闊許多。他不再激動，而是完全以一種學生的口吻請教老師：「經尚書大人一說，俺答的情形確實如此，但畢竟兵臨城下，俺答的逼降書都已經送來了，那我們該怎麼辦呢？」

徐階說：「我看了俺答的逼降書，發現他們是用漢字寫的，而非用蒙古文，我覺得這倒是可以做文章。我已經建議皇上，先派使臣跟他們說基本上答應他們所開出的各種條件，但他們用漢字書寫逼降書這不符合外交禮節，是否可以請他們退到長城以外，再用他們的蒙古文寫一份這樣的外交文書來，我們再按他們的要求去做。這樣的話，勤王的部隊就有足夠的時間趕來。皇上已經決定按老臣的說法做了。」

聽了這話，張居正不由得疑惑起來：「那俺答會同意嗎？」

徐階又微微一笑說：「換了別人這招可能行不通，但俺答這個人，從他開出的條件就可看出，他是個目光短淺、只知道盯著財寶與利益的人，這樣的人最適合用細節上的東西去干擾他，行不行，你可以瞪大了眼睛看下去。」

從徐階那兒回到家後，張居正深有感慨，原來治國不僅要有治國之志，更關鍵的還要有治國之術。

徐老師這一招，看似微不足道，但細想還真有玄機。一來想出了具體解決問題的可行辦法，二又不得罪嚴嵩，三還讓皇上覺得可以依賴，實在是「心機眼力」不同尋常。

過了幾天，徐階的緩兵計果然奏效，俺答只在京郊地區大肆劫掠後便退回長城外，各地勤王的部隊也趕來了，徐階用一招看似絕不可能的「拖刀計」，達到了當年于謙「北京保衛戰」的效果，而且兵不血刃，張居正對徐階簡直佩服得五體投地。

從此以後，在政治傾向上，張居正算是徹底與嚴嵩決裂，走向了徐階的政治陣營。

選邊的藝術

我們說張居正選擇站到徐階這邊，固然是個正確的選擇，但就當時而言，畢竟冒了巨大的風險，與嚴嵩集團為敵的風險，因為在朝廷，能與嚴嵩隱然形成較量之勢的也只有徐階了。

但《明史・張居正傳》又說：「嚴嵩為首輔，忌階，善階者皆避匿。居正自如，嵩亦器居正。」

亦即，隨著徐階地位提高，嚴嵩看到嘉靖愈來愈倚重徐階，就想方設法要打壓和迫害徐階，不僅徐階，凡屬於他政治集團的人，他都會予以打壓與迫害。又因嚴嵩權勢熏天，當時官場上很多人都不敢和徐階走得太近。但張居正卻是一個特例，他一方面和徐階走得很近，另一方面與嚴嵩的關係也處理得很好，以至於嚴嵩雖然看到他和徐階的關係很好，可同時自己也很器重張居正，這到底是怎麼回事呢？

這就要說到張居正的政治智慧了。在嚴嵩與徐階之間走鋼索，而且還能走得這麼穩，這完全得益於他的一個重要的政治技巧，我稱之為「接觸藝術」。

人和人總是在接觸中產生感情的，即便是戀人之間的一見鍾情，也得從「一見」開始。從心理學上看，每個人的內心深處都是孤獨的，因為這種孤獨感，所以渴望與他人溝通與交流，因為溝通與交流，所以才產生了人與人之間的溫暖感與幸福感。

張居正雖然從「庚戌之變」中認清了嚴嵩的本質，也從政治立場上與嚴嵩集團劃清界限，但他還是一如既往地與嚴嵩保持良好的接觸。逢年過節，嚴嵩生日，他還是會寫祝賀的詩文，甚至在明知嚴、徐矛盾的情況下，也會很自然地提起自己與徐階的交往。這既讓嚴嵩保持對自己的好感，也讓嚴嵩錯誤地認為他與徐階的關係只是泛泛。

這就是張居正聰明之處，有些東西愈擺在暗處愈讓人猜忌、愈放在明處愈讓人放心。一直到嚴嵩最後被徐階扳倒，張居正在私人關係上始終保持著與這位大奸臣的接觸，這不能不說是一種比較突出的政治膽識。

那麼有人會問，張居正既然在政治立場上已經與嚴嵩決裂了，卻又保持著一種接觸、順從的關係，這難道不算虛偽嗎？

事實上，張居正是個實幹家，也是個理想主義者。為了實現人生的抱負與理想，他並不會把世俗的行為標準當成他成就事業的行動標準。所以他父親過世，按規矩要回家守喪三年，但他為了改革大計，堅守崗位，不肯退位，以致天下輿論一片譁然。即使這樣，他還是堅持自己理想至上的人生標準，頂著重重壓力繼續推動改革。

這也可以看出這個人內心深處強大的精神力量，大概就是我們平常在動畫裡所說的「小宇宙」的力量吧！

在這種「小宇宙」力量的支持下，為了理想的需要，他並不會把與嚴嵩的接觸當作是虛偽、苟且的事，他在當時最為人所稱道的政治氣度就是不卑不亢，所以連嚴嵩也這麼欣賞他。

若只是一個溜鬚拍馬的人，不論是在嚴嵩或徐階面前，哪裡缺這樣的人呢？

正因為這種不凡的氣度與行動能力，徐階也特別欣賞張居正，甚至「深相期許」，著力培養他，尤其是在與嚴嵩長期的較量過程中，經常把一些內幕與細節告訴自己這個鍾愛的學生。張居正後來在向萬曆帝匯報一些嘉靖朝重要的大事記時，曾明確說過，徐階的一些想法與內幕，「惟臣居正一人知之，諸臣皆不聞也。」（《張太岳集・奏疏十一・請乞優禮耆碩以光聖治疏》）

正是在這個意義上，我們才說徐階可謂是張居正人生第二位精神導師。

事實上，徐階對張居正的幫助要比當年顧璘對張居正的幫助更大。

一方面他在與嚴嵩的鬥爭過程，全力保護張居正，不讓他到前臺來與嚴嵩集團直接衝突，否則，張居正做為革命軍中的馬前卒，很快就會犧牲掉。

另一方面，徐階又把自己的政治經驗盡心地傳授給張居正。尤其是在扳倒嚴嵩的過程中，張居正因為能夠接觸到最核心的機密，所以學到很多東西。

到了嘉靖四十一年（一五六二），這時嚴嵩還是首輔，徐階已經是僅次於嚴嵩的內閣次輔。不久，張居正就在徐階的推薦下，成了實際上太子裕王朱載坖的講席官，也就是下一任皇帝的老師。徐階這個安排明顯是在為張居正的將來鋪路，難能可貴的是，嚴嵩對於這項安排也不反對。

從政治局勢上看，這一年是黎明前的黑暗，也是嚴嵩與其子嚴世蕃玩弄權力到達頂峰的時候。尤其是嚴世蕃，比嚴嵩還奸詐、還無恥。嚴嵩因為年齡大了，把權力都放給他這個荒淫無恥的兒子，所以當時民間流傳著「大丞相」和「小丞相」的說法，「小丞相」指的就是嚴世蕃。

這一年，徐階在隱忍了十幾年、也蓄積了十幾年的力量後，開始對嚴嵩集團發動了總攻。這一次總攻，徐階與張居正親自策畫，取得了「畢其功於一役」的決定性勝利。

那麼，這場政治「大決戰」又是怎樣展開的呢？張居正在其中又鍛鍊出了何等的政治智慧呢？

第六章

決勝三字真經

入局或旁觀

張居正加入徐階的政治陣營後，細心學習徐階的政治智慧，同時又以一種接觸的藝術保持著與嚴嵩的關係。

他在徐階與嚴嵩之間走鋼索，居然還走得特別穩。

一方面徐階把他視為接班人，另一方面嚴嵩也很器重他，這使得張居正的身影在嘉靖末期的政壇中迅速凸顯出來。

嘉靖末年，政壇上最大的一件事就是徐階在隱忍了十幾年、也蓄積了十幾年的力量之後，開始對嚴嵩發動政治反攻。在這場政治搏殺中，張居正的作用始終是一個謎。

雖然是個謎，可我認為張居正沒理由置身事外。這主要有兩點理由：

第一、雖然沒有可信的歷史材料明確提及張居正參與過這場政治大決戰，但以張居正當時特殊的身分而言，他沒理由對這場大決戰不聞不問。其中一個最重要的證據，就是在這場政治大決戰之後，也就是在徐階集團獲勝之後，徐階立即展開撥亂反正的工作，給曾經受嚴氏父子陷害、打擊的官員平反昭雪，這個撥亂反正的工作就是由徐階和張居正兩個人一手主持的。

關於這一點，張居正在後來給徐階的親筆信裡明確提到，他說：「丙寅之事，老師手扶日月，照臨寰宇，沉幾密謀，相與圖議於帷幄者，不肖一人而已。」（《張太岳集・書牘十四・答上師相徐存齋》）

這裡的「丙寅之事」就是指這段撥亂反正的工作。這話的意思是推崇徐階徐老師這事做的功德無量，但其中也有一點自得，在這件功德無量的工作中，他是唯一的參與謀畫的人。

請注意，張居正這裡並沒有謙虛地說「我是您當時唯一的助手」，而是說「相與圖議於帷幄者」，就是共同的策畫人、是團隊合作的夥伴，而不是簡單的從屬關係。

要知道，張居正給人寫信向來謙虛，尤其是對他的老師徐階。《張太岳集》中保留了很多他給徐階的信，不論是當權前還是當權後，語氣都一樣謙恭。如果以上所言並非謙虛之詞，那麼只有一種可能——那就是當年撥亂反正的工作中，張居正的作用確實僅次於徐階，也就是發揮了很大的領導作用，而不只是一個助手的功能。

既然張居正能在後半段工作中擔負那麼重要的責任，沒理由在前半段工作中一點都沒參與。

第二、退一萬步說，就算徐階完全「雪藏」了張居正，根本沒讓他參與任何與嚴嵩集團的衝突與鬥爭，但做為既認清了嚴嵩奸臣的本質、又一心要「兼濟天下」的張居正，面對這個決定大明王朝發展命運的重大政治鬥爭事件，以他的政治熱情而言，他會置若罔聞嗎？

人，天生都是喜歡湊熱鬧的，只不過不同的人湊不同的熱鬧罷了。對於這樣的政治「熱鬧」，讓張居正這樣心繫天下的人不去湊這熱鬧都不可能。就算沒參與，他也一定會密切地加以關注，從中總結學習，積累經驗。從他後來的政治生涯可以看出，他明顯向他的老師徐階學習過，而這個學習內容就來自徐階戰勝嚴嵩的這場政治鬥爭。

忍

徐階戰勝嚴嵩的手段，我稱之為「三字經」。怎麼說呢？其實就是三種手段，每種手段各一個字，所以叫做「三字經」。

第一個手段，就是「忍」。

說到忍，我們生活裡有個成語叫忍氣吞聲，事實上我覺著這個成語還可以細分為兩層境界，也就是「忍氣」，雖然是忍，但還不如「吞聲」的境界來得高。

一般人碰到委屈的事，想想忍了，但嘴巴上總還要嚕哩嚕囌，發兩句牢騷，以求心理平衡。很少有人會忍了氣又把所有的牢騷全悶在肚子裡。然後不動聲色地讓所有牢騷都爛在肚子裡，到這個水準那就是「吞聲」的境界了。據說，徐階當年就達到了這個水準。

不過，說起徐階年輕時也還達不到這種境界。

據《明史・徐階傳》記載，徐階甫入官場時也是年輕氣盛。他當年進士及第時比張居正還出色，是以全國第三名，也就是「探花」的身分進入官場。這位和「小李探花」李尋歡一樣的「小徐探花」，初始時意氣風發，最喜歡發發牢騷、議論是非，雖然很有才，但還是給貶到邊遠地區做個小官。

後來，內閣首輔夏言重新啟用他，在重回中央權力層後，徐階當年的稜角突然都不見了，忍功的修養據說無與倫比。

這在有件事上看得特別清楚，就是明代嘉靖朝有名的楊繼盛事件。

說起來楊繼盛和張居正是同學，他倆都是嘉靖二十六年的進士。這是明代科舉史上赫赫有名的一年，因為在這個「二六級」錄取的進士裡，能人特別多。有後來的文壇盟主，有名垂青史的勇士，也有以文職鎮守邊關的封疆大吏，光後來進入內閣、成為名義上宰相者就有一長串，更不用說張居正這位大明王朝的中流砥柱了。楊繼盛就是那個名垂青史的勇士。

楊繼盛和張居正的關係不錯。說起「恰同學少年」的時候，這幫「二六級」的同學個性都很鮮明。張居正年齡小一點，反而老成持重；楊繼盛在這幫同學裡年齡最大，卻也最慷慨激昂。

楊繼盛最典型的個性就是嫉惡如仇，而且膽子大，脾氣火爆，眼睛裡容不得沙子。他當官沒多久就曾彈劾嚴嵩的義子大將軍仇鸞賣國通敵，結果被貶官貶職，一直發配到邊遠山區，使得他在同班同學中境遇最慘。

但世事難料，後來仇鸞坐大，居然敢與嚴嵩作對。陰謀家嚴嵩處理掉仇鸞後，突然心血來潮地想起了年輕的楊繼盛，想想敵人的敵人當然可以拉攏過來，再加上楊繼盛因為勇於彈劾權臣，名聲鵲起，名頭也很響，嚴嵩便開始刻意拉攏楊繼盛。不僅把遠在邊遠地區的楊繼盛調回京城，而且還在短短的數月內給他連升了四次官。

嚴嵩心想，這個楞小子一定感激不已，他大概甚至想像過楊繼盛來嚴府謝恩時，他還可以故作姿態，演一齣讓這個青年感動的好戲。

可是想像總是太虛幻，計畫也不如變化快，這個楊繼盛實在太有負於嚴嵩的想像力，也實在有負嚴嵩嚴大人的栽培。

他一到京城就開始琢磨。琢磨什麼呢？當然和快速提拔他的嚴嵩有關，但卻不是要怎麼報答嚴嵩，而是要怎麼彈劾這個大奸臣。

雖然他知道是嚴嵩提拔自己，雖然家人、同學也勸過他這事太過危險，但楊繼盛就是楊繼盛，他要「一腔熱血灑春秋，壯志不負少年頭」！於是他寫下了那篇著名的〈劾嚴嵩疏〉，歷數嚴嵩的五大奸、十大罪，成為當時一篇有名的討嚴檄文。

結果彈劾的奏章一上，朝野立刻沸沸揚揚，因為誰都看得出來嚴嵩在拉攏楊繼盛，而楊繼盛這一手實在太出人意料了。

尤其是嚴嵩，這下一張老臉沒地方擱，這不等於從萬里搬回塊大石頭來砸自己的腳，他惱羞成怒，把楊繼盛打入大牢，永絕後患。

這期間許多仁人志士想搭救楊繼盛，可都沒有用。

張居正為此找上恩師徐階，說現在只有你能搭救楊繼盛了。可徐階不說話，只是搖頭。張居正再求，他還是只搖頭。張居正憤然而去，他也只是搖頭。

張居正不是不懂徐階是為了大局考慮，目前正是徐階與嚴嵩的鬥爭暗流湧動的時候。徐階一直以來的政策是以隱忍來等待與嚴嵩決戰的時機，另一方面他的力量此時也不足以撼動嚴嵩，為了整場戰役的需要，他選擇了沉默、選擇了忍氣吞聲。但年輕的張居正這時更看重的是楊繼盛那條正直的生命，他不理解徐階的是，自己的老師怎麼能眼睜睜看著楊繼盛危在旦夕，可他竟只是一言不發。

楊繼盛最終以近似於「莫須有」的罪名遇害。行刑當天，楊繼盛朗誦著自己的絕筆作走上了刑場。詩云：「浩氣還太虛，丹心照千古。生平未報國，留作忠魂補。」

真是一首好詩，好就好在那片愛國的赤子情懷。正是「人生自古誰無死，留取丹心照汗青」的至高境界。

後來，張居正為此曾憤然告病還鄉，臨走時還在告別信中譏諷自己的老師，甚至毫不客氣地反問自己的老師：「相公內抱不群，外欲渾跡，將以俟時，不亦難乎？」（《張太岳集・書牘十五・謝病別徐存齋相公》）

這話是說，面對嚴嵩這樣的大奸臣，我知道老師你想忍，可你要忍到什麼時候？信的最後甚至說，老師你這樣「進則為龍為光，退則為鴻為冥，豈不綽有餘裕哉」！是說老師您在官場上進退自如，實在讓人佩服。這簡直就是反話，是諷刺和挖苦，那意思是說老師你這麼忍，根本原因恐怕是你怕了嚴嵩，更是為著自己的前程和官運在考慮吧！

被說成這樣，據說徐階看了信只是搖搖頭，淡然一笑，什麼話也沒說。

這就是徐階的忍功，他不僅忍嚴嵩，連年輕的張居正他也忍。

藏

徐階的第二個手段，是「藏」。

說到藏，一般人也會，那就是財不露白。可徐階的技巧反倒不是財不露白，他也學著嚴嵩在老家聚斂財富，尤其是嚴嵩的兒子嚴世蕃開始明目張膽地玩弄其父手中的權力，大肆賣官鬻爵、禍國殃民時，徐階的三個兒子在老家也聚斂了一些田地，一向還算清廉的徐階對此並不嚴加管束，甚至這事還弄得人盡皆知。

有的人據此說徐階也貪。當然，不能說徐階一點也不貪心，但更重要的是，他要給官場上上下下的人，尤其是壓著他的嚴嵩看，他也是貪圖小利、貪圖財富的人。一個人若是把錢當作很重要的目標，他的政治野心就不會太大。所以一直以來，嚴嵩對徐階很放心。

徐階不藏私，他真正藏的技巧是「藏實」，也就是隱藏起自己真正的政治實力。

徐階在培養自己的政治勢力時，特別注意要求自己人不要跟嚴嵩集團發生正面衝突。他的學生、他提拔的幹部，尤其是他那個圈內核心骨幹，少有在嚴嵩倒臺前使勁攻擊、彈劾嚴嵩的，目的就是不暴露實力。

為了不暴露實力，做為副宰相，徐階甚至不把自己的人安排到各部門「一把手」的位置。像張居正，嚴嵩一倒臺，徐階就違反任用程序，破格把他提進內閣。可在嚴嵩倒臺前，他寧肯讓張居正當國子監司業，即國立大學的副校長，也不讓他去六部這樣的國家行政部門任職。

讓張居正任國立大學的副校長，看上去是個閒職，張居正卻很快憑此職務成為當時實際上的太子裕王的講師，也就是下一任皇帝隆慶的老師。有了這樣的身分，太子登基後，張居正的發展可想而知。這樣的安排足可看出徐階在「排兵布陣」中對實力的隱藏了。

徐階不僅善於「藏實」，還善於「藏鋒」，連絲毫的政治鋒芒也不暴露。

到了嘉靖朝後期，朝野上下都看出能推翻嚴嵩的人一定是徐階，可這一點嚴嵩直到很晚才看出來。因為他雖然也懷疑過，但總覺得徐階不像。為什麼呢？就是因為徐階一點政治鋒芒都不露。

你看張居正求他去救楊繼盛，他甚至提都不提。我們說「盡人事，安天命」，不論救不救得來，總該付出些努力吧！他不，他知道當時的情況面對嚴嵩一切努力都會白費，還會因此在嚴嵩面前暴露出政治鋒芒來，索性就眼看著楊繼盛犧牲。

再比如上一講我們講到俺答兵臨城下，北京面臨危機，他雖然不同意嚴嵩喪權辱國的決定，但他提出的辦法也不駁嚴嵩的顏面，而且四平八穩，絲毫沒有與嚴嵩針鋒相對的意思。因為藏住了鋒芒，也就藏住了實力，這樣的忍，才有意義。

智

徐階的第三個手段，關鍵在「智」。

即使實力夠了、機會到了，也要講究智鬥，不要明火執仗的，不要動不動就「單挑」，那就表現不出政治智慧了。

因為徐階的「忍」和「藏」，讓嚴氏父子在很長的一段時間內都沒有像樣的政治對手，以至於他們貪婪的本性得到充分的發揮。尤其是嚴嵩的兒子嚴世蕃，雖然只是個工部右侍郎，但卻在朝廷內外號稱「小丞相」。這個嚴世蕃貪污納賄、賣官鬻爵、走私販賣、大興冤獄，甚至荒淫好色、霸占民女，簡直無惡不作。

據說，明代那本有名的《金瓶梅》就是當時的大文豪王世貞，為了謀殺嚴世蕃而設計的。王世貞也是張居正和楊繼盛的同學，他因為在楊繼盛案中鼓動自己的父親搭救楊繼盛，結果連他父親也被嚴嵩父子陷害致死。這更可說明，徐階當初為什麼要忍了。

清代以前，像《稗說》這類野史都提到王世貞為了報殺父之仇，知道嚴世蕃喜歡看有色情內容的書，就寫了這本《金瓶梅》，先泡在砒霜裡，等曬乾處理後再送給嚴世蕃看。嚴世蕃看得很過癮，邊看邊用手指頭沾著口水翻書，等他看完了，也中毒死了。

當然，這只是野史的說法。先不說《金瓶梅》是不是王世貞寫的，這一點學術界也沒有定論，但嚴世蕃肯定不是看《金瓶梅》而死的。可大家都喜歡這麼說，這也可以看出嚴氏父子已經到惡貫滿盈的地步。

但在嘉靖四十一年之前，起來反抗嚴嵩的仁人志士雖然是前仆後繼，結果卻總是被嚴嵩父子所壓制、所迫害，像著名的義士沈煉，還有前面說的楊繼盛就因此被嚴嵩害死。直到嘉靖四十一年，徐階在隱忍了十年之後，在逐漸誘使嘉靖帝改變對嚴嵩的態度之後，在嚴氏父子惡貫滿盈、民怨積累到了無以復加的程度之後，終於開始了「畢其功於一役」的政治決戰。

說起徐階最後扳倒嚴嵩父子，有件有趣的故事。

這一年的年初，徐階開始展露實力。他先讓他身為御史的三個學生先後彈劾嚴嵩，雖然都沒有成功，但嘉靖帝對嚴嵩的態度卻明顯產生動搖。之後徐階又為信奉道教的嘉靖引進了一個叫藍道行的神奇方士，直接通過神祕的宗教儀式揭示了嚴嵩父子的禍國殃民。在這一切的鋪陳之後，那個關鍵的夢就出現了。

據清代姚之駰《元明事類鈔》卷九中記載，某晚，徐派成員御史鄒應龍趴在書桌上做了一個奇怪的夢。

他夢到自己「左牽黃，右擎蒼」，獨自去打獵。來到一座高山前，他突然義憤填膺，便張弓搭箭，對著那座高山射了一箭。可這一箭輕飄飄的，只發出「嗖」的一聲響，就消失得無影無蹤。

你看，這個「高山」不就是一個嚴嵩的「嵩」字嗎？所以直接射向高山的箭看來是無效的。

夢裡的鄒應龍很沮喪。他再往前走，翻過了這座高山，突然發現前面還有一座小山，山腳東面有一座樓，前面有一片田，田裡有一堆米，米上還堆了草。鄒應龍心裡納悶，覺得這樣的場景不常見。

他不管怎麼回事兒，對著那堆米隨手射了一箭。

結果這堆米突然一聲巨響炸開了。這下就像推倒了骨牌的第一張牌，緊接著響聲連天，米堆倒了，田也炸開了，然後樓也倒了，小山也倒了，鄒應龍回頭一看，連身後的那座大山也倒了，聲勢驚人，鄒應龍就此嚇醒。

醒過來的鄒應龍驚出一身冷汗，他就想這個夢到底是什麼意思？

他拿起一枝筆在紙上畫，畫著畫著明白了，原來「田」上一堆「米」再加頂上的「一」堆「草」，這些合起來正是一個嚴世蕃的「蕃」字，而嚴世蕃號東樓，樓塌山倒，不正是象黴著嚴世蕃的倒臺嗎？

看來，射向嚴嵩的箭沒用，但射向嚴世蕃的箭卻是有用的。這是天機啊！

且不論這夢是怎麼來的，反正鄒應龍連夜起草奏章，只彈劾嚴世蕃，絕口不提嚴嵩的事。這也是第一篇彈劾嚴氏集團卻不彈劾嚴嵩的奏疏。嘉靖帝向來對嚴嵩偏袒有加，但對嚴世蕃較為嫌惡，於是在鄒應龍上疏後不久，嚴世蕃下獄了。

可嚴世蕃並不驚慌，他甚至還很得意。《明史紀事本末》（卷五十四）裡記載他在獄中自信地說：「任他燎原火，自有倒海水。」甚至放話說他不久就會沒事的。

嚴世蕃為何如此有自信呢？

因為他號稱自己是「天下第一聰明人」。

他確實有些小聰明，他摸熟了嘉靖的脾氣，知道只要能把攻擊矛頭引向嘉靖自身，他就沒事了。於是他故意讓手下放出風聲說，他最怕的倒不是貪污受賄、賣官鬻爵或草菅人命的那些事，而是朝廷追究他幫著父親害死沈煉、楊繼盛等事。司法部門聽到了這個風聲，果然中計，要把這些冤獄做為他的主要罪狀上報嘉靖帝。

眼見著嚴世蕃的計謀即將得逞。可惜，他的對手不是那些三法司的官員，而是講究智鬥的徐階。

就在上報前，徐階突然出現在主審官員面前。他直截了當地問：「你們是想嚴世蕃死，還是想他活？」

這話聽著好像有點污辱智商，所以主審官員不滿地說：「當然不想留他活路。」

徐階接著說：「那麼你們這樣定罪是在救他啊！你們也不想想，當年沈煉、楊繼盛的案子，那可是皇上欽定的大案，你們要翻案，這不是變相在指責皇上嗎？以嘉靖帝的猜忌心，他會以為你們這是有意拐彎抹角地在指責他，那麼嚴世蕃就會捆綁在嘉靖的心理戰車上，他肯定就會翻身了。嚴世蕃一翻身，甭想再扳倒嚴嵩了。」

經過徐階的點撥，大家才恍然大悟。後來在徐階的一手主持下，嚴世蕃被殺，嚴嵩被勒令退休，家產全部查封。最後，這個明代最大的奸臣嚴嵩，據說晚景非常淒涼。至於是怎麼個淒涼法，我們會在下一講中詳細交代。

徐階忍了十幾年，也藏了十幾年，最後在關鍵時刻終於以智取勝，徹底戰勝了嚴嵩，取得了「畢其功於一役」的勝利。

應該說，張居正在這個漫長的過程裡，對徐階的鬥爭藝術耳濡目染，這對他往後的政治生涯可謂有著決定性的影響。

比如說，張居正後來在未得權前也很善於忍讓，他雖然並不完全「藏鋒」，但卻很善於「藏實」，他最講究政治智慧，不論是具體工作還是政治鬥爭都很會想辦法，這些都可看出他向這位徐老師的學習。

但徐階畢竟不是完人，他也有百密一疏的地方。在扳倒嚴嵩後，他立刻啟用張居正等人，以求勵精圖治，一轉嘉靖以來國勢頹敗的現狀，可是由於一個小小的疏漏，卻引發了一場更為激烈的政治交鋒。

這一場政治交鋒不僅斷送了徐階的政治生涯，甚至也讓張居正隨之身陷危局，差點難以自拔。

那麼，這個小小的疏漏究竟是什麼？誰又能在嚴嵩之後成為徐階與張居正的對手呢？

第七章

交朋友居正道

朋友

每個人都有朋友，但朋友各個不同。有的朋友是表面上的，平常跟你挺熱絡，關鍵時他便不見人影；有的朋友則屬於裡子上的，看上去跟你沒什麼交情，可你有事，他便會雪中送炭。

張居正這人比較孤傲，一般都以為他沒多少朋友。《明史》本傳裡就說他「沉深有城府，莫能測也」。就是說敢跟他套交情的人不多。可事實上，張居正很擅長交朋友，他交友之道屬於那種裡子上的，不細細揣摩，還真不容易看出來。

比如說，從嘉靖末年到隆慶朝結束，其中有幾場著名的政治鬥爭，各方的主角，像嚴嵩、徐階和高拱，不論人好人壞，不論身處哪個政治陣營，張居正和他們多少都談得上是有朋友情誼的。

徐階不用說，本來就是張居正的老師，又是張居正在政治上的引路人，他和張居正的關係亦師亦友，那是鐵板一塊，無可動搖。

但說起嚴嵩、高拱和張居正之間的交情，很多人就會懷疑，他們不是對頭嗎？怎麼談得上友情呢？

我們現在就一個一個分析。

先說嚴嵩。上一講我們說到，嘉靖末年，張居正所在的徐階集團，在與嚴嵩集團的鬥爭中，終於取得了決定性的勝利。嚴嵩家被抄，兒子被殺，雖然嘉靖念在往日情分，留他活口，可他的晚景甚是淒涼。

民間有很多關於嚴嵩晚年落魄的傳說，有的說他在北京街頭沿街乞討，有天要飯來到一個地方。哪兒呢？一家店的門口。嚴嵩準備敲門要點吃的，一抬頭，只見店門上的匾額寫著三個漂亮的大字——「六必居」！

說起六必居的醬菜，大家不僅津津樂道，還津津樂吃。據說當年日本首相田中角榮訪華時，回國前特意讓祕書去買六必居的醬菜，好帶回日本吃。這可是家中華老字號。但這家老字號說起來跟嚴嵩有著莫大的關係，因為六必居的金字招牌就是嚴嵩取的。

傳說，六必居原來是六個人合夥開的。開店想取個響亮的名號，原本取了個六心居的名字。六個人，剛好六顆心。取好了名字就想請人題字。請誰呢？股東們一商議，想到了嚴嵩。因為嚴嵩不僅是當朝宰相，而且還是當時有名的書法家。但想請位高權重的嚴嵩題字並不容易，他們便找上了嚴嵩的老婆。

嚴嵩的老婆也很聰明，不直說，自個兒天天就在家裡寫「六心居」這三個字，結果寫來寫去，寫得歪七扭八的。嚴嵩看了覺得奇怪，說沒事老寫這三個字幹嘛？還寫得這麼難看！他老婆說：「嫌我寫得難看，你寫給我看啊！」嚴嵩一聽，心想這有何難？於是大筆一揮，當老婆面就寫了一個「六心居」。寫得很隨意，沒有刻意。書法就要這種境界，這三個字寫得龍飛鳳舞，很是漂亮。

他老婆一看樂了，說總算完工，然後就把店家請寫字的事說了出來。嚴嵩聽後哈哈一笑，想了想，又在這個「心」字上加了一撇，變成「必」字。

那麼，嚴嵩為什麼要加上這一撇呢？原來，他聽說這是六個人合開的店後，說六顆心在一起，容易散掉，不容易團結，也不容易成事，所以加上一撇，六心居就成了六必居。說起來，這一撇也可看出嚴嵩多疑的性格，這種人只相信自己，不相信別人，更不知道有個詞叫做團隊合作。

因為嚴嵩改成六必居，店家也不好再改，於是這家六心居就成了六必居。而且這些開店的還特聰明，名字既然改成六必居，我就照這名字賣東西。我們說開門七件事，柴米油鹽醬醋茶，他們就不賣茶，只賣前面六樣，這一下就有行銷學上的講究了，這叫做獨特定位，所以生意愈做愈好，歷經四百多年，終於成了今天的中華老字號。

可當嚴嵩再看到親筆寫的「六必居」三個大字，心裡很不是滋味。當初寫這字時，多風光啊！可現在，妻離子散，自個兒還淪落街頭，居然要飯要到六必居來了。真是此一時、彼一時啊！這就叫人生，這就叫命運。

當時嚴嵩看著這三個自己親手寫下的大字，羞愧難當，怕被人認出來，用袖子蒙著臉，轉身就走了。這以後，他再也不肯在街上要飯了。

那麼，到哪兒去要飯呢？不到活人處要飯，改去死人處要飯了。

怎麼說呢？他住到墓地去了。他最後「乞食於墓舍」，就是去吃人家上墳祭品中的食物。不知道那些在墳頭裡被他害死的，像夏言、楊繼盛這些人，看著此時的嚴嵩，又做何感想。

當然，這些主要是民間傳說，真實的情況是嘉靖雖然抄了他的家、殺了他的兒子，但對他還是有感情的。畢竟相處了幾十年，情分終歸是有的。

另外，徐階也不是個趕盡殺絕的人，他雖然鬥倒了嚴嵩，但一切都是為了國家的命運，並不是出於私人恩怨。況且，還有張居正，他怎麼會冷眼看嚴嵩落魄到此地步呢？所以，嚴嵩被抄家後，據《明史》記載，他本人所遭受的「待遇」是「令致仕返籍」，即退休回老家。而且《明史》還說：「有司歲給米百石。」（《明史・卷三〇八・嚴嵩傳》）還發給他退休金。

當然，據說因為嚴嵩得罪的人太多，晚景確實淒慘，在江西老家也沒好日子過。據《明史・嚴嵩傳》記載，「嵩老病，寄食墓舍以死。」（《明史・卷三〇八・嚴嵩傳》）即他晚年臨死前確實是寄居在墓地。

嚴嵩死後，甚至無法安葬，還是張居正出面請託江西分宜當地的縣令把嚴嵩體面下葬。《張太岳集》裡就保留了一封當年張居正專門為這事寫給當地縣令的感謝信，信裡說：「聞故相嚴公已葬，陰德及其枯骨矣，使死而知也，當何如其為報哉！」（《張太岳集・卷二十一・與分宜尹》）就是說你安葬了嚴嵩，是件積陰德的事，我替嚴嵩謝謝你。

此時張居正已是內閣成員，也就是副宰相。你說要不是他請託的，他有必要為這事單獨給縣令寫封感謝信嗎？要不是出於他這個當朝紅人的意思，當地縣令也不敢管嚴嵩的事啊！也只有張居正，這位徐階最得意的弟子出面，別人對安葬嚴嵩才不會說什麼。

有的人會說，張居正無端管嚴嵩的事幹什麼？這會兒嚴嵩都倒臺了，再加上嚴嵩又是人人喊打的奸臣，俗話說牆倒眾人推，他這時候去扶一把，不怕惹來一身膻嗎？

事實上果真如此。歷來就有人根據張居正年輕時為嚴嵩寫慶賀生日的詩文，以及嚴嵩死後他還幫助安葬這事，說張居正有諂媚、拍馬屁的嫌疑。

其實，這種指責根本不值一辯。因為拍馬屁講究的是錦上添花，而真情義講究的是雪中送炭，要是諂媚的話，還有必要為倒臺的嚴嵩、為死後的嚴嵩做這些事嗎？

像三國時的蔡邕，也就是曹操喜歡的那位大才女蔡文姬的父親。董卓被王允巧施連環計殺掉後，天下百姓慶賀，唯獨蔡邕為之落淚，因為董卓對他有知遇之恩。他雖然在政治立場上與董卓劃清界線，但在私人情感上卻把董卓看成是朋友。因為蔡邕哭祭董卓，王允把蔡邕也殺了。當時天下人就評論王允沒氣量，而蔡邕為董卓落淚，是真性情、真友情的表現。

這就叫情分，這就是人性真、善、美的一面。

雖然在立場上張居正與嚴嵩對立，雖然他並不否認嚴嵩禍國殃民的事實，但嚴嵩欣賞過年輕的張居正，也算是張居正的忘年交，雖然張居正對嚴嵩來說只是個小人物，但嚴嵩的欣賞對張居正來說，卻是一種不能隨便忘懷的情感。

所以張居正這時的表現，說明了他是一個重感情的人。就像他的名字一樣，只要「居」得「正」，不怕影子歪，也不怕別人與後人嚼舌頭。

沒這點胸襟，又怎麼能成大事呢？

他如此為嚴嵩的後事操心，說明他雖然把嚴嵩看成是政敵，但也把他看成是朋友。

一個人在仕途上，如果只有政敵、只有同盟，卻沒有朋友，這就悲哀了，說明你的人性已經在殘酷的鬥爭中被異化掉了。嚴嵩應該值得欣慰，因為他臨死還有張居正這樣一個朋友。

秋遊

比起嚴嵩來，高拱與張居正的交情更讓人迷惑。

高拱就是上一講最後提到的那個在嚴嵩之後成為徐階與張居正對手的人。一些文藝作品，包括一些寫張居正的小說和影視作品，都喜歡表現張居正在獲得權力之前與內閣首輔高拱的鬥爭，而且兩個人明爭暗鬥、你死我活，情節懸宕迭起，場面驚險異常，這兩個生死對頭怎麼又成了朋友呢？

其實，後人這樣演繹，往往基於一個簡單的邏輯——你想要掌權，就應該先搬掉前進道路上的絆腳石，而高拱扳倒了張居正的老師徐階成為內閣首輔，他就是張居正獲得絕對權力之前的絆腳石，所以張居正當然要和高拱鬥個你死我活。

其實這種邏輯有個相當致命的漏洞，那就是它認為只有面對面的廝殺、你死我活的鬥爭，才能達到取而代之的目的。

事實上，佛家雖然說「種一種因，得一種果」，但造成某種結果，卻並不一定只是「一種因」造成的。從張居正最終取代高拱的結果來看，當時的情況未必像這些文藝作品裡表現的那樣。

先看高拱與張居正的關係。這從一個生活小片斷就可以看出來。

有一天，秋高氣爽，國子監祭酒，相當於國立大學校長高拱突然興致一來，想到郊外秋遊。但一個人去郊外秋遊多無趣，你雖然可以時不時地「停車坐愛楓林晚」，看一看「霜葉紅於二月花」，但你先得是個有閒情逸致的人。

像高拱，雖然年齡大了，但依然血氣方剛，尤其他向來自視甚高，一直懷揣著要「重頭收拾舊山河」的雄心壯志，所以他心裡頭消停不下來，讓他一個人去欣賞山中美景，他寧可在家裡陪他的好學生、後來的隆慶帝、當時的裕王朱載坖聊天。

可他實在想出門到郊外走走，好抒發一下積壓在心中的悶氣，琢磨著該找個伴兒。那找誰呢？他才動念，立刻想到一個人。你請客吃飯，非找個朋友陪，這個人說不定只是個狐朋狗友；但說你要春遊、秋遊，非找個朋友陪，這個人和你的關係肯定不一般。

我當年讀《莊子》這本書時，有個地方特別覺得奇怪，莊子幹嘛老要損惠施呢？後來讀到〈秋水〉篇莊子和惠施一起去秋遊那段才明白，原來莊子沒什麼好朋友，而惠施可算是他唯一的好朋友。以至於莊子要去濠水河邊秋遊時，也想找個伴兒，但又沒別人可找，所以陪他一路遊山玩水、陪他在濠水河邊爭論到底水裡的魚快樂不快樂的人，就是他唯一的好朋友惠施。莊子在自己的書裡老拿惠施尋開心，因為他只能拿惠施調侃、作文章。你拿別人作文章，別人告你誹謗，會跟你過不去，但惠施不會，就算莊子對著惠施大爆粗口，惠施也只會把那些詞當成類似於暱稱一類的話。好朋友，就是這樣子。

這個可以和高拱一起秋遊的人，在高拱心底無疑是把他當成好朋友。這個人是誰呢？這個人就是當時官居國子監司業，相當於國立大學常務副校長的張居正。

說起張居正和高拱的關係，還真有點複雜。

高拱比張居正大十三歲，比張居正早六年中進士，說起來，他算是張居正的前輩。高拱這個人很有學問，也很有能力，但因為人比較傲，從來不肯輕易依附於哪個政治集團，所以一直也沒獲得重用。他很早就入選裕王府當侍講，成了後來隆慶帝的第一位老師。

這本來是件好差事，因為你是下一任皇帝的老師，等到朝廷換屆了，你自然也就憑著這層關係進入領導班子。可在當時，這可不是件好差事，因為高拱進裕王府時，正是隆慶走背運的時候。

嘉靖最忌諱談哪個兒子接班的事，整個嘉靖朝基本上沒立過太子，再加上其他兒子虎視眈眈，所以隆慶雖然按序列應該是太子，可是在嘉靖死前，他一沒有名分，二也不安全，甚至嚴嵩的兒子嚴世蕃都敢隨意剋扣裕王的俸祿，高拱和另一位老師代裕王要俸祿時，嚴世蕃居然囂張地說：「好像聽說裕王府對我們父子有點意見。」

連嚴世蕃都這麼不把裕王府放在眼裡，說明隆慶在登基之前的日子有多難過。

高拱心中忿忿不平的原因即在於此，一方面他看嚴嵩父子專權誤國，心憂國事；另一方面，他看隆慶的處境如此難堪，又不免為之著急。

雖然他也勸隆慶這時候應該「益敦孝謹，敷陳剴切」（《明史・卷二一三・高拱傳》），也就是要低調，不要表現出不滿與怨氣，而且總是不停地開導他，但高拱自己一肚子氣卻無處發洩。

他本來就極剛毅也極暴躁，甚至敢當著嚴嵩的面嘲笑他，讓他這種心高氣傲的人在這種局勢下一直窩著，他能不憋得慌嗎？所以他想出城走走，散散心，哪怕去看看香山的紅葉也好。但一個人又覺得沒趣，這才找上張居正。

這兩位國立大學的正副校長一路登上香山，來到最高處的香爐峰，只見層林盡染，漫山霜紅，真是「曉來誰染霜林醉」？按王實甫《西廂記》的說法是——「總是離人淚」。但我想，恐怕除了「離人淚」，還有「英雄淚」。我們說「江山如此多嬌，引無數英雄競折腰」。高拱和張居正都可算是明代政壇上兩位有膽識的英雄，看到如此江山，不免心生感慨。

高拱指著遠山近林對張居正說：「太岳，你看如此大好江山，卻國勢衰頹、江河日下，真是讓人扼腕嘆息啊！」張居正不像高拱那麼多愁善感，只凝重地點了點頭。

高拱看張居正沒說話，轉過頭對著張居正說：「太岳，我看你和我一樣，胸中自有溝壑，定非久居人下之人，你說我們能為這國家做點什麼呢？」

張居正年齡比高拱小，反倒顯得老成持重些，他沉吟了下，想起了諸葛亮的一句話，身對群山，手撚長髯，堅定地說：「若他日身肩國事，定當鞠躬盡瘁，死而後已。」

高拱聽了擊掌叫好，說：「好一句『鞠躬盡瘁，死而後已』，諸葛武侯雖然當年『出師未捷身先死，長使英雄淚滿襟』，但終究不負此生，應該無憾了。」

哪知道張居正聽了這話搖了搖頭，語氣很堅定地說了句：「鞠躬盡瘁，但為國事；死而後已，功業自成。」

那意思就是說，我要像諸葛亮那樣鞠躬盡瘁，但一定不會像他那樣大業未成即死，我要死，也一定是在建下豐功偉績之後。

高拱聽了這話，哈哈大笑，說：「太岳兄，不愧名居正，字叔大，這氣吞山河、睥睨古今之勢，非我高拱，何人能堪？」

這話說得更傲，就像曹操與劉備青梅煮酒論英雄，曹操說「天下英雄，唯使君與操耳」，天下英雄就咱們兩個，高拱之意就是能超越諸葛亮，在鞠躬盡瘁之外，還能成就豐功偉績的，在當今之世，也就我高拱和你張居正了。

於是兩人擊掌為誓，他日登閣入相，定當戮力同心，振興大明王朝。所以《明史》上說他倆是「相期以相業」（《明史・卷二一三・張居正傳》），也就是以宰相的事業互相勉勵。

裂縫

可是就像曹操與劉備，青梅煮酒論英雄後，沒多久，兩個人分道揚鑣了。

歷史總是驚人的相似。但相似並不等於簡單的重複。

雖然高拱與張居正後來在政壇上未能共同成就一個中興的大明王朝，但兩人並未像曹操和劉備一樣虛情假意、貌合神離，至少在很長一段時間內，關係還是像他們在香山上盟誓那樣，齊心協力共進退。

當然，他倆雖然是朋友，但和嚴嵩不一樣，也和徐階不一樣。

張居正跟嚴嵩之間，有著巨大的分歧，他們的朋友關係，只基於一點聯繫，那就是嚴嵩對年輕張居正的敬重與欣賞。

張居正跟徐階的朋友關係，有著亦師亦友的前提，再加上徐階又是張居正政治理想上指路的明燈，他們之間是鐵板一塊，無可動搖。

張居正跟高拱之間，可說是意氣相投、志趣相投，關係自然比跟嚴嵩好，但又非鐵板一塊。就在香山秋遊後不久，一道巨大的裂縫開始慢慢出現。

這道裂縫到底是什麼呢？這道裂縫其實就是——徐階。

徐階在扳倒嚴嵩後，立即提拔了一些人，其中就有高拱和張居正。嚴格來說，高拱並不算徐階這邊的人，但做為嘉靖末年的執政大臣，徐階已明顯看出隆慶不久將接嘉靖的班，早在幾年前他就把張居正安排進裕王府做隆慶的侍讀講師。在隆慶的各位老師裡，高拱無疑是第一人，因為在隆慶最無助的日子，高拱像父親一樣給了他最大的依賴。徐階很清楚隆慶對高拱的感情，早早便將高拱引入內閣。

按道理，高拱應該感謝徐階，但高拱卻打心眼裡感謝不起來。為什麼呢？因為徐階雖然重用了高拱，但卻更為重用張居正。高拱進入內閣，雖然是徐階提議的，但高拱認為憑自己的資歷與水準，就算徐階不提議，他也會入閣，徐階不過是做了個順水人情。

但張居正入閣不一樣。嘉靖四十五年，即嘉靖朝最後一年，張居正雖是國立大學的副校長，但論官階不過是五品翰林院侍讀學士，到第二年，也就是隆慶元年正月，徐階就將他越級提為三品禮部右侍郎。又過了不到一個月，二月初，在徐階力主下，張居正居然以做了不到一個月的禮部右侍郎的身分突然入閣，成為副宰相。這不只是連升三級，在整個明代都是很少見的。徐階說這是引用了「特進」之例，也就是特別情況特別對待。

但有人會問，憑什麼只有你徐階的學生、親信張居正才能享受這種特別待遇呢？

當然，做為張居正的朋友，高拱並不妒忌張居正，畢竟他自己也入閣了，而且憑他和張居正的關係，當然樂見張居正進入內閣與自己齊心協力。為張居正寫過傳記的朱東潤先生說，隆慶初年時，徐階、高拱、張居正這三位治世能臣齊聚內閣，對於隆慶朝來說，本該是個難得的發展機遇。

可惜，有本事的人聚在一起，未必是件好事。

徐階一個小小的決定引發了高拱態度的變化，又引發了他與徐階關係的惡化，再加上這個決定又與張居正有關，所以也引發了高拱與張居正間的矛盾。那道友情中的裂縫開始形成，而且就像骨牌中倒下的第一張牌，勢將引發一系列的反應。

徐階這個小小的決定到底是什麼？篤信交朋友要居正道的張居正是否能保持他與高拱之間的情誼呢？

第八章

妙計初安天下

徐階扳倒嚴嵩後，把高拱與張居正都快速提拔進入內閣，尤其是張居正，在徐階的關照下，幾個月內連升了N級，以四十二歲的年齡，一下成了內閣中最年輕的副宰相。

隆慶元年的內閣，可謂人才濟濟，號稱三大治世之能臣的徐階、高拱、張居正齊聚內閣。當然除了這三個能力非常強的人之外，還有老成持重的李春芳和勤實的郭朴、陳以勤。但這三位都是老實人，基本上是陪襯。

徐、高、張三人就不一樣了。

徐階久歷政壇，和嚴嵩明爭暗鬥十幾年，政治經驗豐富自不在話下。

高拱的行政能力更是非常傑出。《明史・高拱傳》裡說他是「練習政體，負經濟才，所建白皆可行」。就是說他的行政能力非常強，強到什麼地步？超強。《明史》裡說，不論什麼事到高拱手上，絕對不會積壓下來，有工作立刻做好，行政效率極高，絕不留到第二天。可見這個人的能力有多強。

張居正更不用說了，他要是稍微差勁點，也就不會有後來的萬曆新政了。

這三位元簡直就是完美的組合，再加上年齡剛好是老中青三代，這個領導班子的梯隊堪稱是最理想的。有很多人認為，其實隆慶朝初始，面臨著一個難得的發展機遇。

可惜，就像柏楊先生講中國人的劣根性時所說，中國人單個看都是一條龍，可在一起就成蟲了。為什麼呢？喜歡窩裡鬥。

事實上，就成功的因素而言，比能力因素還重要的是性格因素。高拱這人什麼都好，就是心眼兒太小，再加上脾氣急、沉不住氣，這下把隆慶朝開場的好局給破壞了。

按理說，高拱將張居正引為知己，兩個人在香山盟誓，互相「期以相業」（《明史・卷二一三・張居正傳》），感情不同尋常。對於張居正的快速發跡，高拱應該不會有什麼意見。但高拱這種人太過情緒化，他對張居正沒意見，並不代表他對徐階沒意見。徐階扳倒嚴嵩後，待隆慶帝一登基，立即藉隆慶的名義草詔告諭天下，為那些在嚴嵩手下及在嘉靖朝蒙冤受屈的官員平反昭雪，這叫撥亂反正，是一件極其得人心、順民意的事，參與這項工作，不僅是一種榮譽，也暗示了你在中央權力層的核心地位。當時徐階做得稍有欠考慮，他只讓張居正參與這項工作，而且是讓張居正參與了領導工作。這點，之前分析過，張居正後來給徐階的親筆信裡曾明確提到，他說：「丙寅之事，老師手扶日月，照臨寰宇，沉幾密謀，相與圖議於帷幄者，不肖一人而已。」（《張太岳集・書牘十四・答上師相徐存齋》）這句「相與圖議於帷幄」是說張居正和徐階共同商議、策畫此事，並不只是一個助手；而「不肖一人而已」是說內閣中只有張居正跟著徐階做這件功德無量的事。

這下高拱不樂意了，他倒不是妒忌張居正，他是恨徐階。心想這事你徐階怎麼能不讓我參與呢？再怎麼說我的資歷比張居正深，又是隆慶帝資格最老的老師，你們藉隆慶帝的名義起草詔書，收買人心，怎麼能不經過我呢？所以高拱後來在徐階下臺後重新執政時，就「盡反階所為」（《明史・卷二一三・高拱傳》），把當初徐階、張居正進行的平反昭雪的工作全部推翻、概不承認，可見這個人的氣量真的不是太大。

在平反昭雪工作開展時，還有一件小事，讓高拱認定徐階是自己的對頭。有個言官叫胡應嘉，他閒著沒事，彈劾了高拱。

言官現象，現代人可能沒什麼感受，在古代可是官場上一大文化現象。中國人喜歡說「文死諫，武死戰」，就是文官要死於抗顏直諫，武將要戰死沙場，那才是死得其所，算是榮耀的事。這個「文死諫」的「諫」，就是說話，就是議論，不管你喜不喜歡聽，我愛批評誰就批評誰。這歷來被看作是文人氣節的一種表現。宋明以來，漢族知識分子好鬥嘴、好黨爭，說起來都是從「文死諫」而來。在孔孟之道影響下，歷代王朝都對這點加以鼓勵，所以明代的言官形成了一個專門的系統——六科給事中。他們可以「風聞言事」，就算沒根據、沒調查研究亦可隨意議論朝政、彈劾大臣。

胡應嘉身為吏科給事中，可就官員的作風、生活等發議論。有一次高拱在大內值班時，因為沒什麼大事，溜回去搬家。還有一種說法是高拱因為一直沒生兒子，溜回家是去「植樹造林」。

不管是為了什麼，這事本來也不算什麼大事，可是胡應嘉知道了，鄭重地上了一本彈劾高拱，說他不配當內閣大臣。這下高拱氣憤不已，但他確實值班時間溜回家去，也不好說什麼。隆慶當然不會因這種事處罰他的老師，所以也沒什麼下文。

但高拱心裡頭一口氣憋得難受，琢磨這個胡應嘉跟他往日無怨、近日無仇，怎麼會衝著他發難呢？人就怕瞎琢磨，很多事本來很簡單，自己關著門、捂著被子一琢磨，就變複雜了。這高拱在家琢磨了半天，突然琢磨出味道來了——胡應嘉跟徐階可是同鄉，會不會是徐階指使的呢？

這種念頭一出現，就壓制不住，高拱愈想愈覺得是這麼回事。沒過多久，胡應嘉剛好也犯了錯，內閣要擬定處理意見，因為不是什麼大錯誤，徐階主張從輕處罰。但高拱不從，好不容易逮著報復的機會，主張必得從重處罰。徐階做為首輔十分為難，其實他跟胡應嘉沒有什麼關係，但考慮到做為言官的給事中勢力很大，他權衡了一下，還是從輕處罰。

高拱一看，好啊，胡應嘉果然是你徐階的人，看來上次的事也是你徐階在背後主使。再加上徐階撥亂反正，居然起用張居正不用他，高拱怒火中燒，馬上將鬥爭的矛頭指向了徐階。

你徐階不是有言官嗎？我高拱雖然不多，但還有一、兩個。你讓人彈劾我，我也讓人彈劾你！於是高拱指使言官齊康彈劾徐階。

這下可捅了馬蜂窩。齊康被其他言官痛罵不算，眾言官又把矛頭一齊指向高拱，說他挾私怨報復胡應嘉，又莫須有地指使齊康攻擊徐階。這下犯了眾怒，雖然有隆慶護著，高拱也不好意思再待在京城，於是提出辭職，回了老家。

高拱雖然走了，眾言官間你罵我、我罵你的爭吵還沒斷。第二年，徐階也受不了，還是有高拱一派的言官在攻擊他，他想想自己年紀也大了，和嚴嵩鬥了十幾年算是看破紅塵，況且自己培養的接班人張居正也完全能挑大梁，所以他急流勇退，提出辭職，索性回家養老。

徐階辭職歸隱是真，高拱辭職只不過是一時的隱忍。

等到徐階退了，高拱利用和內廷宦官的關係及他和隆慶的關係，沒過多久便回到京城，復了原職。這時，老成持重的李春芳是內閣首輔，他很清楚高拱與隆慶的關係，也很清楚高拱的野心與為人，不久之後便主動辭職，把內閣首輔的位置交給了高拱。

契機

很多人認為，高拱回來，就像那句氣勢洶洶的「我胡漢三殺回來了」一樣，這下張居正做為徐階的得意弟子和接班人，他和高拱肯定針鋒相對。怪不得都說他們倆鬥得厲害，大概就是由此而來。

其實根本就不是這樣。

首先，高拱復出雖然是靠太監，但張居正也出了力。《明史·張居正傳》說高拱復出是「居正與故所善掌司禮者李芳謀，召用拱」。即張居正和大太監李芳一起策畫讓高拱復出。兩個人要是不對盤，張居正為何多此一舉？

其次，從高拱回朝後的表現看，張居正和高拱在很多事都是通力合作的。這從隆慶朝意義最為重要的一件大事即可看出。之所以說這是隆慶朝意義最大的大事，是因為它關係到大明王朝的安危。

前面講過，張居正進入官場後，促使他在徐階和嚴嵩之間做出政治立場選擇的一件大事，即嘉靖二十九年（一五五〇）蒙古族後裔俺答入侵。那一次，俺答突入古北口，一直打到北京城下，大明王朝差點兒就走入歷史。基於愛國與賣國的底線，張居正與嚴嵩集團劃清了界線。

經過這一次驚心動魄的亡國危機後，張居正深刻認識到只有兵強才能國富。他心中的「國富論」就是要富必先變法，要變法必須要有穩定的外部環境。他在他的兩篇表現其改革思想的文章〈論時政疏〉和〈陳六事疏〉裡都反覆提到要「飭武備」以「護國本」。當他進入內閣後，很長一段時間內，主要工作即為分管兵部。

大家都知道，明代的抗倭名將戚繼光，就是張居正一手提拔上來的。另外，像俞大猷、譚綸、王崇古、方逢時、李成梁等軍事上的重要將領，基本上也是因張居正的關係獲得重用。這說明他在軍事上能夠知人善任。

另外，張居正的軍事嗅覺也很敏銳。在基本平定了南方的倭寇之亂後，他立即調戚繼光等人北上，加固北部邊防。他認為歷來亡國之亂都是從北部少數民族向南入侵造成的，從來沒有南部少數民族向北方入侵能得天下。再加上當時的國都北京城緊臨北方長城一線，北部邊防安穩才能國防安穩。從隆慶朝張居正入閣開始，一直到萬曆十年去世，他都傾全力苦心經營北部邊防，從而為他的變法贏得了穩定的發展環境。

張居正這十幾年成功經營北部邊防的契機源於一個女人。她名叫「三娘子」。聽了這個名字，可別跟有名的戲曲《三娘教子》混為一談。名字聽上去很漢化，其實她是個蒙古人，原名叫克兔哈屯，之所以有「三娘子」這個非常漢化的綽號，是因為她從小就喜歡漢文化，行為舉止，甚至服裝打扮，都喜歡像漢人一樣，這在蒙古人裡很另類。再加上她長得美貌異常，是蒙古有名的大美女，所以「三娘子」的名頭愈叫愈響。

三娘子是蒙古歷史上赫赫有名的女強人。現在的呼和浩特就是在她的倡議下建立，在古代呼和浩特又叫「三娘子城」。她為什麼能有那麼大的歷史貢獻呢？因為她是蒙古部落中最厲害的首領俺答的妻子。這個俺答，就是嘉靖二十九年兵圍北京城的俺答。

不過俺答這個人卻沒什麼文化。當年兵圍北京城，徐階在逼降書的細節上和他歪文謅字，弄得他一頭霧水，他本來就是個大老粗，莫名其妙地打到了北京城，最後又稀里糊塗地退回去。

要說俺答是個大老粗，還不只在打仗上，在生活上也這樣。三娘子本來是他孫子把漢那吉的情人。俺答也喜歡三娘子，不管他孫子樂不樂意，搶了過來，把三娘子封作自己的王妃。

做爺爺的搶了孫子的情人，做孫子的可不高興，但他又打不過爺爺，把漢那吉一氣之下，就帶著幾十個人投降大明。

幾十年來，明王朝與這些蒙古後裔一直處在開戰狀態。當時的邊關總督王崇古和大同巡撫方逢時碰到這個情況，緊張不已。

為什麼呢？按照慣例，明朝不接受蒙古降將。因為一旦接受，就會引發事端。此前與蒙古人的交鋒中，明朝的軍隊一向處於弱勢，所以能不惹事就不惹事。

但王崇古和方逢時於隆慶朝被派到宣大一線後，積極練兵備戰，這時軍力已大為改觀。兩個人商量，認為不該怕麻煩、怕惹事，應先接受把漢那吉投降再說。兩個人一邊先放把漢那吉入關，一邊琢磨著怎麼向朝廷報告。

好不容易寫好匯報，這邊送報告的人還沒走，那邊張居正的八百里加急信函就到了。張居正的親筆信是寫給王崇古的，信很短，連著幾個問句：「言虜酋有孫，率十餘騎來降，不知的否？俺答之子見存者，獨黃台吉一人耳，其孫豈即黃台吉之子耶？彼何故率爾來降？公何不以聞？若果有此，於邊事大有關係，公宜審處之，望即密示，以信（伸）所聞。」（《張太岳集・書牘二・與撫院王鑑川》）

這信翻成白話，是幾個連環的疑問：聽說俺答的孫子帶了十幾個人來投降，有這回事嗎？你們做為邊關統帥，見到人沒有？俺答活著的兒子裡只有一個黃台吉，這個人是不是就是黃台吉之子？他為什麼投降，事件的起因你們調查了沒有？這麼大的事，怎麼到現在你們還沒向朝廷匯報呢？我實話跟你們說，這事情非常重大，不可以等閒視之，你們得趕快告訴我情況。

張居正的確是個實幹家，一封短信，即可看出張居正的行政風格。

第一、他遠在京城，卻能洞悉天下。這真是運籌帷幄、決勝千里。

他怪王崇古不向他匯報，這是冤枉了王崇古，因為他的消息太快了，人家還來不及匯報，他那兒已掌握得八九不離十。可見張居正的情報工作做得有多深入。不是心繫國家安危又有極高政治敏感度的人，絕對不會像他這樣。

第二、他幹練之極。

他問的幾個問題，沒有一句廢話，完全切中要害，什麼人，什麼事，牽扯到哪些關鍵人物，如何處理，以及事件的重要性，幾句話就點得十分透徹。不像一般的公文書函，繁文縟節，只知道玩弄辭藻，那叫官僚。張居正明顯不是這類人。

第三、他勇於任事，有擔當。

此時的內閣首輔還是李春芳，高拱是內閣次輔，內閣裡張居正只排老末，要明哲保身的話，他完全沒必要惹事上身。因為自嘉靖以來，但凡與俺答有關的事，牽扯到的官員大多沒什麼好處，被殺頭下獄的多得是。一般人都不願沾惹。但我們說「苟利國家生死以，豈因禍福趨避之」，張居正一心為國，當時他又分管兵部，根本沒想過個人在這件事情的利弊得失。積極主動，此即大政治家的風範。

第四、張居正做為政治家的眼光與高度。

蒙古不是第一次有人來降，雖然他不清楚這個把漢那吉是不是黃台吉之子，也不知道這件事背後還有個三娘子這樣一個關鍵人物，但他已經敏銳地感覺到這是一個千載難逢的契機。當然事情會往哪方面發展，他這時還難以確定。但他知道，要迎難而上，不怕惹事，事情終歸有多種發展方向，只要謀畫得好，工作努力，就不怕沒有好結果。所以他全力關注把漢那吉投降一事。

事情果真如張居正所料想般，此事果然是解除北部邊患的巨大契機。幸好張居正重用的王崇古也沒放過這個機會。在接到王崇古匯報後，張居正了解事情的原委，於是親自遠端遙控王崇古和方逢時訂下三條應對方針。

第一、不怕俺答來要人，要打就打，先別露怯。第二、敵不動，我不動，看看俺答到底什麼態度。第三、朝廷內部的壓力由我張居正扛，王、方二人務必全力以赴應對此事。

這邊張居正以靜制動，那邊俺答坐不住了。為什麼呢？其實這個把漢那吉倒不是黃台吉的兒子，他的父親是俺答的大兒子，早已戰死，從小是奶奶養大的。他奶奶就是俺答的原配。這個奶奶跟孫子的感情深厚，加上俺答怕老婆，奶奶認為孫子到了明軍那邊肯定有危險，天天跟俺答鬧，要他救孫子。俺答想想後悔了，畢竟是自己的親孫子，於是帶了大軍到邊境要明軍放人。

局勢劍拔弩張。王崇古和方逢時的請示報告一封封地來，張居正的指導意見一封封地去。朝廷裡鬧哄哄的，有些人彈劾王崇古，怪他惹禍上門，弄得戰事一觸即發。張居正一邊應付愛窩裡鬥的一幫官員、一邊親自擬定談判計畫，讓方逢時物色一個口才便給的人擔任談判使者。

談判

方逢時找上一個人，這人是個百戶長，文質彬彬，名字叫鮑崇德。鮑崇德參透了張居正的談判精神，上路了，隻身來到蒙古大營。

俺答大帳兩旁排開刀斧手，殺氣騰騰。鮑崇德進帳一看，哈哈大笑，說：「大王，你是不是心裡沒底，才把架勢擺這麼足啊？」

俺答一聽臉倒紅了，然後惱羞成怒，說：「你小子不怕我殺了你嗎？」

鮑崇德說：「怕，當然怕，不過把漢那吉也怕我死，因為我死，他也活不成。」

這一下，俺答愣住了。

趁俺答一沉吟，鮑崇德上前一步說：「大王殺我，您親孫子是死；大王戰事一開，您親孫子還是死。大王陳兵邊境難道是為了要您孫子的死屍嗎？我看大王如此重感情，怎麼會親自率大軍來逼死自己的孫子呢？奇怪呀，好奇怪！」

俺答一聽，有點糊塗了，說了句：「啊，這……」你看，明顯腦子有點轉不過來了。

鮑崇德不等他思考，緊接著說：「你看我們有些年不打仗了，這次把漢那吉到我們這邊來玩，等於是串門子，我們皇上很高興，待您的孫子如同上賓，還授了他指揮使的官職，御賜紅袍一襲，這是多大的禮遇啊！我們皇上這樣，還不是衝著大王您的面子嗎？」

這話俺答樂意聽，手捻著鬍子，眼睛也笑咪咪地擠到一塊兒。他確實探聽到孫子是受到禮遇的，態度不自覺地放緩了。

鮑崇德順勢就說：「我們兩家何不化干戈為玉帛呢？」

俺答聽了直點頭，他完全被鮑崇德給牽著走了。可他粗歸粗，也有精細之處，他突然直奔主題就問：「那你們什麼時候放我孫子回來？」

鮑崇德一聽，身板一挺，「這個嘛，要看大王您願意他什麼時候回來了。」

俺答一聽，說：「現在？」

鮑崇德接上話就答：「可以！」

俺答一樂，鮑崇德緊接著說：「不過，有個條件。」

俺答問：「什麼條件？你說！」

鮑崇德說：「來時，我們張閣老吩咐過，要與大王您交好，把漢那吉願意在我們那兒住些日子就住些日子，想回家我們就八抬大轎送他回來。只不過希望大王您也能有個交好的姿態，把趙全那幾個交還給我們。」

俺答一聽，又愣了，不由得猶豫起來。

張居正為什麼寧肯放把漢那吉回去，而要趙全這幾個人呢？說起來，趙全其實是個叛臣賊子。他帶了一撥人投降蒙古人。俺答之所以帶兵深入內地，對山川地形瞭若指掌，主要都是因為這幫傢伙出謀畫策，他們還幫蒙古人在邊境築城，眼看著就要形成邊防上的大患。沒了這幫人，俺答不過像群馬賊，但有了這幫人，俺答就難對付得多。俺答不是不明白這個道理，所以他不太願意。

鮑崇德一看又說：「大王，您不想想，天下有多少個趙全？天下又有幾個把漢那吉呢？您棄一個趙全，不僅可以換回您的孫子，還有更大的好處呢！」

聽到「好處」兩個字，俺答馬上抬起眼來看著鮑崇德。

鮑崇德故意停了下才說：「張閣老說了，若大王肯答應歸還趙全一應人等，兩下交好，朝廷答應封貢互市，從此兩邊百姓安居樂業，豈不是好？」

俺答聽了這話，眼睛亮了。蒙古人在非戰爭狀態下，最希望的就是能跟漢人互市，開展邊境貿易，因為他們很多生活必需品自己生產不來，要拿馬跟漢人換才行。明朝不准互市，是因為蒙古人都拿劣馬來換銅、鐵器，這些都是以後打造兵器的原料。因為不能互市，所以蒙古人縱兵劫掠，年年來搶，再加上趙全這幫傢伙出謀畫策，漸漸就成了氣候，也成了明王朝此時最大的邊患。

俺答真有些動搖了，可鮑崇德突然戛然而止。這就是談判的藝術，欲擒故縱。他雙手一抱拳說：「大王英明蓋世，可不要棋錯一著，徒為親人所怨、天下人恥笑。末將告辭！」說完轉身走了。

這鮑崇德談判的節奏太快，俺答的腦子實在有些跟不上點，也就是踩不準節奏，他還想著A，鮑崇德都到B了，等他趕到B，鮑崇德又到C了，所以俺答在思路上總是被動。這會兒鮑崇德要走了，他顯然也沒思想準備。連忙好言挽留，等留下吃完了飯，又送給鮑崇德一匹好馬，才讓這位鮑特使風風光光地走了。

後來，俺答把鮑崇德的話琢磨了一夜，愈琢磨愈覺得句句是真理。第二天，便把趙全等人捆了，送到明朝這邊，張居正旋即下令，讓王崇古將這幫人斬首示眾、傳檄九邊，讓天下人都看看這些叛徒的可恥下場！

然後，張居正信守承諾，把俺答的孫子封了明朝的官職，然後才送回去。這邊朝廷內還吵吵嚷嚷，眾人紛紛反對互市，說嘉靖朝禁止與蒙古人開馬市，當時主張開馬市的仇鸞和嚴嵩都是奸臣，現在怎麼能重開馬市呢？張居正據理力爭，指出情況已有不同，當時開馬市是苟安，現在是互利，為什麼不可以開呢？在這一點上，他得到高拱的大力支持，正因有高拱的全力支持，互市的政策得以通過。

一通過，張居正趕快授意王崇古，主要意見也是三條：

一、互市不是永不打仗，以和備戰才是根本思路，正是因為不想打，才要時刻準備打，所以練兵不僅不能放鬆，還要加強。二、互市中可賣鐵鍋，但只能賣廣鍋給蒙古人，因為廣鍋和生鐵鍋不一樣，這種鐵不能用來打造兵器。三、這一次事件背後的那位三娘子是個關鍵人物，既然她有漢化傾向，又深得俺答寵愛，一定要想辦法和她處好關係，這樣在三娘子有生之年，可為蒙漢和平做出巨大貢獻。

果不其然，真如張居正所料，因為搭上三娘子這條線，從那時起，直到張居正去世，蒙漢間很少有大規模的衝突。可以說，因為三娘子事件，張居正獲得贏取和平的契機。又因為對這位女子的準確把握，張居正贏得了至少十幾年和平的改革發展環境。

不過，話說回來，歷史上很多人認為三娘子事件主要功勞應該算在高拱頭上，因為這時他是實際的執政大臣。

但其實，高拱此時雖是主要的執政大臣，但具體策畫應對主要是張居正和王崇古所為。從史料來看，方案的提出、步驟的細化、問題的解決思路，無一不出自張居正的手筆。高拱是出於對張居正的友情和信任，才在這件事上大力支持張居正。

這從《明史》對這件事的描述也可以看出來。這件事中，《明史・張居正傳》說張居正是「授王崇古等以方略」，而《高拱傳》中則說「拱與居正力主之，遂排眾議請於上，而封貢以成」。

也就是說，張居正是策畫者，高拱是支持者，而高拱力排眾議主要是在最後的封貢互市上，張居正藉三娘子事件妙計初安天下的過程中，高拱有其功勞，雖不宜抹殺，也不宜過分誇大。

高拱會對張居正如此全力支援，一方面固然出於他做為政治家的眼光，另一方面也得益於他和張居正的關係。在當時混亂的內閣關係裡，高拱無疑是把張居正當作自己人看待的。

但局勢千變萬化，他們當年香山盟誓的友情能再維持多久呢？在高拱遇到麻煩時，張居正又如何對待高拱呢？

第九章
宰相鬥毆事件

張居正在高拱支持下，藉三娘子事件，說服了俺答，穩固了西北邊防，為他即將開展的萬曆新政贏得良好的和平發展環境。

不僅從國家大事上可看出兩人的通力合作，從一些小事上也可看出。

隆慶五年冬，內閣中發生一起說起來不算大、又可說是很驚人的小事。

這天，按照規矩，是「會揖」的日子。什麼叫「會揖」呢？明代的官僚制度裡，特別重視監察系統的作用。內閣成員做為實際上的宰相，主管國家行政系統；而都察院做為最高監察機構，主管各科給事中，也就是眾言官。給事中的官職雖然不高，一般是七品，但他們不僅可以風聞言事，也就是聽到點風聲，不做調研即可議論朝政；另外，還可以越級言事，就是不管是內閣首輔或各部尚書，哪怕當朝一品、二品大員，都可以直接彈劾。

因為言官的地位如此重要，明代規定，每逢初一、十五，眾給事中都要到內閣和大學士見面。因為給事中一般比較年輕，會見時，他們往往要向年紀較大的眾閣老作揖，所以稱「會揖」。說起來，給事中拜見閣老，其實是為了讓行政大臣和監察官員間互通聲氣，促進溝通與了解，省得因為關係疏遠而造成隔閡，產生不必要的麻煩。

從制度上看，會揖是對監察制度的修正，但因官場幫派林立，給事中也分黨派，所以會揖最後只是個形式。

這一天剛好是會揖的日子，眾給事中到內閣來見眾宰相了。時值冬天，大家一見面，拱手的拱手，打招呼的打招呼，十分熱絡。

這時的內閣，只剩下三個人。原來的首輔老好人李春芳見高拱勢頭太猛，很識趣地堅決辭職，把首輔的位置讓給高拱。次輔是張居正，還有一個叫殷士儋。

高拱此時「一股獨大」，給事中大多是他那個幫派裡的人，大家的熱臉全往他那兒貼。可有個人看不過去，尤其當他看到給事中韓楫向高拱行禮時，怒火爆發了。

這個人就是殷士儋。殷士儋為什麼看到韓楫這麼生氣呢？

說起來，殷士儋也是個大有來頭的人。他是山東人，濟南現在還有個旅遊景點叫萬竹園，明代時，就是殷士儋家的宅子。殷士儋很有才學，為當時名士，曾經在隆慶帝即位之前做過裕王府的講師，也就是和高拱、張居正一樣，做過隆慶的老師。現在隆慶即位，這些人理應發達了。殷士儋看到高拱、張居正，包括當時同在裕王府當講師的陳以勤都入了閣，心裡很著急。

他看高拱勢力大，便以當年同事的關係想走高拱的門路，哪知高拱傲得很，對殷士儋不甚禮遇，不想提殷士儋入閣。

有的人會奇怪，高拱為什麼不肯做這個順水人情呢？說起來大家還一起共過事，算起來可是同一個講師團的。

其中主要有兩個原因。

一個原因是高拱傲氣慣了，偏偏殷士儋是個山東大漢，脾氣直來直去，高拱見殷士儋比他還傲，當然要跟他較勁。這種情況下，殷士儋愈是放下架子求他，他愈不鬆口，吊人胃口，這也可以看出高拱小心眼的地方。

另一個原因是，高拱這時剛好想提拔自己一個親信張四維進入內閣。他好不容易擠走內閣中幾個跟自己不對盤的人，這時當然最好放自己的親信進來，名額有限，所以他不想提拔殷士儋。

哪知道殷士儋也不易與，一看高拱這邊不行，立刻展開第二套應急方案，走內廷宦官的路子，和當時的大太監陳洪拉上了關係，結果「曲線救國」這招比走高拱的路子有用得多，很快在隆慶五年初也進入了內閣。

高拱一看不高興了，心想你這小子，這邊求著我，那邊還備了另一手，他就想抓殷士儋的小辮子。殷士儋呢，也不傻，凡事小心，也沒什麼辮子給高拱抓。

但我們知道，只要你存心想整人，哪怕是禿子頭上也能抓出辮子來，不是有個詞叫「莫須有」嗎？只要存心想使手腳，套用句廣告詞兒，那叫「一切皆有可能」！

不過，高拱雖然霸道，畢竟還是個文人，最多是個權臣，算不上嚴嵩那樣的奸臣，倒不會栽贓陷害，他最常用的招數也是最文人的招數，那就是——彈劾！

高拱當然不用自己出頭，他手下一大幫人，他對殷士儋不滿意，手下立刻有言官跳出來彈劾殷士儋。

這可以反證高拱與張居正的關係還不錯，高拱對內閣裡的同事，大多都使用過派言官進行彈劾的手段，但唯獨張居正，高拱即便後來跟他有了矛盾，也不曾派手下言官彈劾過他。

當時言官裡秉承高拱之意，跳出來彈劾殷士儋的不止一個。他們彈劾殷士儋什麼呢？說來理由也很可笑，大概是實在找不出因由，就說殷士儋入閣背後是太監陳洪幫忙的，這怎麼能擔當國家宰相呢？根本不該讓他參政。

他們不想想，高拱當年辭職後復出，不也是走了內廷宦官的路子嗎？此一時，彼一時也，高拱這會兒大概也忘了自己當年的糗事。

幾篇彈劾文章後，殷士儋上疏抗辯，說自己行得正不怕影子斜。看到前面的人沒把殷士儋扳倒，給事中韓楫，就是剛才叩見高拱這位，他放話說自己準備出手，要一擊必中，上一道奏章，讓殷士儋立刻滾回家。這話京城裡已經傳遍，所以殷士儋一看到韓楫，就不由得怒火中燒。

他看韓楫拜見完高拱，正好轉過身來臉面向他，立刻笑咪咪地一拱手。因為是會揖，互相參見問候是規矩，加上他是閣老，韓楫不得已也只得拱手彎身施禮，說了句：「殷閣老！」

他這一張口，殷士儋說話了。本來內閣裡一堆人，說幾句客套話沒什麼特別讓人注意的，可殷士儋這句話一出口，全場立刻靜了下來。

殷士儋隔著老遠，帶著冷笑看著剛剛直起腰來的韓楫說：「聽說你韓楫對我不滿，還放出狠話來要如何如何。對我不滿意沒關係，可你姓韓的犯不著給別人當槍使！」

韓楫沒想到殷士儋這麼直，當著這麼多官員的面，在這麼正式的場合，說出這麼點名道姓的話，他一下愣住了，臉憋得通紅。他愣了一下，想解釋兩句，或者反唇相譏，結果沒等他說話，高拱先忍不住了，忽地站了起來。

這也可以看出，高拱很沉不住氣，殷士儋說你韓楫可別給人當槍使，背後的主謀雖然大家都知道是誰，可他畢竟沒明說。高拱這一跳出來，不就等於不打自招嗎？可高拱脾氣急，忍也忍不住，他先憋紅了臉，一拍桌子站起來喊道：「不像話，太不像話了，這成什麼體統！」

這等於不打自招，擺明了說韓楫這事我就是背後主謀。

這一下，殷士儋這位山東大漢也忍不住了，心想我還沒跳，你倒跳出來了；你既然跳出來了，我比你跳得還要高。他指著高拱的鼻子開罵：「什麼體統不體統，你高拱還好意思談體統。驅逐陳閣老的是你，驅逐趙閣老的是你，驅逐李閣老的也是你，你現在為了要提拔親信張四維，又來擠兌我。難道內閣永遠是你一個人的嗎？」

殷士儋不愧是山東大漢，敢說敢做，說完一擼袖子，一把揪住高拱的衣領，作勢揍他。

這下高拱傻眼了，他雖然是內閣首輔，一人之下萬人之上，平常威風八面，但論打架，一個快六十歲的小老頭，哪打得過山東大漢殷士儋呢？被殷士儋一揪領子，差點兒弄個趔趄。

這時眾給事中也傻眼了，雖然有不少是高拱的人，但這是副宰相跟宰相打架，小小給事中哪能插手，品級不夠啊！這就像奧運會拳擊、摔角比賽，得分不同公斤級，級別不在一起，你想打也摻和不進去。

這時，遍觀全場，也就一個人，夠格加入這場「宰相公斤級」的決鬥。誰呢？就是張居正。

除了張居正，這時還真沒別人對付得了殷士儋。殷士儋是個山東大漢，一般人拉不住他。張居正不一樣，別以為他少年天才、文采出眾，就弱不禁風。據說他身高近八尺，換成現在的尺寸，大概也有將近一八〇公分，他爺爺又是當侍衛的，好歹家傳也練過幾天武把式，所以他是有兩膀子力氣的。

可他出不出手，真出手還是假出手，關鍵得看他和高拱的交情。他要是存心害高拱，或者存心要高拱難看，完全可以假意相勸，先讓高拱挨頓揍，出醜出夠了再說，這樣殷士儋和高拱兩個人的臉面都丟盡了，誰也不好意思再在官場上混，他自然能漁翁得利，內閣就只剩他一人了。後來老有人說，張居正對高拱耍陰謀，其實從他這時的反應可以看得出這種陰謀論的荒謬來。

張居正當時反應挺快，他毫不遲疑，上前一把牢牢抱住了殷士儋，結果因為抱得快，殷士儋這拳頭最後也沒能落下去。完全可以看出張居正對高拱還是有維護之情的。

而且，《明史》裡記載，殷士儋並不領張居正的情，對他「亦誶而對」（《明史・卷一九三・殷士儋傳》）。這個「誶」，我們知道在漢語裡是辱罵的意思，把言字旁換成口字旁就是啐唾沫的啐，是邊罵邊吐口水。我們雖然不知道殷士儋到底罵了張居正什麼話，但依殷士儋的脾氣，不會有什麼好話，肯定是說他跟高拱一個鼻孔出氣，早晚高拱也會要他好看。

不管罵了什麼，張居正好歹是把殷士儋勸住了，高拱沒挨著拳頭，老臉也有地方擱了。這一下群情洶洶，事後高拱手下紛紛彈劾殷士儋，也不找什麼別的理由，就這一條，當朝宰相在內閣動手打人鬥毆，就是按維護社會治安的處罰規定，也得讓他滾蛋！

殷士儋罵了人、打了架，一回家上疏請求辭職，也不等別人來彈劾他。這就是明朝歷史上赫赫有名的「宰相鬥毆事件」。

鬥毆顯示的訊息

這起「宰相鬥毆事件」，說大不大，但卻特別典型，我覺得從中至少可以看出以下三點訊息：

第一、可以看出來高拱的政治地位，這時確實已達到頂峰。

殷士儋罵他時說：「若先逐陳公，再逐趙公，又再逐李公。」就是說你算算你總共趕走了多少人，陳閣老、趙閣老，還有李閣老。這三位堂堂宰相，都給你逼走了。殷士儋所說的這三個人分別是陳以勤、趙貞吉和李春芳。

陳以勤和殷士儋、高拱、張居正一樣，原來也是裕王府的講師、隆慶帝的老師。在這個講師團裡，高拱只和張居正的關係還算不錯，跟其他人都處不好。入閣以後，像陳以勤、殷士儋均備受高拱排擠。

有人會覺奇怪，既然大家都是隆慶的老師，如果互相之間有矛盾，隆慶帝怎麼不管管呢？

原來，隆慶這個人生性懦弱，他爹嘉靖把他晾了幾十年，就是不立為太子，弄得他提心吊膽、惴惴不安幾十年，整天在驚恐與小心中度日，弄得心理上都有些變態了。他登基後，最大的特色有兩條：一是不管事，隨眾大臣去折騰；二是好脾氣，就算有大臣公開指責他，他向來一笑了之。

在隆慶這些老師裡，他和高拱的感情最深。因為高拱來得最早，相當於是各科老師裡的「班主任」，是他在當年無助歲月裡最為依賴的人，這和後來萬曆與張居正的情況差不多。高拱在他心中，隱然已經取代了嘉靖，給了他像父親般的依賴感，所以隆慶把朝政交給高拱最為放心。

反過來，高拱對隆慶也有這種情緒。當年隆慶憋在裕王府時，他就認為看護他、保護他是自己不容推辭的責任。現在自己這位性格懦弱的學生坐江山了，幫他看護、保護這片江山，也應該是他高拱義不容辭的責任。這造成了兩種結果：

一是他比較專橫跋扈。

仗著隆慶帝對他這份感情，高拱對誰都不放在眼裡，連扳倒嚴嵩的大功臣、一手提拔他的前朝元老徐階也不放在眼裡，更不用說陳以勤、殷士儋這些當年排在他後面的同事。

像趙貞吉，當時主管監察系統，出於工作需要，自然想約束高拱的權力，結果高拱與他相鬥，兩個人一直吵到隆慶的面前。隆慶當然護著他敬愛的高老師，便把趙貞吉趕回老家去了。

像李春芳，則是因為高拱在徐階下臺後還想報復徐階，李春芳替徐階說過一些話，高拱就把他當仇人了。老實的李春芳見惹不起高拱，遂主動要求「內退」——提前退休了。

所以殷士儋罵高拱時說：「人都給你趕走了，這內閣難道是你高拱一個人的內閣不成！」殷士儋這話還真說對了，這時候的內閣雖然還剩一個張居正，但一切高拱說了算，真的可以算是高拱「一個人的內閣」。

當然，隆慶對高拱的依賴造成了另一個結果，從國家發展的角度看，高拱的行政能力得到了充分的發揮。他勇於任事，專注於國事，也做了不少工作，在許多方面都取得一定的成效，為後來張居正的萬曆新政可說是奠定了比較扎實的基礎。

《明史・高拱傳》裡說高拱這人特別勤快，每天孜孜於工作，而且效率極高，沒有什麼事會拖到第二天。他因為掌握絕對權力，敢於在人事上下狠手，倒是用了不少有本事的官員。

話說回來，高拱雖然做了不少事，但因為個人的眼光問題，他做的事基本上都是「就事做事」，在制度上的變革力度並不大。我們知道，往往只有從制度上變革才能促進根本性的發展，而這一點就要等張居正來實現。

從這起「宰相鬥毆事件」，我們可以看到的第二點是，一直到這時，張居正和高拱的交情還是非比尋常的。

從張居正勸架，可以看出張居正對高拱的維護；從殷士儋對張居正「亦誶而對」，即殷士儋對張居正的指責，也可看出，包括殷士儋等人都認為張居正和高拱是一個鼻孔出氣的。

事實上，當時的情況也確實如此。據《明史》記載，高拱在與趙貞吉的鬥爭中，張居正是站在高拱的立場上出過力的。《明史・張居正傳》裡更明確地說道，高拱第一次辭職復出，是得益於「居正與故所善掌司禮者李芳謀，召用拱」，高拱之所以能官復原職，是張居正和李芳共同謀畫的。要是張居正真的和高拱明爭暗鬥的話，他有必要下功夫讓高拱重回內閣嗎？

所以說，這時的張居正，至少在政治立場上仍把高拱視為同盟，而在宰相鬥毆事件中，他挺身而出，不讓高拱身陷尷尬的鬥毆場面，說明他在私人情感上也把高拱視為朋友。

從這起「宰相鬥毆事件」，我們可以看到的第三個關鍵，就是高拱性格的缺陷。

《明史》說到他與內閣其他成員的矛盾時，說他：「性迫急，不能容物，又不能藏蓄需忍，有所忤觸之立碎。每張目怒視，惡聲繼之，即左右皆為之辟易。」意思是他肚量小，不能容人，又不能忍事，尤其喜怒形於色，跟很多人關係都不融洽，連他身邊的人都跟他處不好。

高拱這種性格也為後來的政治危機埋下禍根。

至於這個禍根是怎麼埋下的？《明史》做為正史，為什麼會認為張居正是陰謀陷害高拱的幕後黑手？《明史》又為之提供哪些證據？而這些證據到底是否可信？

第十章

可疑的「勾結」說

在隆慶五年有名的「宰相鬥毆事件」中，山東大漢殷士儋差點兒在大庭廣眾下揍了高拱一頓，多虧張居正挺身而出，才把這位高閣老從殷老粗的拳頭下解救出來。

殷士儋雖然打人未遂，但也不好意思再留在官場，自己捲舖蓋走人。高拱總算心理能平衡了。

殷士儋一走，這時候，內閣裡只剩下高拱和張居正兩個人了。

這一年的十二月，高拱度過他的六十歲生日。按《明史》的說法，這時，高拱與張居正原來非常要好的朋友關係開始迅速惡化。由明爭暗鬥，一下進入了生死搏鬥。

和所有殘酷的政治鬥爭一樣，最後張居正取得了絕對的勝利，而他取得勝利的手段——按《明史》的說法來看——並不怎麼光彩，亦即是耍了陰謀的。

矛盾

通過「妙計初安天下」的國防大事和「宰相鬥毆事件」的生活小事，分析了高拱與張居正在政治上的同盟關係，以及他們在生活上的朋友關係。要說張居正陰謀陷害了高拱，首先來看看，為什麼兩個那麼好的朋友關係會惡化呢？

根據《明史》的記載，可以總結出，導致高拱與張居正關係惡化到生死搏鬥前的矛盾只有以下兩點：

第一、當然是因為徐階重用張居正，這個我們之前反覆提過。

徐階扳倒嚴嵩後，在隆慶元年開展了撥亂反正的工作。《明史・高拱傳》說徐階「獨與居正計，拱心彌不平」，意思是徐階跳過內閣裡的其他成員，尤其是跳過了隆慶最敬愛的老師高拱，單獨與內閣裡當時地位最低的張居正謀畫此事，使得高拱心裡極不平衡。

當然，我們也分析過，高拱「心彌不平」，不平就是不服氣，既然不服氣，主要還是針對徐階而言的，在這個過程中，順帶對張居正有點意見，也應該不是主要方面。

第二、是因為徐階的兒子。

徐階倒臺後，高拱復出。說到他復出，上一講說過，其中還是張居正和大太監李芳共同策畫的，亦即張居正出了力高拱才得以重回內閣。高拱回來後要找機會報復徐階，《明史・高拱傳》的說法是：「拱之再出，專與階修郤，所論皆欲以中階，重其罪。」就是想方設法地羅織罪名陷害徐階。

現在徐階已經無權無勢了，那就是「人為刀俎，我為魚肉」。尤其是徐階的兒子原來仗著父親的權勢在地方上橫行慣了，這給高拱找到把柄。後來，高拱指使地方官沒收徐家的地，還把徐階的兩個兒子發配邊疆，當時很多人都看不下去，高拱這才收手。

想想在看不下去的人中，肯定會有一個人，那就是張居正。

徐階是他的恩師，退休前還叮囑過要他照顧自己那幾個不爭氣的兒子，現在高拱這樣挾私怨報復，張居正內心頗不以為然。他雖然深知高拱為人氣量不大，但還是不避嫌，主動為徐階說話。《明史・張居正傳》說他為了徐階的事，「從容為拱言，拱稍心動」。意思是張居正勸高拱放過徐階，由於義正詞嚴、態度從容，甚至連高拱也被說動了。

要知道，在當時，也只有張居正為徐階辯護的話高拱能聽進去，這也可以看出兩人間的親密關係。

除了為徐階辯護，張居正還為維護徐階做了些什麼事，我們不得而知。但高拱卻從他手下那裡得到一個小道消息——張居正為了替徐階的兒子開脫，收了徐階兒子三萬兩銀子的好處。

高拱是個心裡藏不住話的人，雖然他和張居正在內閣中是同盟，但他仍忍不住拿話試探、諷刺張居正。收到消息後的第二天，高拱在班上一見到張居正，有意地說：「叔大，恭喜你啊！」

張居正一聽高拱語氣不對，忙問：「喜從何來啊？」

高拱心裡的話一刻也憋不住，接著嘲諷道：「聽說你最近發財了，好像是收了徐階兒子三萬兩銀子吧！」

《明史・張居正傳》記載張居正當時的反應是：「居正色變，指天誓，辭甚苦。」意思是他當時就臉色一變，指著天發誓沒這回事。當然，這個沒這回事，既可以是指沒幫徐階的兒子，也可以是指沒拿這三萬兩銀子。在高拱應該以為張居正說的是沒幫過徐階的兒子，但在張居正大概說的是根本沒拿過人家銀子，更不要提三萬兩了。

我想張居正說的應該不假，因為他當了十幾年內閣首輔，萬曆抄他的家，連他所有的親族都算上，一共也只抄出十萬兩銀子來。要知道萬曆年間的名妓杜十娘，個人財產也不止幾十萬；再比如嚴嵩，也做了十幾年宰相，他被抄家時，光被抄出的白銀就將近三百萬兩，更別說珠寶字畫了。所以算算張居正的職位和俸祿，絕不像有些人說的那樣，靠貪污和收受賄賂斂財。

高拱看張居正澄清之後，他當時的表現是：「拱謝不審。」「謝」就是道歉，打了個哈哈，意思是我是聽人一說，你也別當真。但《明史》緊跟著說了句——「兩人交遂離」，也就是兩個人因此離心，交情不復。

以上兩點矛盾據說就是高拱和張居正關係分裂的兩個客觀根源。說起來是兩個，但其實還是一個，《明史》認為，是因為徐階與高拱的矛盾，導致了高拱和張居正關係的破裂，然後導致了高拱與張居正之間的政治鬥爭。

但我們明顯可以看到，這種說法潛藏著時間上的落差。從《明史》的記載中，我們可以找出三組時間上的矛盾。

第一、高拱和徐階不和、鬥得火熱的時間是在隆慶元年到隆慶二年間；而隆慶二年時，張居正與大太監李芳合謀策畫高拱復出。如果說張居正捲進他的老師徐階和高拱的矛盾，他怎麼會幫高拱復出呢？

第二、隆慶三年，復出後的高拱找徐階秋後算帳，拿徐階的兒子開刀，而最遲到隆慶四年，張居正實在看不下去，從容為徐階辯護。即最遲到隆慶四年，為維護徐階之子，張居正與高拱正式發生衝突；但就是在隆慶三年，張居正和高拱合作，排擠政敵趙貞吉。然後在隆慶四年到隆慶五年，又和高拱聯手對付朝廷上下的反對意見，促成與俺答的停戰互市事件。這一方面矛盾公開化，另一方面又通力合作，好像於情於理都不太能說得過去。

第三、隆慶五年，按《明史》說法，張居正和高拱的矛盾已經擴大化，兩個人時刻提防著對方，也時刻算計著對方；但就在隆慶五年年底的宰相鬥毆事件中，張居正依然護著高拱，在殷士儋的拳頭下維護了高拱的臉面。既然成了政敵，張居正為什麼還要維護自己的政敵呢？

經由以上三組時間上的對比，可以看出來，按《明史》的說法，張居正是一邊與高拱有衝突、一邊又與高拱通力合作，而且合作的時間大多是在有衝突不久之後，這不矛盾嗎？難道說張居正在與高拱關係破裂的情況下，還能與高拱保持政治上的高度統一？要是按《明史》的說法，以高拱的脾氣，他不會在擠走了所有人後，還獨留一個與他關係破裂的張居正在內閣裡。

《明史》採用偷梁換柱的方法，先是模糊時間上的矛盾，然後說張居正面對倨傲霸道的高拱是「獨退然下之」，而高拱的態度則是「拱之不察」（《明史・高拱傳》）。「退然下之」是說張居正凡事都忍著、讓著高拱，而「拱之不察」則是說高拱比較粗心。

這兩句話《明史》可是有意放在一起的，潛在的語意是說高拱沒意識到張居正對他不滿，只是張居正藏而不露罷了。而高拱一直到隆慶六年才意識到要對付張居正，但為時已晚。

《明史》這種記述方式導致了高、張矛盾中張居正陰謀論的盛行。

至於《明史》為什麼用這種方式渲染高拱與張居正之間的矛盾？以及張居正到底是怎麼

陷進這個陰謀論的說法？這個終極的謎題，我們留到下一講解決。

勾結

先不說《明史》為什麼會這樣表現高、張之間的矛盾。我們先來看看《明史》是怎麼渲染高拱與張居正那場驚心動魄的政治決鬥。

說到高拱和張居正的這場紛爭，有個關鍵人物，他就是大太監馮保。

在明代，太監的權力很大，但也分三六九等。權力最大的是司禮監太監，司禮監的首腦有兩個，分別是掌印太監和秉筆太監。秉筆太監是替皇帝簽字的，平常有什麼檔要簽發，皇帝懶到不願親自簽名，就由秉筆太監代簽，所以秉筆太監就像是皇帝的機要祕書。

但簽名並不是最後的一道程序，簽完了名還需用印蓋章，「印把子」才是最終權力的象徵。《三國演義》裡有一回就叫「匿玉璽孫堅背約」嗎？孫策和孫權之父孫堅為什麼要藏傳國玉璽呢？袁術、袁紹等人為什麼又想搶這個玉璽呢？就是因為這個玉璽代表著「印把子」。用印蓋章的比簽字的權力還要大，所以最終權力還是在掌印太監身上。

掌印太監，才是明代所有太監裡的老大。

馮保本身很有才能，尤其書法寫得好，做秉筆太監做了很多年。可這個老二的位置一坐，就坐成了「千年老二」。

為什麼呢？因為高拱。

隆慶三年到隆慶五年之間，即高拱復出到他成為內閣首輔，司禮監掌印太監的位置出現過兩次空缺。按正常的進退次序，兩次都應該是由馮保頂缺，可高拱在這件事橫加干預。

按道理，宦官屬於內廷，朝臣屬於外廷，宦官不應參與朝政，宰相也別管內廷的事。可這個高拱大權在握，和隆慶的關係又非比尋常，所以他什麼事都管。在他的建議下，兩次分別越級提拔了陳洪和孟沖做掌印太監，獨漏馮保。

馮保心裡的不滿可想而知。於是《明史》輕描淡寫、順理成章地來了句「保以是怨拱，而居正與保深相結」（《明史・張居正傳》）。意思是因為馮保恨高拱，於是他和張居正勾結，形成反高同盟。

可惜，糊塗的高拱好像壓根兒不知道有這麼一個反高同盟，按《明史》的說法，他不僅對馮、張勾結的蛛絲馬跡視而不見，即使到了政治鬥爭的危急關頭，兩個人明顯有所陰謀，可這個所謂「精明」的高拱還是看不出來。

那麼，《明史》裡馮保與張居正到底是如何「勾結」的呢？

按《明史》的說法，馮保與張居正主要有兩次確鑿的「勾結」行為。

先來看第一次「勾結」。

隆慶六年五月，隆慶皇帝突然病死，整個政壇大變動來臨之前，所謂張居正與馮保的關係，不過一句「居正與保深相結」，至於兩個人有什麼具體的「勾結」行為，《明史》一無所示。到了這個重大政變來臨時，馮保和張居正突然就緊密地「勾結」在一起。

隆慶六年五月二十六日，隆慶皇帝突然中風，高拱和張居正臨危授命，成為顧命大臣。

第二天，即二十七日，隆慶就去世了。

這時候，所謂的第一件馮、張勾結的事實出現了。《明史・馮保傳》稱：「穆宗得疾，保密囑居正豫草遺詔，為拱所見，面責居正曰，我當國，奈何獨與中人具遺詔？居正面赤謝過。」

這段話是說，隆慶中風之後，馮保馬上祕密地囑咐張居正準備起草以隆慶帝名義簽發的有利於馮保的遺詔。後來的遺詔裡確實命馮保為掌印太監，所以這份有利於馮保的遺詔當然在很多人認為就是這對反高同盟策畫的。

不解的是：《明史》多處強調張居正是個非常有主見的人，也是一個非常倨傲的人，就算是張居正和馮保結成同盟，但依張居正那種「沉毅淵重」的個性，怎麼就這麼聽馮保的話呢？還是給馮保這樣一個太監當下手、做祕書，未免變得太沒個性了吧？

說張居正按馮保的意思祕密地準備這份遺詔，既然是祕密的，但在準備的過程中，竟然被高拱看到了。高拱還不是隨便看，因為他確定看到張居正起草的是遺詔，所以當時他就很生氣地對張居正說，我是首輔，也是你的上司，你怎麼能和太監勾結起草遺詔呢？這個「中人」就是太監的意思，你看，高拱連太監，即馮保參與這事他都很清楚。可他只是責備了一下張居正，而張居正也只是臉紅道了個歉，這事就算完了。

這種記載出現在《明史》裡，覺得非常荒唐。為什麼呢？

第一、隆慶帝突然發病，事先也沒人知道會發病，從突發中風到第二天去世，也就二十四小時，怎麼來得及祕密起草遺詔呢？

第二、這麼祕密的事，依張居正的精明和強幹，怎麼可能就讓高拱剛好碰上呢？難道他是到高拱家裡、當著高拱的面「祕密」起草這份遺詔的嗎？

第三、高拱既然撞破了這件事，就應該看出張居正勾結馮保，怎麼只是責備一下張居正就完事了呢？

我們說他只是責備一下張居正就算完事了，這是有證據的。這個證據就是馮保與張居正的第二次「勾結」。

這個所謂的第二次「勾結」，發生在馮保與高拱「決鬥」的關鍵時刻。

事實上，馮保在內廷裡的勢力很大。他的勢力主要來自兩個強硬的靠山，一是太子朱翊鈞，也就是後來的萬曆皇帝的關係，還有就是和萬曆之母李貴妃的關係。

萬曆從小就稱馮保為「大伴」，就是他的陪伴，甚至都不稱他的名字，可見感情有多好。現在隆慶駕崩，小萬曆緊接著就要繼位，憑著與萬曆母子的關係，隆慶的遺詔裡確實是把馮保升為司禮監掌印太監。這下高拱與馮保立即槓上了。

《明史》說，高拱認定馮保私擬遺詔，犯了欺君大罪，但他又沒證據，便一方面指使手下的言官上表彈劾馮保；另一方面，則以改革行政工作辦法的名義，上疏剛即位的萬曆，要求把司禮監代表皇帝行使「朱批」的權力，也就是用紅筆批示的權力收回。這樣的話，實質上是要把明代沿襲已久的太監干預政治的權力完全收回。

高拱想得挺好，因為按明代的公文辦理規定，大臣上奏給皇帝的公文，要發回內閣審議，內閣提出審議意見，皇帝最後再簽字、蓋章。也就是說高拱這個意見是要發到他自己手上審批的，這是左手交右手，當然沒問題。而十歲的萬曆小皇上才登基，哪懂國家大事，只能按內閣的處理意見簽字、蓋印。這下高拱即可收回馮保的權力。

高拱為了要得到張居正的支持，一邊做，一邊把這整套計畫全盤告訴張居正。《明史・高拱傳》的原文是，「拱使人報居正，居正陽諾之，而私以語保。」意即高拱把這個計畫告訴張居正後，張居正表面上支持高拱，暗地裡卻把整套計畫趕緊通知馮保，使得馮保得以在關鍵時刻做出應急準備，並最終導致政治上的翻盤。這就是《明史》言之鑿鑿所說的馮、張兩人第二次「勾結」。

有關這次「勾結」，我覺得疑點至少有三條：

第一、高拱這麼不小心？上次明明看到張居正和馮保勾結起草遺詔，居然對張居正一點都不提防？高拱把自己的核心計畫毫無保留、毫不提防地告訴張居正，而且還「使人報居正」，也就是派人把計畫告訴張居正。關係到政治鬥爭的此等大事，高拱的表現好像太沒政治頭腦了吧？

要知道，高拱入閣以來，和徐階鬥，和趙貞吉鬥，前後趕走過四位正副宰相，他要是沒兩把刷子，也不會在首輔的位置坐這麼穩，怎麼一遇到張居正，他立刻顯得這麼弱智呢？我想，如果不是高拱腦子一時短路的話，那一定是這種弱智的表現純屬子虛烏有，純屬是什麼人為了體現馮、張的陰謀才刻意讓高拱表現得這麼弱智。

第二、馮保此時的勢力根本無法與高拱相比。他雖然一直是秉筆太監，但不過是個千年老二，本來內廷的權力就不如外廷大，再加上高拱既是首輔，又是顧命大臣，他哪鬥得過高拱？他的翻盤完全得益於高拱一個偶然的失誤。至於這個失誤是什麼，我們在下一講會詳細交代。張居正這麼聰明、謹慎的人怎麼可能把寶都押在馮保身上呢？

馮保一旦失敗，張居正向他通風報信的事終歸會抖摟出來，張居正不怕高拱收拾完馮保後就收拾他嗎？他在內閣這麼多年，不幫其他人對付高拱，甚至不幫他的老師徐階對付高拱，他怎麼會這麼死心塌地幫這個並不見得很有前途的太監馮保呢？

第三個疑點最關鍵，高拱收回太監行政權力的這個辦法，完全按行政流程走。大臣的上表都要從皇帝轉發到內閣，也就是說第一個看到這些奏書的就是司禮監的太監，就是馮保。馮保要和高拱鬥，一看奏書不就明白高拱的意圖了嗎？奏書上寫得明明白白。而且這又不是暗殺計畫，哪需要張居正給他通風報信呢？

張居正為這樣一個根本不需要通風報信的計畫而通風報信，且在政治局勢未明朗之前還冒著出賣高拱、得罪高拱的危險，這未免也太弱智了。如果真是這樣，我覺得就弱智程度而言，與面對馮、張「勾結」卻視而不見的高拱也不相上下了。

所以，《明史》這兩處言之鑿鑿的所謂「勾結」，其實都禁不起推敲。

事實上，高拱確實把計畫告訴張居正，但他失敗的關鍵並不在於張居正有沒有通風報信，而在於他的疏忽，或者說他的性格。

那麼，這個疏忽是什麼呢？在高拱「一疏忽成千古恨」的失敗過程中，張居正做過些什麼呢？《明史》到底依據什麼，才會這樣演繹這段漏洞百出的歷史呢？

第十一章

荒謬的陰謀論

事實上，高拱的失敗，關鍵並不在於張居正有沒有和馮保勾結，而在於高拱自己性格上的缺陷，以及他在某些細節上的疏忽。

這個細節上的疏忽，可用一個成語來形容，叫「禍從口出」。

高拱這個人，我們一再說過，心高氣傲，脾氣又急躁，心裡藏不住事，嘴裡也藏不住話。當時殷士儋嘲笑他的手下，還沒提到他，他就沉不住氣了，結果山東大漢殷士儋就是因為他說了話，差點當堂揍他一頓。高拱不記取教訓，碰到事還是管不住舌頭。

據說隆慶去世時，高拱、張居正和一些大臣正在內閣的閣房裡等太醫的消息，突然聽到隆慶去世的消息，大家哭成一團。其中最傷心的莫過於高拱，他和隆慶的感情相當深厚。事實上，我們可以看出來，要不是隆慶和他這位高老師的感情這麼好，高拱也不至於在政壇上這麼飛揚跋扈，同時屹立不倒。

高拱極為傷心，隆慶臨死前託孤，按《明史》的說法：「憑几執拱手，顧皇后曰：『以天下累先生。』」意即，雖然張居正也是顧命大臣，可隆慶躺在病床上是拉著高拱的手，而不是別人的手託孤的，這就算是把大明王朝的命運都交在高拱手上了。

這時候馬上要繼位的小萬曆才不過是個十歲的小孩，高拱覺得自己的責任極其重大，即使肝腦塗地，也要報效隆慶。隆慶現在一死，高拱十分激動，一激動他又管不住自己的嘴。大概是受不了這個打擊，高拱當時邊哭邊喊：「天啊，小皇帝才十歲，天下可怎麼治啊！這可叫我怎麼辦啊！」意思是說，我該怎麼樣才能替死去的隆慶守好這片江山啊！

要知道，這時候的明王朝，是千創百孔、民不聊生，國家財政入不敷出，經濟已瀕臨崩潰的邊緣。高拱任內閣首輔以來，每天疲於奔命，他對國家的形勢非常清楚，也非常擔心，所以這時候心憂國事，又傷心故主，說這番話純粹是一種感慨，並不代表什麼觀點。

可在大庭廣眾之下，說這樣不著調的話，雖然顯得你高拱要鞠躬盡瘁、勇擔重任，可別人會怎麼想呢？況且，馮保這時已經憑掌印太監的職位提督東廠，也就是掌握特務機構，所以高拱當時說的這句話，當天就傳到了馮保的耳朵裡。這下，馮保可有了把柄。

可高拱根本不知道自己已經授人以把柄了。他還在那兒熱火朝天、自得其樂地策畫他的倒馮運動。

從隆慶六年五月二十七日隆慶病逝，到六月初小萬曆繼位，再到六月十五日這十幾天裡，高拱發動全面攻勢對付馮保。各科給事中、御史，還有親高拱的大臣紛紛上疏彈劾馮保，而高拱則親手籌備改革行政程序的計畫，也就是要通過行政工作流程的改革，剝奪馮保手中的權力。

所謂「千夫所指、無疾而終」，這麼多朝臣紛紛攻擊馮保，明眼人都看得出來，大勢所趨，高拱必勝。高拱對此也滿懷信心，他等著十六日的朝會上，小皇帝當眾宣布他的改革計畫，然後他就可以驅逐馮保了。

事情往往如此，你覺得不太有把握的時候，反倒不一定做不成，因為你沒把握，會把不利因素考慮得充分些；但當你太有把握的時候，反倒不一定能成功，因為你覺得智珠在握、勝券在握了，就會忽視一些看似微不足道、卻至為關鍵的因素。

此刻的高拱，就是這樣。

他覺得方方面面都考慮到了，可他唯獨沒有考慮到兩個人的心態！

誰呢？一個寡婦和一個孤兒！

而這個寡婦和孤兒又恰恰是能決定事情進程的兩個關鍵人物！這兩個人就是小萬曆和他的母親李貴妃。

高拱沒有想過，這時候隆慶剛死，這對孤兒寡母如同驚弓之鳥，這時你策畫一場聲勢龐大的政治運動，不把他倆嚇著才怪。他倆哪知道你們這些大臣之間的是是非非？這時，誰在那兒張牙舞爪，誰就是最可怕的人。

馮保看到形勢危急，也摸清李貴妃和小萬曆的心態，於是一副委屈的神態在李貴妃和小萬曆面前說：「高拱就是不相信先帝立下的遺詔，表面上是要驅逐老奴，實際上是要趁先帝不在了向小皇帝挑釁。」

李貴妃一聽這話嚇了一跳，自己兒子才十歲，高拱則是前朝元老，當然極有可能會不把這個十歲的天子放在眼裡，這樣的話自己孤兒寡母的地位可怎麼保？

當然，這位李貴妃不像一般人那樣沒主見，她也不完全相信馮保的話。但心裡將信將疑總是難免的。

馮保看準機會，在最後拋出撒手鐧。他在關鍵時篡改了高拱的那句話，說高拱在隆慶去世當日就在內閣閣房裡當眾喊過：「天啊，十歲的孩子，怎麼能做天子呢！」

而且現場叫東廠的人指證。

高拱確實說過，雖然意思不一樣，但對這個「十歲孩子」的感慨那卻是確切的事實。李貴妃一聽，這還得了。她並不那麼了解高拱，但聽到有人說她兒子太小，那意思當然就是說他不適合當天子了。

馮保在最後又加了一小把火，他說根據調查，高拱還散布過這樣的言論，即萬曆不適合做天子，而隆慶的弟弟、小萬曆的叔叔周王才適合，這個周王當初還和隆慶搶過皇位，而高拱現在打算要重新立周王為天子。

這一下，李貴妃嚇壞了，馮保這個謠造得可真毒，李貴妃就算再冷靜也坐不住了。不要說她坐不住，旁邊十歲的小萬曆早就坐不住了，他覺得這個高拱實在可恨，甚至可殺。後來到了萬曆六年，做為一個平民的高拱死後，已經漸漸長大的萬曆還是恨意難平，不准他體面的下葬，還是張居正反覆求情後，才鬆了口。

現在高拱與馮保的矛盾，已順利地轉化為高拱與萬曆母子的矛盾。李貴妃當時就下定決心，她做為萬曆的母親和當時的陳太后，即隆慶的原配商量後，決心驅逐高拱。

而宮中這些態勢的變化，高拱還被蒙在鼓裡，絲毫不知情。

所謂「知己知彼，百戰不殆」，高拱既不能知彼，又不能完全把握自己的情緒，我們用一句古文說——「他焉能不敗乎？」

第二天，隆慶六年六月十六日，在這個好像是六六大順的日子裡，高拱鬥志昂揚地上朝了。

這天是小萬曆登基後的第一次朝會。京城所有官員必須到紫禁城參加朝會。高拱帶著無比強大的自信走進會極門。這時四周的官員都紛紛用尊敬的目光瞧著這位六十歲的內閣首輔。高拱在這些人中看到他的門生、他的下屬，還有他的親信。所謂人多就是力量，他雖然老了，但還是有和馮保這樣的太監鬥爭的力量。

可當他走到大殿下，一抬頭，心裡不由得「呀」的一聲，一股寒意湧上心頭，他那股必勝的信心和力量突然消失。

六月的大熱天，高拱為什麼心頭會湧上一股寒意呢？

只見大殿的龍椅上坐著剛十歲的小孩兒，人一點兒大，襯著偌大的龍椅都顯空。高拱這時大概真的會感慨這個十歲的小孩兒真的不適合坐這張龍椅。可是該誰坐、不該誰坐，這份感慨馬上就要與他無關了。因為他順著小萬曆往旁邊一瞧，看到了站在小萬曆身邊、得意洋洋的馮保。

高拱也是一個聰明人，他只跟馮保對視了一眼，就知道完了，他從馮保的眼神裡分明讀出了四個字——大勢去矣！

高拱甚至來不及思考自己到底是哪一環出了錯，就聽見馮保尖細的嗓門已經在宣旨了。

「告爾內閣、五府、六部諸臣：大學士拱攬權擅政，奪威福自專，通不許皇帝主管，我母子日夕驚懼……便令回籍閒住，不許停留。」（《明史紀事本末・卷六一》）

很明顯，這是以皇太后、皇貴妃和萬曆皇帝聯合的口氣下的聖旨，說的就是馮保誣陷高拱的內容，說他瞧不起小皇帝，讓小萬曆和李貴妃孤兒寡母早晚都很害怕，這簡直是亂臣賊子，所以即刻解除公職，著令把高拱趕回老家。

這個聖旨裡壓根兒沒提任何馮保的事。

高拱的腦袋一下糊塗了。這滿把的力氣找不著發洩對象。你總不能指責皇太后、皇貴妃和萬曆皇帝吧？你要辯解說我沒做這些事，但人家也沒說你到底做哪些事。只是一個簡單的定論，又不就事論事，所以高拱百口莫辯。

這也是馮保高明的地方，讓你高拱渾身是嘴也開不了口。

高拱這時候，腦袋嗡的一下，徹底亂掉了。早朝來的時候期望值太高，這會兒失望又太大，正所謂「爬得高，跌得重」，再加上心裡一點準備也沒有，這個打擊太大了，高拱整個人癱倒在地。

這下全場大小官員也都糊塗了，誰也料不到會是這樣一個結局。雖然在場有不少高拱的心腹，但在這樣大型的朝會上，不讓你說話，誰也不敢亂說話。

這時，據《明史・高拱傳》記載，當時的情況是「拱伏地不能起，居正掖之出」。意思是高拱受的打擊太大，趴在那兒起不來，還是張居正好心過來把高拱攙扶起來。高拱流著淚謝恩，張居正攙著他走出了紫禁城。

李貴妃和小萬曆因為痛恨高拱，下旨讓高拱立刻走人，不許在京城逗留，甚至不許他用官方的驛站馬車。高拱只好自己僱了輛破牛車，這還不算，後面還有一隊押行的錦衣衛。後來也是在張居正的苦哀求下，李貴妃才鬆了口，讓官方驛站出面為失魂落魄的高拱提供方便。

張居正這時候出來替高拱求情，冷眼人怎麼看都覺得有點假。為什麼呢？

因為道理很簡單，高拱被逐，萬曆帝立刻委派他做內閣首輔。這是一件「下山摘桃子」、享受馮高鬥爭勝利果實的事。誰都想，你張居正怎麼可能會在這些利害關係裡置身事外呢？你這時候愈是攙扶著高拱、愈是為高拱求情，就愈顯得虛情假意，只不過是樂得做個順水的人情罷了。

所以像《明史》這一類正史也就落實了張居正「引保為內助，保以兩宮詔旨逐拱，居正遂代拱為首輔」（《明史・卷二一三・張居正傳》）的說法。也就是說《明史》是以確鑿的口吻，認定張居正與馮保私下勾結，陰謀陷害高拱，導致高拱在與馮保的鬥爭中失利，結果是馮保保住了司禮監掌印太監的地位，而張居正則取代了高拱成為內閣首輔。張居正從此大權在握，開始了長達十年的萬曆新政。

真相

關於《明史》這一連串記載和整體上的觀點，我覺得有三點需要辨析。

第一、張居正與馮保所謂的「勾結」一說，查無實據。

兩處所謂「勾結」的事實，上一講已經分析過，都明顯不合邏輯，而且漏洞實在太多，不足為信。既然張居正根本沒有與馮保勾結的事實，張居正應該沒有參與馮保陷害高拱的陰謀。這個「陰謀論」和張居正也就沒什麼關係了。

第二、不僅在政變之前，張居正並沒有與馮保「勾結」的事實，即使政變的過程中，《明史》在有關張居正的敘事上也存在著重大的訛誤。

《明史》說十六日的會極門朝會現場，高拱「伏地不能起，居正掖之出」，就是說，張居正全程現場參與這場政治上的突變，要不他也不會過來做好人扶高拱了。

可事實上，據明末周聖楷的《張居正傳》記載，張居正在隆慶帝死後就離開北京。到哪兒去呢？到隆慶的陵寢負責隆慶的安葬事宜。周聖楷明確地說，張居正「比歸而拱已去位矣」，就是說他回來的時候，高拱已經被撤職了。

周聖楷生活的年代離張居正的時代不遠，應該說記載要比清人編的《明史》可信。而且，周聖楷的說法也可以從張居正的文章裡得到印證。張居正一篇〈謝召見疏〉裡說：「祇役山陵回還，中暑致病，具奏請假調理。本月十九日辰刻，忽聞中使傳奉聖旨，宣如臣入。」（《張太岳集・奏疏卷二》）意思是他在負責隆慶安葬事宜中中暑生病，請假休養了兩、三天，到六月十九日才正式銷假上班。

不管他是不是十六日之前回北京，他肯定不在十六日的政變現場。他既然不在現場，而《明史》又故意說他「好心」扶著高拱出去，不過就是想要表現他的假仁假義罷了。

第三、可能有人會說，你這些辨析都是書生之見，就算張居正沒參與馮保的陰謀，但他終歸希望高拱下臺吧？所謂「一山不容二虎」，張居正要得到最高權力，就必須除掉高拱，所以就算他沒有親自下手，也只能說明他做得比較巧妙、不露痕跡罷了。要不，他怎麼會是最後的、也是最大的利益獲得者呢？

其實，我以為問題的關鍵正在於此，就是「利益獲得者」、「利益攸關方」這兩個詞把張居正推進了陰謀論。

我剛才所說的第一點、第二點，朱東潤先生早在二十世紀四〇年代就提出來分析過，但此後不論是寫張居正的各種傳記，還是各種有關的文藝作品、影視作品裡，大家還是津津樂道於張居正與高拱鬥爭中的這種權術論，以及他和馮保的勾結。

為什麼會這樣呢？

我曾經和一位編劇老師探討這個問題。他回答我說，其實道理很簡單，因為只有這樣處理，情節才好看，讀者和觀眾才愛看！你想，高拱和馮保昏天黑地地鬥了半天，最後張居正出場撿了個大便宜，若說他置身事外一片好心還維護高拱，誰信？

我聽了，當時十分感慨。這就叫人言可畏啊！怪不得連高拱失敗後也指責過張居正。民間流傳過一本據說是高拱臨死前寫的《病榻遺言》，說高拱也認為是張居正與馮保勾結才是導致他失敗的根源。當然，這本書是不是真為高拱所作還有待考證，但高拱確實很難接受自己徹底敗在一個太監手下的事實，他無論如何也要找個心理上能夠接受的假想敵，這個假想敵捨張居正又能其誰呢？

人們在失敗後，通常都是這樣，為了在心理上給自己開脫，總喜歡先想別人對此該負有什麼樣的責任，卻從來不想自己才是導致失敗的最大原因。

當年赤壁之戰曹操大敗，幸虧華容道關雲長一念之差，義釋曹孟德。曹操剛脫離危險逃到南郡之後，當時大哭三聲，說：「哀哉奉孝，痛在奉孝，惜哉奉孝！」意思是說可惜他手下的大謀士郭嘉郭奉孝死得早，要是郭嘉在世，就會提醒他，不會讓他在赤壁大敗。曹操手下的謀士一聽臉都紅了。事實上，像荀彧、程昱等人都提醒過他，要他防止周瑜用火攻，可他不聽。現在失敗了，他一點都想不起自己的責任來，三聲思念郭嘉的痛哭，那是在埋怨他手下的謀士，第一時間把失敗的責任推給了別人。

其實，也難怪曹操會這樣，因為人同此心。但凡在意外失敗後，人都會有這種心理特點。而且，誰在自己的失敗中獲得了最大利益，自然誰搞陰謀的嫌疑和責任也就最大。

那麼，《明史》是不是也是因此才信馬由韁、信筆由手地胡寫這段歷史的呢？

這倒還真不是。

說起來，清人修《明史》，雖然不太嚴謹，但也不至於想當然耳地瞎寫。之所以有關張居正的很多事有很多明顯的漏洞，而《明史》又照說不誤，是因為《明史》受了一個人和一本書的影響。

這個人就是張居正的同學王世貞，這本書就是王世貞寫的《嘉靖以來首輔傳》。《明史》中有關嘉靖以來幾位內閣首輔的傳記，內容幾乎完全照著王世貞這本書來寫，有些地方甚至在語句上都絲毫不差。

這位王世貞，我們之前也提到過，他是嘉靖到萬曆年間的文壇領袖，也是位大史學家。他確實是個情緒型的人物。嚴嵩殺楊繼盛事件中，他四處奔走營救，不僅把自己的父親拖進了政治鬥爭的泥潭，甚至在楊繼盛被殺當時，也只有他一個人敢到刑場，脫下自己的官袍為楊繼盛收屍。

王世貞雖然和張居正都是嘉靖二十六年的進士，算起來是「同年之好」，也就是一種同學關係。但可惜，兩個人的關係並不好。尤其是到了張居正執政的萬曆年間，王世貞曾經上書諷刺張居正權高震主，並由此受到政治上的打擊，這使得王世貞一度對仕途心灰意冷。在這種情況下，再加上當事人高拱對張居正的指責，還有大眾在心理上對張居正千夫所指的猜忌，更有王世貞心血來潮的情緒和認識，所以在他的筆下，張居正若隱若現地站在「陰謀家」的陰影下，那也就可想而知了。

我讀史書的時候，經常忍不住想，像張居正這樣的改革家，也一定是個孤獨者。而像張居正這樣的孤獨者，又會有怎樣的心理世界呢？

他一定和我們中國普通的知識分子不太一樣，他也要功名，但他這樣的改革家，要的一定是「功名」裡的那個「功」，而不是後面的那個「名」。只有彪炳史冊的輝煌功業，大概才是他留給歷史的最好證明。而別人的非議，甚至是史書的非議，他大概在心裡用一句「清者自清」就可以輕易地超越。

可是話說回來，要建功立業，終究避不開人言，也避不開人事，對於高拱罷官之後的嶄新人事關係，尤其是其中還牽扯到一位神祕的女子，張居正又會怎麼做呢？

第十二章
精神戀之謎

高拱在與馮保的鬥爭中意外落馬，細究起來，關鍵只是因為自己的一句口誤。他說：「十歲的萬曆做天子，年齡實在太小了。」

這就叫禍從口出，讓馮保抓住了把柄、做足了文章，使得那個被高拱忽視了的最關鍵的女人，即萬曆的生母李貴妃在政治態度上發生動搖，從而導致高拱的撤職和被逐。

高拱離任後，因國不可一日無相，做為內閣次輔的張居正立即接替高拱的位置，成為內閣首輔。

我們用了兩講的內容，辨析了《明史》所謂張居正參與了馮保陷害高拱的「陰謀論」的觀點。可以發現，陷害高拱的只是馮保，不是張居正；而決定高拱命運的，則是萬曆的母親李貴妃，也不是張居正。

貴妃

說到這位李貴妃，《明史》中雖然有她的傳，但記載不是很詳細。比如說我們知道她姓李，但到底叫什麼名字，《明史》裡並未明確記載。野史和民間傳說，說這位李貴妃有個很通俗的名字，叫李彩鳳。

這個名字之所以很通俗，是因為她確實來自於民間。李彩鳳的父親李偉原只是河北農村裡一個泥瓦匠，後來實在窮得過不下去了，才拖家帶口地到北京謀生。到北京還是過不下去，李偉後來一狠心，把女兒李彩鳳賣到了當時的裕王府，做使喚丫頭。

李偉一輩子鼠目寸光，唯獨賣女兒這件事，將錯就錯，反倒促成李家飛黃騰達。當時的裕王就是後來的隆慶皇帝，他一時興起，臨幸了當時做為婢女的李彩鳳。而李彩鳳雖然長得很漂亮，但長得好還不如生得好，當年就給隆慶生了個白胖小子。這個孩子就是後來的萬曆。

因為隆慶的正室陳王妃只生過一個女兒，而且沒多久還夭折了，所以隆慶登基之前就把李彩鳳封為才人。後來隆慶登基，陳王妃成為陳皇后，而李才人升格成了李貴妃。

李貴妃總共給隆慶生了兩個兒子，而且隆慶後來總共也就這兩個兒子。這下李彩鳳的地位，可想而知了。

但我們說這個李彩鳳不愧是窮人的孩子，質樸得很。她在宮中並不恃寵而威，對於陳皇后，她更是恭敬得很。這從一件小事就可以看得出來。她每天早晨都帶著小萬曆向陳皇后請安，一年三百六十五天，不論颳風下雨，從不間斷。據說不論是在隆慶生前還是隆慶死後，也就是李彩鳳的兒子萬曆登基之前後，李貴妃對陳皇后都一樣尊敬。

陳皇后因為和她感情很好，幾次說：「妹妹，不要拘這樣的禮，況且孩子那麼小，每天一大早拉他起床請安，孩子多辛苦啊！」

可李貴妃怎麼說呢？她說：「這是長輩傳下來的規矩，我怎麼敢違反祖宗的規矩呢？而且，這對孩子也是種教育，有好處的。」

從這種小事中，我們可以看出來：

第一、李貴妃可以說是中國古代後宮中一位難得的聰明且賢德的女人。

在充滿爾虞我詐的後宮中，她知道和平共處、與人為善才是生存的基本法則。即使是在十歲的萬曆登基之後，也就是她基本上已經「垂簾聽政」之後，她對陳皇后的謙恭與感情還是絲毫不減，說明這個人在本性上非常善良。

第二、她這種言行上對自我的約束，一方面出於善良的本性，另一方面也出於一個母親對孩子的教育之心。

我們說父母是孩子最好的老師，在隆慶死後，李貴妃更注意對萬曆的教育。可以說，如何把小萬曆培養成一個好皇帝，是這位母親最大的心事。所以她不辭辛勞，從生活的點滴做起，也是為了給孩子好的影響。

可以說，正是出於這種母親對孩子命運的關注，使得李貴妃在隆慶死後突然緊張了起來。

為什麼呢？道理很簡單，因為四個字——「主少國疑」。十歲的萬曆登基，一個十歲的孩子怎麼才能當好、當穩天子呢？面對這麼一個小孩子的天子，那幫閣老大臣又會動什麼心思呢？這無疑是李貴妃最擔心的問題。

而不識時務、不識大局的高拱，一頭就撞進了李貴妃的這種擔心裡。他那句「十歲的孩子怎麼做天子呢？」正喊出了李貴妃心裡的恐懼與憂慮。一下就激發出一個母親保護孩子的本能，也就是「護犢」的本能，所以李貴妃終於忍不住走上了政治前臺，親手驅逐高拱。

但李貴妃終究是一個善良的女性，她不像慈禧太后或武則天那樣有著天生對權力的渴望，所以她注定不會真的垂簾聽政。

於是在趕走高拱之後，在「主少國疑」的局面依然沒有消除的情況下，李貴妃急需一個依靠，一個雖然不能說是政治上的依靠，但至少可以算是心理上的依靠。在這種需要下，一個機會應運而生了——李彩鳳的命運裡，在貴為皇帝的隆慶死後，第二個最重要的男人出現了。他，就是張居正。

溝通

張居正不像高拱。他在高拱與馮保的鬥爭中揀了個便宜，應該說，他並不拒絕揀這樣的便宜，甚至可能渴望揀到這樣的便宜。他需要揀這個「便宜」，是因為他希望朝廷能給他一個機會，而他也能給這個行將就木的大明王朝一個機會。雖然這會落下口實，但相較於他心中的政治理想，這又算得了什麼呢？

所以，在高拱退職後，張居正勇挑重任，接替了高拱的位置，挑起了大明王朝的擔子。當然，對此他並不是興高采烈，相反，卻是如履薄冰、如臨深淵。為什麼呢？有兩個重要的原因。

第一、高拱留下的是一個爛攤子。

雖然這個國家政治、經濟、軍事等各方面的爛攤子不能說是高拱造成的，主要是前朝積累下來的，但一向以幹練著稱的高拱對於改變這種局面卻未能發揮多大的作用。他雖然在任上也做了不少事，但往往是拆東牆補西牆，許多方面都沒能解決根本問題。比如高拱罷職時，國家財政已經空虛到了極點，戶部裡連一點多餘的銀兩都沒有，官員工資發不出來，整個國家機器眼看著就要停擺。

另外，由於高拱喜歡結黨、營派，整個官僚隊伍逐漸形成黨爭的風氣，這比財政上的漏洞還可怕。這些都是張居正要面對的難題。

第二、比這些政治難題更讓張居正感到為難的，是如何面對李貴妃和小萬曆這對孤兒寡母。

從高拱的失敗裡，張居正分明看到少年天子的身後站著一個強勢的母親。雖然強勢，內心卻又深感無助，所以她在驅逐高拱的詔書裡才會說：「大學士拱攬權擅政，奪威福自專，通不許皇帝主管，我母子日夕驚懼。」這「日夕驚懼」四個字，表現出的完全是一幅驚弓之鳥的形象，雖然誇張了點，但李貴妃那種無助的心理還是明白地表現出來。

那麼，張居正該如何既順應李貴妃的強勢，又能安撫她的無助呢？

這在眼前，明顯比應付高拱留下來的爛攤子要來得重要的多。高拱就是沒有認識到這一點，所以失敗了。這也可以看出張居正的聰明來，他不像高拱，在隆慶死後，什麼太監、內閣、內政、外政，都不是當務之急。當務之急的是最高權力背後那個需要理解與說明的女人。

所以，張居正一接替高拱之後，立即做了以下幾件事。

第一件，為李貴妃上尊號。

按照規定，皇帝死後，皇帝活著的老婆即可稱「皇太后」。因為李貴妃是萬曆的生母，所以她現在也可以稱皇太后，這是宮廷禮儀規定，沒什麼問題。但這個規定裡還有一個細則，那就是陳皇后做為隆慶的原配，在皇太后稱號前可以加兩個尊字，比如陳皇后後來稱仁聖皇太后，而李太后因為不是原配，所以雖然可以稱皇太后，但前面不能加像「仁聖」這樣的尊字。

張居正一上臺，馮保就提出要求，說李太后的稱號前也應該加尊字，可禮部堅決不同意。

我們現代人可能會覺得這稱號前加幾個字有什麼關係，又不要出錢、出力，別說加兩個，加二十個也無妨。可是別忘了，中國古代社會可是個禮法社會，最講究表面形式。你只要想想嘉靖為了給他父親上個太上皇的封號和眾大臣鬧了幾十年，即可知這件事的難處。

張居正腦子靈活，他認為稱號的問題不是原則問題，政局的穩定、各方的和諧共處才是關鍵。所以他力勸當時的禮部尚書潘晟解放思想、放下包袱，最後為兩宮太后同時加了尊字。陳太后稱仁聖皇太后，李太后稱慈聖皇太后。

有人會認為張居正這是「拍馬屁」。其實，這叫「潤滑劑」。西方公共關係學大師卡耐基曾經稱讚過中國人的「拍馬屁」，說如果不考慮這個詞的貶義，如果既不損害做人的原則，也不損害別人的利益，用一些話、一些小事就能讓別人快樂、溝通關係，何樂而不為呢？

張居正為李太后上了尊號後，李太后很高興，對張居正另眼相看，兩個人的關係一開始就很融洽，兩個人的合作有了好的開始。

第二件，很有技巧地迎合李太后的興趣愛好。

李太后崇信佛教，經常施捨，要去佛寺許願，還要捐善款。說老實話，對於李太后這樣的人來說，這種興趣愛好比鋪張浪費還花錢。南北朝時，梁武帝也是崇佛，三次把自己捨身佛寺，然後讓眾大臣拿錢來贖，弄得國庫空虛，國家財政為之一空。現在李太后有這種花錢的宗教愛好，張居正這個替國家管錢的人不禁要皺眉頭了。

不過張居正畢竟非常聰明，他眉頭一皺，計上心來。他是個以國家為重的人，堅決不肯用國庫的錢滿足李太后的個人愛好。怎麼辦呢？他也不明著對抗，他把本屬於皇室採購中心的寶和店劃歸李太后名下，這寶和店也做生意，主要管理皇產和皇室的財政出入，與國家財政無關。這樣，等於把皇帝兜裡的錢放到太后的兜裡，而且還自負盈虧，李太后花完了寶和店的錢也就不好意思再要。這樣既一勞永逸地解決了李太后用於宗教愛好的開支，又不影響國家的財政狀況，可謂「雙贏」。

另外，張居正在小節上對於李太后的崇佛也略略表現出跟隨的傾向。

李太后新建一座廟、新修一座橋，但凡有什麼功德之舉，張居正就以宰相的身分寫一篇讚頌的文章，而且總是寫得很快很及時，所以李太后一直覺得張居正是把自己放在心裡的。

一個女人如果覺得一個男人把她放在心上，這種情感上的依賴感也就會油然而生。

張居正為李太后做的第三件事最關鍵，他把李太后的心肝寶貝當成是自己的心肝寶貝，也就是和李太后一樣，把萬曆當成生活中的重中之重。

張居正主動對李太后提出了萬曆的教育問題，也主動承擔起對萬曆的教育。我們在第一章說過，張居正面對小萬曆，幾乎可算是整個明代最好的一位老師。他在萬曆的教育上幾乎傾注了全部的心血，不僅親自為他編寫教材，還結合教學內容親自畫小人書，這雖然不能算是給孩子買玩具，卻要比買玩具所表現出來的疼愛之心還要強得多。

張居正對小萬曆很盡心，小萬曆對張居正的感情也很深厚。

小萬曆是個感情十分豐富的小孩。隆慶在世時，有一回騎馬讓小萬曆看到了，他上前拉住馬的韁繩說：「爸爸，你可要小心點，我真怕你會摔下來。」隆慶聽了很感動，覺得小萬曆真是個懂事的、有孝心的孩子。現在隆慶死了，小萬曆其實是把那種對父親的情感慢慢轉移到張居正身上。

一年冬天，張居正正在對他講課，他卻恍神了。原來他看到了張居正站在大殿冰冷的方磚上，突然心裡很不忍，課間趕快叫人拿了毛氈墊在張居正腳下。張居正也很感動，所以兩個人間的感情真可說是情同父子。

這種感情，李太后看在眼裡，那感覺，對於一個孀居的女子來說，可想而知。所以她覺得張居正就是她兒子的依賴，而她兒子的事就是她唯一看重的事，這樣，張居正也就是她的依賴了。

說起來，李太后應該算是小萬曆的監護人，但事實上，在張居正有生之年，他才應該算是小萬曆真正的監護人，因為有關萬曆與萬曆朝的一切事情，小萬曆與李太后兩個人的原則完全一致，那就是「憑張先生的意思辦」！

因為張居正與小萬曆之間這層獨特的情同父子的師生關係，做為家長的李太后與做為老師的張先生之間也有一層獨特的關係。不過，這種關係到底獨特到什麼地步呢？有關這個問題，歷來眾說紛紜。有的說他們已經發展到情人的關係，有的又主張他們之間沒有任何曖昧關係，到底哪種說法比較靠譜呢？

清代民間的戲本裡流傳過一則對聯故事。說張居正考中進士那年，有一個同年考中的同學叫艾自修。這個艾自修考前誇下海口，要一舉考中龍虎榜。要知道只有狀元、榜眼、探花三個人才能名列「龍虎榜」，艾自修這海口可誇大了。結果考下來，艾自修排名很靠後，張居正見著面就開他玩笑，順口出了個上聯：

「艾自修，自修沒自修，白面書生背虎榜。」

上聯嘲笑他說大話，本來純粹是開個玩笑，張居正過後就忘了。可艾自修卻牢牢記住這個上聯，把它當成一種侮辱，始終耿耿於懷。

後來，有天艾自修早晨上班，順路到張居正那兒串門兒。門人說張居正在花園裡賞花，他就走進花園。剛進花園，就看見張居正的身影在假山後面，一晃就消失了。他跑過去一看，只見一個石板剛剛蓋下，正好卡住了張居正的袍角。艾自修反應快，抽出寶劍割下一截兒袍角，然後離開。

他後來又祕密偵察那個假山地洞，終於被他發現有一個暗道直通李太后的臥室。由此艾自修斷定張居正與李太后有不正當的男女關係。這下報仇的機會來了，二十多年沒對出的下聯也一下子靈光一閃對了出來。上聯不是「艾自修，自修沒自修，白面書生背虎榜」嗎，這下聯特工整，就是：

「張居正，居正不居正，黑心宰相臥龍床。」

據說艾自修把這上下聯都寫了下來，連同張居正的那截袍角呈交這時候已經長大了的萬曆皇帝。

萬曆一看就明白了，據說他還十分仔細，查對過張居正的衣服後，發現這截袍角正是張居正的。這下人證物證俱全，他龍顏大怒，罷了張居正的官，最後發配邊疆。而他母親李太后也只能在宮中每日思念倒楣的張居正。

這種故事一看就知道，明顯是瞎編的，根本不值一辯。但民間流傳這樣的故事，說明有很多人認為張居正和李太后之間有著說不清的男女關係。

當然，反駁這種觀點也很容易。

第一、一切有關他們不正當關係的傳說都是捕風捉影，沒有一條能放在桌面上的史料或資料能證明這一點。

第二、明代的宮禁森嚴，張居正和李太后根本不可能有耳鬢廝磨的空間。

第三、張居正與李太后雖然都位高權重，但如果真有這樣的事發生，就明代當時的情況看，廷議與朝論一樣可以徹底毀了他們。張居正不敢拿自己的政治理想開玩笑，同樣，李太后也不敢拿自己兒子的江山開玩笑。

所以，要是有人說張居正和萬曆的母親李太后有一腿，不用辯解，只需一笑置之，因為這種說法根本不值一談。

當然，話說回來，要說張居正和李太后之間沒有任何一點曖昧的關係，我看也不一定。我覺得他們之間可能有一種「柏拉圖式」的精神之戀。或者張居正可能還說不定，但至少，李太后對張居正或多或少應該有那麼一點點。

為什麼這麼說呢？理由主要有四點。

第一、也是最直接的理由，就是張居正長得很帥。《明史・張居正傳》記載說：「居正為人頎面秀眉目，鬚長至腹，勇敢任事，豪傑自許。」這二十一個字裡提供了兩點資訊。

首先說張居正的長相，身材修長，長相俊朗，尤其是眼睛，長得細眉毛長眼睛，用專業術語說就是臥蠶眉、丹鳳眼。這還不算，關鍵額下有一縷長髯，說這個鬍子長得漂亮極了，鬚長至腹，要是右手提把青龍偃月刀，左手再一捋長髯，那活脫脫就是關羽關雲長再世。

另外，張居正不僅身材好，而且特別有氣質，因為以「豪傑自許」，所以舉手投足，天生一種渾厚的豪放風格，這放到現在，就叫「酷」。

這樣一個極富男人味的成功男士，要說能對孀居的李太后產生莫大的吸引力，那也不足為奇。

第二、張居正的婚姻狀況並不理想。

張居正的第一任妻子姓顧，據說張居正和顧氏的感情深厚。他的《張太岳集》裡沒留下幾首抒情詩，其中專門懷念顧氏的詩就有兩首。雖然感情深，卻好景不長，三十歲不到，顧氏就去世了。雖然張居正後來再娶王氏，但他和王氏的感情怎麼樣我們不得而知，可以看到的全是他對顧氏的思念之情。

比如他說自己的人生遭遇是「中路棄所歡」，意思是半路上失去最好的人生伴侶；又說「飲此長恨端」，意即失去了顧氏是他人生的一杯苦酒（兩句詩見《張太岳集・卷一・余有內人之喪一年矣偶讀韋蘇州傷內詩愴然有感》）；甚至他想到將來老了要隱居山林、訪道求仙，但難免有畢生的遺憾，那就是「仙遊誠足娛，故雌安可忘？」（同上〈朱鳳吟〉）是說哪怕自己成了神仙，也忘不了陪伴過自己的顧氏，這話裡其實是說成仙不是我最大的願望，「我能想到最期待的事，就是和你一起慢慢變老」啊！

你看看這份感情多麼動人！也可以看出張居正是一個多麼俠骨柔腸的好男人。

以至於王世貞在說張居正當年告別徐階請假回老家閒住時，都不認為張居正的出發點是因為他對政治上的失望，而是「以妻喪請急歸」（《嘉靖以來首輔傳》卷七），意即能讓以政治為畢生理想的張居正離開政壇的，也只有他的「愛人同志」。

見到李貴妃時，顧氏已去世十幾年了。這期間張居正雖然又娶了王氏，但兩人間的感情張居正從來沒提過，只有懷念顧氏的文字留下來，所以我們有理由認為張居正在情感生活上是比較戀舊的，這也說明他內心的感情世界留有可以填補的空白。既然有空白，李貴妃也就有填補進來的可能。

第三、張居正即任後的所作所為，很容易讓李太后這個孤獨女子產生強烈的依賴感。

這一點我們剛才說過，他對李貴妃的名譽上的呵護、對她的愛好上的共鳴，以及對小萬曆這個李貴妃重中之重的生活內容的重視，都會讓李彩鳳這個年輕寡婦產生無比親切的依賴感，這種感覺在男女之間一旦產生，發展下去會怎麼樣，那是可想而知的。這從後來不論是在朝政大事或生活小事上，李彩鳳對張居正言聽計從的態度也可看出一些端倪。

第四、還有一個非常重要的理由，那就是張居正死後，李太后的表現，可以算得上是一種反證。

在張居正在世時，李彩鳳對小萬曆的管教非常嚴格。做為家長，她積極配合張老師管教孩子的程度可以讓我們現在的家長都望塵莫及；另外，在張居正生前，不僅是對萬曆的教育，包括在朝廷政事上，她參政、議政的態度也非常積極。但奇怪的是，張居正一死，她在朝政和對兒子管教這兩件大事上突然產生了一百八十度的大轉彎，任兒子怎麼不像話，她也不管了；任朝政怎麼不像話，她也不問了。真的是一心向佛、閉門吃齋，成為實實在在的宗教徒。

我們不禁想問，是什麼讓這個能力這麼強、情感這麼豐富的李太后突然「四大皆空」了呢？

我們找不到其他理由，只看到張居正去世這個時間上的分水嶺。你可能會說我很八卦，但要說她和張居正之間完全沒有什麼，說老實話，我覺得——很難相信。

當然，我們說感情是相互的。如果說那位身為太后的李彩鳳對張居正張老師有一種難以訴說的情感，張居正也難免會「投之以木瓜，報之以瓊瑤」。

有一次李彩鳳過生日，正好翰林院裡有很罕見的白色燕子飛過，張居正便寫了幾首〈白燕詩〉為李太后祝壽。

其中有一首說「白燕飛，兩兩玉交輝」，請注意，這可不是一隻燕子，而是成雙成對的燕子，而且「兩兩玉交輝」，那就不僅是耳鬢廝磨，甚至有點「神鵰俠侶」的味道。詩的最後又說「有時紅藥階前過，帶得清香拂繡幃」。意思是這對燕子從我院子裡的花叢裡飛過，又飛到你的簾子前，把那一縷清香帶到你的身邊。這個「繡幃」自然是女子閨房的簾子，這個女子是誰呢？前面有句說這對白燕子「送喜傍慈闈」，我們知道李太后被尊奉為慈聖皇太后，這個「慈闈」當然就是指李太后住的地方。這樣，這對白燕要把那縷清香帶到哪位女子的身旁，也就不言自明了。

由此看來，這首詩我們雖然不能說曖昧，但其中多少有些不一樣的感覺吧！所以，面對李彩鳳這樣一位優秀的女性，張居正這位優秀的男性如果也產生過心靈的震顫，我想，那也是人之常情。

很可惜，感情這種東西，很多情況只能是「當局者清，旁觀者迷」。可能有些什麼，卻又不足為外人道。後世議論紛紛，但又有誰體會過張居正和李彩鳳之間那些屬於美好人性的願望呢？

大家只看到張居正是一位大政治家，只看到李彩鳳是當朝太后，只看到這其中的政治、權謀、利益與赤裸裸的欲望，但誰又能看到他們做為一個人的最質樸的情感需求呢？

大概張居正也預料到這一點，所以在當時，一切都是隱約的、朦朧的，彷彿有些什麼，卻又不可明說，這大概也就是兩個人關係撲朔迷離的根本原因吧！

當然，對張居正而言，讓人感覺撲朔迷離的還不止是他和李彩鳳這個女子的關係，還有他跟另外一個男人的關係，這個男人太過獨特，以至於張居正因為他，也在歷史上背負一些有損名譽的「負擔」。

那麼，這個男人是誰？他和張居正的關係到底怎樣？張居正為什麼寧肯名譽有損也要和他親密交往？這一切又有怎樣的內幕呢？

第十三章

鐵三角的一角

張居正因為和小萬曆的母親李太后產生情感上的共鳴，所以得到了這位強勢母親在政治上的全力支持。

按道理，小萬曆這時候年紀很小，他的事一切都得他母親說了算，更不用說他能決定的事了。既然得到李太后的支援，張居正沒有後顧之憂，可以放開手腳做他想做的一切事了。

但我們說「伴君如伴虎」，更何況，嚴格算起來，李太后要算一隻母老虎！

張居正跟和李太后雖然有著一定程度的情感共鳴，但畢竟宮禁森嚴，兩個人也不能常見面。這位李太后雖然不算垂簾聽政，但畢竟對政局的影響很大，她又是個敏感的女性，什麼時候情緒一波動，要是張居正未能掌握得宜，他的改革推行起來也就不那麼容易了。

所以張居正需要一個在小萬曆和李太后身邊的人，能隨時幫他把握大內的動向。只有這樣，張居正才能算是真正沒有後顧之憂，才能算是真正掌握推行改革所需要的絕對權力。

現成就有這麼一個人。

誰呢？

就是那位和高拱鬥得你死我活的司禮監大太監馮保。

有關張居正與馮保的結盟，我們前面分析過，在與高拱的鬥爭中，自《明史》以來有關兩人相互勾結的說法並沒有確鑿的證據，不過是後人的主觀臆斷而已。

但自高拱下臺後，隨著張居正接替高拱成為內閣首輔，他和馮保之間，在政治上逐漸形成了一種利益共用的關係，這倒是實有其事。

但對這種結合怎麼看，這又是一個歷史上爭議較多的話題。當時及後來，有很多自居清流的人認為，張居正是自甘墮落，居然和一個太監同流合污；也有一些人認為張居正曲意逢迎馮保，雖然是為了政局考量，但畢竟喪失正直文人所應有的氣節；還有人認為張居正和馮保的結合，是狼狽為奸、相互利用。不論怎麼看，在歷史上，張居正與馮保的關係都是為人所詬病的。

我覺得這些認識之所以如此偏激，這麼不客觀、不冷靜，都是由一個潛在的因素決定的：那就是馮保的太監身分。

中國文化在骨子裡最看不起的就是太監。對於殘疾人，我們大多都有同情之心，但唯獨對於太監，不論哪一個時代、哪一個階層，對他們都是深惡痛絕、極端鄙視的。且不管馮保為人，張居正這麼一個大政治家和一個太監結成政治同盟，這是傳統知識分子無論如何也無法接受的事。

至於張居正與馮保的關係到底如何，我們還是通過一件事看清當時的客觀事實。這件事就是萬曆元年轟動一時的王大臣事件。

設局

這起事件的主人公叫王大臣。雖然名叫大臣，卻非什麼朝廷大臣。中國古人取名字有時十分奇特，比如荊軻刺秦王時用的匕首叫徐夫人匕首，就是當時著名的鑄劍大師徐夫人打造的。這位徐夫人可不是個女的，他其實是個男的，他姓徐名夫人，和這位王大臣一樣，這名字取的純屬腦筋急轉彎。

這個王大臣非但不是大臣，連個小頭目都不是，他只是個小兵卒，而且還是個逃兵。他從薊遼前線逃回京城，不知怎麼稀里糊塗地晃蕩到了紫禁城。他大概是來旅遊的，所以神態很輕鬆、樣子很平常，結果守衛的禁軍以為他只是個隨便的下人，居然糊里糊塗地讓他進了紫禁城的甬道。

這位王大臣正在甬道上晃悠，遠遠看到一撥人走過來。這撥人中有個小孩兒，歲數不大，卻趾高氣昂，大家都簇擁著他，眾星捧月一樣。

王大臣沒見過世面，一看這撥人光鮮亮麗地擁過來，趕快嚇得貼牆邊兒站著。這撥人打他身邊過去時，中間那小孩眼睛掃了他兩眼。這兩眼把王大臣看得心裡直發毛，想趕快過去，於是他突然往前跑。他這一跑，那小孩立刻喊聲：「你幹什麼的？」

王大臣聽人家喊他，更害怕了，腳底下不敢停，頭也不敢回，照往前跑。

那小孩一看火了，心裡想：「我問都不回答，這還得了！」於是大喊一聲：「逮著他！」

這話還沒說完，身邊早就噌噌竄出好幾個，趕上來兩腳把王大臣踹倒。

王大臣痛得直嚷，可沒用，人家把他踹倒後，幾隻腳立刻踩上來，把他踩得結結實實的。

這時候小孩和他身邊幾個人趕了過來。他身邊有個年紀比較大的人上前一步指著王大臣喊：「什麼人？給我搜！」

他這一聲令下，大家七手八腳就來扒王大臣的衣服。王大臣是個逃兵，腰裡別著把短刀。這一扒衣服，短刀哐啷一下掉到了地上。

那小孩看了這把刀，當時臉就白了，直往後閃。這時還不止這小孩臉白了，他身邊年紀大的這位臉也嚇得煞白，大喊了一聲：「保護皇上！」

幾個人一下往小孩身邊一圍。

其實，哪需要什麼保護，這時甬道上除了王大臣，就他們這撥人，王大臣躺地上給踩得結結實實的，想動也動不了。

那這撥人為什麼還這麼緊張呢？

原來，這個小孩就是剛登基當上皇帝的小萬曆，而他身邊那個年紀大的就是小萬曆的大伴兒，司禮監大太監馮保。

小萬曆才當上皇帝沒幾天，剛經過高拱的鬧騰，他雖然年齡不大，但也知道自己這皇位還沒坐穩。這時候突然見到皇宮大內裡有個帶刀的人打身邊跑過，再傻他也知道自己有危險啊！馮保就更不用說了，整個皇宮是他的地盤，他的地盤他做主！如今在他的地盤上見了個莫名其妙的帶刀的傢伙，他當然嚇了一跳。

不過，小萬曆還是比較有性格，他看看也沒什麼危險，就分開護著他的人，走到王大臣面前，用小腳使勁踹了兩腳王大臣的頭，邊踹還邊罵：「你個臭賊，好大的膽。」又轉過頭對馮保說：「大伴，你給我好好地收拾他。」

馮保一聽這話，趕快使個眼色，身邊的人就把王大臣押到馮保主管的東廠去了。

救急

王大臣這件事，朝廷裡最先知道的是誰呢？是張居正。

因為確實需要馮保的支援，所以自上臺以來，張居正非常注意處理與馮保的關係。我覺得他一方面吸取了高拱的經驗教訓，認識到馮保有很大的政治潛能；另一方面也是出於和李太后之間聯繫的需要，所以他確實把馮保引為同盟。他不僅自己和馮保交好，還讓自己的管家游七和馮保最親密的手下徐爵結拜為兄弟，這樣兩方面間的資訊溝通就更方便了。

游七從徐爵那兒得知宮裡抓了王大臣的事，也匯報張居正。可張居正一開始沒當回事。可緊接著徐爵又傳信來，說東廠已經審出來，這個王大臣，是薊遼總兵戚繼光手下的逃兵。

張居正一聽，嚇了一跳，心想馮保你這是要幹嘛？一個逃兵處理下就得了，刨根究柢地問，這不是一拔蘿蔔帶出泥嘛！現在這種情況，我張居正要的是政治穩定壓倒一切，結果你不僅瞎鬧騰，居然帶出來的泥還是戚繼光，這還得了！

不怪張居正生氣，從馮保初審王大臣帶出戚繼光來，我覺得至少可以看出以下幾點：

第一、這個馮保喜歡找事。

確實如張居正所想，這時小萬曆才登基不久，高拱和馮保之爭才落幕，張居正剛接手一個內憂外患的爛攤子，政府上下能不節外生枝就不要節外生枝。馮保你既然也想和張居正合作鞏固自己的地位，就不該橫生事端。說起來放這個王大臣進了紫禁城，馮保也有責任，你悄悄地把人處理了不就得了嗎？還牽連出戚繼光，這事不是眼見著愈鬧愈大嗎？

第二、他的政治眼光並不高。

他審出來的結果是什麼，說這個王大臣是戚繼光的人，那豈不是暗含了一種可能——是戚繼光派王大臣來刺殺皇上。戚繼光什麼人？他一是抗倭的英雄；二是鎮守北部邊防的大帥；三更關鍵，他是張居正最親密的心腹。你馮保牽扯出戚繼光來，天下人怎麼議論？北部邊防軍心怎麼穩固？張居正怎麼脫得了干係？所以張居正一聽就急了，這是動到他的根本利益了。馮保既然與張居正結盟，這都沒想到，說明他的政治眼光實在不怎樣。

第三、他確實有實力攪動政局。

馮保這個司禮監掌印太監的位置實在太重要，只要有心，他在這個位置上隨時都能折騰些事出來。而且往往不是什麼好事。所以這起王大臣事件經他手一折騰，馬上複雜了起來。先是張居正專程去找馮保，親口保證這和戚繼光絕對沒有任何關係。馮保雖是政治眼光不遠，但也不傻，他一聽就明白自己捅了個簍子。牽出戚繼光實在沒必要，可能那個逃兵真是戚繼光的手下，但這事件有刺殺皇上的可能，就不能亂說了。他連忙向張居正保證，這消息還沒放出來，審的結果也沒上報，一切他心裡明白，請張先生放心。

張居正聽了這話才算是放了心，囑咐他不要藉此事做文章，見他答應了，才放心地離開。

這邊張居正正在緊鑼密鼓地準備萬曆新政，那真是日理萬機，很快就把這事忘了。哪知道才過了兩天，只見游七急匆匆地跑進來報告：「老爺，大事不好。」

張居正聽得一愣，心想各項工作都在有條不紊地展開，哪一環又出錯了？他抬頭看著游七說：「什麼事？休要驚慌。」

只見游七嘆了口氣說：「唉，我剛聽徐爵說，馮公公把王大臣的案子結案報上去了。」

張居正一聽是這件事，鬆了口氣，心想工作我做了，肯定和戚繼光沒關係。所以他很放心，說：「噢，這件事啊，怎麼大事不好了？」

游七看張居正不著急，自己更著急了，他說：「老爺您還不知道馮公公報的幕後主謀是誰吧？」

張居正一聽眉毛就豎起來了，「上次我都對他說好了，這件事就是偶發事件，沒有什麼幕後主謀啊！」

「就是這個問題啊，馮公公上報皇上說王大臣幕後的主謀是……」

「是誰，你說啊？」張居正心想，總不會是我吧。

「是高閣老！」

張居正一聽這話，「啪」的拍桌子站了起來。這真的是像游七說的，事情麻煩了。

游七為什麼說大事不好呢？因為高拱下臺後，很多人都認為是張居正和馮保一起陰謀陷害高拱，張居正雖然抱著清者自清的態度，但畢竟還有不少人在背後悄悄議論。現在馮保要藉王大臣的案子乘機報復高拱，張居正做為現任內閣首輔一定脫不了干係，這下更證實了他和馮保陰謀勾結陷害高拱。

這個冤案要是做成了，天下人怎麼看他張居正呢？朝廷上下又怎麼議論他張居正呢？他的改革計畫又該如何實施呢？

這其中的關鍵連游七都看出來了，更不用說張居正。

張居正立即吩咐備轎，他要去大內參見皇上和李太后。到了乾清宮，經人通報，張居正進去一看，李太后正在那兒抹眼淚，一個勁兒地埋怨：「這個姓高的怎麼這麼狠心，先皇待你那麼好，可先皇一死就欺負我們孤兒寡母，現在人都走了，還不放過我們。」

小萬曆在旁邊扯著李太后的袖子勸，而馮保則一臉得意地站在旁邊。

張居正一看明白了，馮保這挑撥離間的功夫是下夠了，看來他存心要藉王大臣的案子整一場冤獄。

張居正沒搭理馮保，他先向小萬曆和李太后參拜。李太后看張居正來了，立刻不哭，感覺有人可依靠，就問：「先生知道了吧！這高拱太欺負人了。先生看這事應該怎麼辦？」

萬曆和李太后都瞅著張居正，馮保也瞅著張居正，心想，你說別牽連戚繼光，我就按你的意思辦了，現在你也總該按我的意思辦吧！

哪知道張居正正眼都沒看他一眼，向李太后說：「太后息怒，我聽說這個王大臣初供戚繼光主使，現在又供高拱主使，前言不搭後語，朝三暮四，所以所言恐怕不足為信。」

李太后一聽這話，轉頭看馮保，問：「有這事嗎？」

李太后多麼精明，馮保也不敢說沒有，只好說：「確如張閣老所言。」

你看張居正多聰明，我們說戚繼光是他的人，他怎麼也不能透露這事和戚繼光有關聯，馮保死也想不到他會這麼說。但張居正突然這麼說，就顯得這事他秉公判斷、不藏私心。況且這樣一說，就顯得王大臣現有的供詞不足為信。

李太后看來聽進了張居正的話，她緊接著問：「那依先生的意思，這到底是怎麼回事呢？」

張居正也不敢貿然說這事背後沒有主謀，他很聰明地提出了一個公事公辦的辦法。他說現在這事已經引起朝廷內外的注意，若不能查清真相，恐怕會造成惡劣的影響。所以最好由東廠和都察院、刑部、大理寺這些三法司一起會審。這樣審出來的結果就能服眾，真相也能水落石出。

李太后當然聽張居正的話。馮保也沒多大的脾氣，因為張居正也讓他主管的東廠參加主審，所以他當時也沒說什麼。心想，既然再審，我還是主審官，反正我一定會藉這個機會把高拱整死。想想高拱氣勢洶洶要搞定他還不過幾個月前的事，他心裡這恨可嚥不下去。

苦心

從宮裡回來後，張居正趕快物色兩個資格老、人又忠厚的王侯，打算讓他們和馮保及三法司的官員一起審理此案，這樣也好制衡馮保。正忙著的時候，有兩個他最敬重的官員來拜訪他。

誰呢？一個是吏部尚書楊博，一個是都察院左都御史葛守禮。

這兩人一是六部之一的最高長官，一是監察系統的最高長官，都是在高拱下臺後幫張居正穩定政局的老臣。所以張居正對他倆相當敬重。

把這兩位迎進來，廳堂落座後。兩人點明來意說了王大臣的案子，原來馮保要藉王大臣案整高拱一事已滿城皆知。兩人開始拐彎抹角地說，後來索性直來直去地說，意思是你張居正現在一人之下、萬人之上，得饒人處且饒人，不能幫馮保做這樣缺德的事。

張居正愈聽臉愈沉，《明史》上反覆說他是「沉毅淵重」，意思是說他的性格非常沉穩，別人說話他一般都是很深沉地在那兒聽，不輕易打斷別人。現在聽這兩位老臣都誤解自己，以為是他張居正和馮保夥同要陷害高拱，更不要說滿朝文武怎麼想了。

楊博和葛守禮喋喋不休說了半天，才發現張居正一句也沒搭話，但臉色已經沉得像一潭秋水，兩人這才反應過來，一起愣住不敢說了。只見張居正沉默了半晌，突然暴發出來。他猛地站起來，袍袖一拂，桌邊的茶碗啪啦摔在地上，摔了個粉碎。只見張居正眼含熱淚，滿臉激憤地說：「居正一心為國，只知鞠躬盡瘁，唯願死而後已。不料一片苦心，連我素來敬重的兩位大人都不能體諒。罷了，罷了，罷了！」

張居正仰天一嘆，長袖一拂，說了聲「送客」，轉身進了內堂。把楊博和葛守禮兩個人面面相覷地晾在當場。

氣憤歸氣憤，工作還得照做。事後，張居正又親自找上馮保。可馮保還是不罷休，一定要藉此置高拱於死地。臨上堂還讓手下去牢裡跟王大臣串供，讓他一口咬定是高拱主使他來刺殺皇上。

張居正沒辦法了，他又不能和馮保扯破臉鬧翻，但他也不能讓馮保把這冤獄做成，這樣不只是高拱倒楣，他也會遭萬人唾罵。人心要是散了，隊伍還怎麼帶呢？計畫好的萬曆新政還怎麼施行呢？

到了最後關頭，又體現出張居正做為一個實用主義者的風範。他讓手下在王大臣上堂之前，給他灌了杯生漆酒，生漆酒等於是啞藥，王大臣上了堂剛準備按馮保吩咐的照本宣科，卻一下子咿咿呀呀說不出話來。

張居正又讓主審官員按事先準備好的話來問，王大臣不是說不出話來嗎？說不出來等於默認。所以最後就按偶發事件定了案。

馮保在堂上也只有乾瞪眼，他也不能因為這事和張居正徹底鬧翻。

遠在幾千里之外的高拱並不知道，他全家老小的性命在這轉瞬之間已經在別人的手掌心裡轉了好幾個彎。可是據說後來高拱知道這件事後，絲毫沒有感謝張居正的意思，認為他是在做戲！

這就叫孤獨者的落寞，像張居正這樣的孤獨者，他要做的事，當時沒有人能理解他，那個時代也不理解他，甚至他身後數百年的歷史也不能完全理解他。

但沒有這份面對孤獨的勇氣，又怎能成為真正的英雄呢？

只有真正的英雄，才是真正的孤獨者！

鐵三角

關於王大臣事件，《明史》、《國榷》等史書及明人一些筆記作品，基本上都列舉各種各樣的說法，認為張居正先開始與馮保勾結一起陷害高拱，後來迫於輿論，才收手阻止馮保。關於這一點，和在扳倒高拱的鬥爭中說張居正與馮保勾結一樣，這種觀點和思路是一脈相承的。

我們對於他們前面的「勾結」說已經詳細辨析過，沒有必要在這兒再次辨析這些典籍的主觀臆斷之處。反正《明通鑑》在總結王大臣事件時說，這件事之後「舉朝皆惡保」（《明通鑑》卷六六，萬曆元年六月），意思是大家因為這起王大臣事件都很厭惡馮保，並沒有說「舉朝皆惡保與居正」。要是張居正在這件事裡既做了主謀又做了兩面派，為什麼「舉朝皆惡」的時候單漏掉他呢？

張居正最關心的既不是這起王大臣事件，也不是時人信口雌黃的評論，他最關心的是他的改革大局。而王大臣事件，讓著眼全局的張居正對馮保的認識又更深一層。這種認識，主要在三個方面。

第一、馮保代表著內廷的政治勢力，隨時能對政局產生影響與衝擊。對張居正而言，若能控制好這一派的政治力量，也就是和馮保結盟的話，則能合則兩利；要是控制不好，跟馮保鬥起來，則可能分則兩敗，於萬曆新政則更是有百害而無一利。所以，張居正此後訂下的一個方略就是——拉攏馮保。

第二、拉攏馮保並不是允許他胡作非為，拉打結合才是對付馮保這個人最好的方法。

我們前面分析過，馮保這人喜歡找事，但政治眼光卻不高。有一次他代表皇室去郊外祭陵，居然「傳呼直入，北面拈香」（《明史·卷二一〇·鄒應龍傳》），即忘乎所以，走皇帝走的道，行皇帝才能行的禮儀。當時有很多人彈劾他。他老是在這種小事上耀武揚威地出紕漏，說明他確實沒有多高的政治眼光。

張居正正是看透了他這一點，在像王大臣案這種影響朝政的事件上堅決打擊他的勢頭，而平常則捧著他、勸著他。

後來張居正之子張懋修整理張居正的文集，讀到張居正當年很多寫給馮保的信時說：「今觀其於豫藏文，惓惓勉以令名，固非阿私賄結者。」（《張太岳集序》）就是說張居正非常注重勸導馮保要保持好名聲，太監也不乏美名留於史冊者，連太史公司馬遷後來出獄後也做了中書令，這在漢武帝的時候相當於明代司禮監掌印太監的位置。你馮保這麼有才、這麼有本事，為何不能做個好太監呢？太監也是人，是人，就應該留點好名聲、留點正氣在這個人世間。

這也可以看出來，張居正對於太監的認識也是很人性的。

因為張居正既打又拉，馮保並沒有因為王大臣事件和張居正不和，事後兩人在政治利益上還是緊密合作。因為兩個人的合作，再加上李太后對張居正的信任，萬曆初年的政局很快穩定了下來。

張居正、李太后、馮保，被稱為是萬曆初年政壇上的「鐵三角」。

要知道，在幾何圖形裡，三角形是最穩固的。

第三、也是最關鍵的一點，張居正對馮保既拉又打的底線是他不能干預朝政。

張居正的想法是，你在內廷怎麼囂張我不管，哪怕你貪污腐化我也睜隻眼閉隻眼，但你馮保想要干預外廷，也就是國家公務、朝政大事，那絕對不行。

對於張居正這條底線，馮保也很清楚。所以做為「鐵三角」的一角，從萬曆新政的整個過程來看，他還算是老實的。

也正因為馮保的老實與合作，張居正才真正能夠沒有後顧之憂地施展出他治國的雄才大略。

他雖然和太監結成了政治同盟，對於這一點，張居正一生都認為是值得的，而且他後來還曾自得地說過：「僕雖不肖，而入養君德，出理庶務，咸獨秉虛公以運之，中貴人無敢有一毫阻撓。」（《張太岳集・書牘六・與南臺長言中不干外政》）中貴人就是指以馮保為首的太監，意思是我主國政期間，明代積弊日久的宦官之禍從來沒有發生過，不要說對於朝政「中貴人無敢有一毫阻撓」了，甚至還「中貴人無敢以一毫干預」（同上），連干預都沒有過，更不用提阻撓和破壞了。

能有這樣的成果，說明張居正這個「鐵三角」的布局相當地成功。

當然，有了穩固的「鐵三角」，並不是說一切就大功告成了。改革要一步一步地走，工作要一步一步地做，要想推行萬曆新政，張居正遇到的第一個大難題就是官僚體系的問題，通俗點說，就是人事問題。

我們常說，人很簡單，事也很簡單，可人事就不簡單了。

面對歷來讓人頭痛的人事問題，張居正會如何開刀呢？

第十四章

治國用人之道

張居正苦心經營，在他和李太后、馮保之間構建了一個權力鐵三角。而這個鐵三角的核心，或者說重心，就是那個十歲的萬曆小皇帝。把握住這個重心，也就算是把握住這個最為穩固的三角形。

張居正做為小萬曆的老師，與小萬曆之間情同父子，算是已經牢牢地把握住這個權力的鐵三角。

但是，你若只想做個嚴嵩那樣的權臣，把握住最高權力，那基本上就可以一勞永逸、高枕無憂了；但你要想做一個諸葛亮那樣的賢相、治國宰相，把握住最高權力只是萬事開頭的第一步而已。要治國的話，你就不能是個光桿司令；要做出治國的成就來，你也不能是個全能司令，也就是不能事無巨細全靠自己操心。

所以必須得會用人！

人事問題大概是中國傳統官僚制度中最根本、也是最關鍵的問題。

我總結了一下，發現張居正的用人藝術主要體現在三個方面。

新人與舊人

第一、用新人，也用舊人。

我們常說「一朝天子一朝臣」，通俗點說，也就是一個領導總有自己的一撥跟班、一撥親信。尤其是這個領導如果還掌握著人事權的話，他的跟班、他的親信會很快地充斥各個重要崗位。

事實上，這確實無可厚非，因為不論是國家機器，還是一個小單位，要運作，尤其是要流暢、高效地運作，就必須上下一心。上令下達，得非常通暢，就像中醫裡說的「通則不痛，痛則不通」，一個機構的運行和我們的身體一樣，得如臂使指，那才能得心應手。我們通常稱得力的親信叫「左右手」，要成事若沒幾個「左右手」怎麼行呢？所以一個領導者難免會培養自己的親信、重用自己的親信。從客觀的層面說，這也是工作的需要。

但問題是，這「左膀右臂」畢竟不像我們自己的胳膊和手這樣簡單。這些「左右手」再往下，他們還有自己的「左右手」，延續下去，從中央到地方就會形成龐大的、各種各樣的利益團體，這些利益集團之間鉤心鬥角，就構成官場上典型拉幫結派的現象。於是，官場就成了決鬥場，一個國家的資源、士大夫階層的政治智慧往往就消耗在這種無窮無盡的無聊爭鬥中。

個人認為，當初北宋時期的王安石變法，之所以會失敗，根本原因即在於此。王安石銳意變革，具有「雖千萬人，吾往矣」的勇氣，哪怕天下人都反對，哪怕反對的聲浪可以把我前進的身體淹沒，也不可以把我前進的精神淹沒。在取得宋神宗支持後，王安石根本不屑於調和各方面的矛盾，尤其是在用人上，司馬光、蘇軾這些人反對我變法，我就另起爐灶，用我自己的人。於是他在人事上，大量起用新人，在官場上形成了一派，當時叫「新黨」，和司馬光領導的「舊黨」、程頤程灝兄弟領導的「洛黨」、蘇東坡領導的「蜀黨」相抗衡。

應該說，王安石這個選擇極不明智。這不僅造成北宋歷史上著名的文人黨爭，也讓官場上很多投機分子看到了機會。

後來，比如說像呂惠卿、章惇、蔡京這些原不突出的人，因投王安石所好都成了新黨的重要成員。在王安石一手提拔下，他們都平步青雲，後來全做到了宰相的位置。這些人雖然平心而論也很有才幹，但往往人品都不高，因為喜歡政治投機，當然好不到哪兒去。

我們說有德又有才的人是上品，有德無才可以算合格品，無德無才則是次品，但有才卻無德那就是毒品了。所以像章惇、蔡京，後來都成為宋代歷史上有名的奸臣，禍國殃民，尤以為甚！

王安石用了這些人做為變法的骨幹，既惹惱了舊黨等政治力量，又為自己新黨內部的紛爭埋下禍端，所以他的變法最後走向失敗也就可以理解了。

張居正飽讀史書，我想他一定認真鑽研過王安石變法的得失成敗，所以他在人事問題尤其吸取了王安石的教訓。

有趣的是，歷史總是有些驚人的巧合。王安石變法得到的是宋神宗的支持，而張居正變法則是得到明神宗的支持，萬曆帝死後的廟號就叫神宗皇帝；宋神宗的背後有個強勢的高太后，而明神宗的背後則有個強勢的李太后。王安石只知道建立與神宗皇帝的關係，卻不知道要建立與高太后的關係，最後，正是因為高太后強力反對，才導致王安石被貶職，最終導致他變法失敗。

張居正不像王安石那麼死腦筋。他既知道向上，首先要處理好與李太后的關係；也知道向下，得處理好與官僚體系中各集團的關係。這些，集中表現在他的用人上。

因為高拱失勢，而高拱原來在官場上的勢力龐大，很多官員都是高黨成員，現在張居正上臺了，且民間盛傳是張居正與馮保聯手鬥倒高拱，這下，很多高派成員開始惴惴不安。「一朝天子一朝臣」，大家都在想：張居正面對這些高派官員，會不會來個人事上的大清洗呢？

這裡有個非常能說明問題的典型個案，個案的主人公是應天巡撫，即現在南京的地方長官張佳胤。

張佳胤也是明代有名的大才子，他是高拱的門生。因為高拱的關係，再加上張佳胤確實有才能，很快就被提拔至應天巡撫的位置。但上任沒多久，高拱倒臺了。

本來，張佳胤雖然算是高拱的門生，但行得正，也不怕影子歪。現在張居正上臺，自己也沒什麼好擔心的。可剛巧就在新宰相上臺沒多久的節骨眼兒，出了件讓張佳胤煩心的事。什麼事呢？一件有關田產的民事訴訟案。

案子的主人公姓徐，叫徐什麼倒無所謂，問題是他爹的名頭比較響。他爹姓徐名階字子升，正是高拱的仇人、張居正的恩師、退休的前任內閣首輔徐階。

徐階自退休後，因為無權無勢，備受高拱欺凌。當初自己掌權時，徐階教子不嚴，導致三個兒子仗著老子的權勢在地方上胡作非為。按理說，徐階倒臺，他的兒子們也該收斂些。但胡作非為這種習慣是有慣性的，惡習一旦成形，想一下子改掉還真難。

高拱抓住了徐階兒子們的把柄，大肆整肅徐家。先是把徐家大片的良田沒收充公，又把徐階三個兒子中的兩個先後定罪發配邊疆。還是因為張居正實在看不下去，站出來「從容為拱言」，為徐階辯護，再加上天下人非議，高拱才收手，沒折騰徐家老三，給徐階留了個兒子在身邊。

可這老三也不收斂。他見高拱一倒臺，他爹的得意門生張居正掌權，立刻又耀武揚威起來，霸占人家田地，苦主就到應天知府告徐家老三。

張佳胤本來要秉公辦案，但一看被告是徐階的兒子，心裡犯嘀咕了。心想，誰都知道徐階是張居正的恩師，都傳張居正和高拱不和，根本原因就是徐階，現在這個徐家的案子可不好斷啊！況且，官場上盛傳，張居正馬上就要對高派成員開刀，自己是高拱的學生，本來就難脫干係，現在又碰到這樣一件案子，那不是自尋死路嗎？有心想袒護徐家老三，可又違反自己做人、做官的原則；但說要秉公而斷，又肯定會遭到徐家報復。罷了，罷了，與其這樣為難，還不如潔身自好，回家寫自己的春秋文章去吧！

正所謂「當官不為民作主，不如回家賣紅薯」！張佳胤心一橫，寫了一篇辭職報告遞交內閣，打好包袱，就等著走人。

張佳胤這邊為難得很，他哪知道，張居正那邊比他還為難。

張居正同時收到了張佳胤的報告和徐階的信。張佳胤的報告裡倒沒提徐家的案子，只說自己能力不夠，所以想辭職。可徐階的信裡把這事說得清清楚楚，張居正多麼聰明，一看就明白張佳胤是因為徐家的案子才辭職的。而且明裡是因為徐家的案子，深層的原因還不是這些官員心中有黨派或是幫派之爭的觀念嗎？

所以，張居正沒把這事當小事看，他要從張佳胤身上給整個官場一個信號。什麼信號呢？他張居正雖然要用新人，但也不捨舊人！

徐階信裡是以師生之情要求張居正為他在高拱執政時期所受的冤屈撥亂反正，順帶說了這個徐家老三的官司。意思是恢復名譽這麼大的事你張居正都不能耽擱，更別提幫老三官司這件小事了。

張居正這下十分為難。一方面不能對不起一手培養自己的恩師，冷了徐階的心；但另一方面也不能冷了張佳胤這批高派中層官員的心。張居正確實為難，但張居正面對為難事的時候向來都有一個很好的辦法。

什麼辦法呢？四個字：開誠布公。

你看他想救楊繼盛的時候，直接找上徐階，明知徐階不會答應，還要做道義上的努力；他要搭救徐階的時候，就直接找高拱，明知高拱氣量小，還要「從容為拱言」。後來很多人說張居正城府深，會耍手段，事實上我看張居正最會用的手段就是面對問題不迴避、不迂迴，直接面對，單刀直入，這樣直截了當的效果有時反而出奇的好。

張居正同時寫了兩封信，一封給徐階，一封給張佳胤。

給徐階的信裡先敘師生恩情，承諾為徐家平反昭雪那是一定的，大事答應下來後，筆鋒一轉說到徐家老三的案子，擺明當前的政治局勢，這樁民事訴訟案現在已經不再是一起簡單的案子，那可是「牽一髮而動全身」——牽了「張佳胤」這「一髮」，可就動了「官場人心」這個「全身」！老師您也當過首輔，也教過我要以國事為重，所以這個時候居正我絕不能因事廢人。換了老師您，我想也會這麼做的。

這話說的在情在理，據說徐階看了之後慚愧不已。但張居正承諾幫徐家平反昭雪，徐階最大的心病也就了了。

給張佳胤的信寫得更有水準。張居正一句點破，說張佳胤的顧慮是在黨派之間的成見，然後話鋒一轉，透露了個小祕密說：「自公在郎署時，僕已知公，頻年引薦，實出鄙意。不知者，乃謂僕因前宰之推用為介，誤矣。」

這小祕密就是你以為升官是因為你的老師高拱，事實上我多年前就發現你是個人才，雖然沒和你結交，但是我反覆在組織部門推薦，你才獲得重用，較真說起來，張佳胤——你應該算我張居正的人！

當然，張居正這話也不是為了貪功、套交情，他緊接著說：「天下之賢，與天下用之，何必出於己？……區區用舍之間，又何足為嫌哉？」

意思是，不論是誰推薦你，都是為了國家而舉才，這是公理。我張居正在這個位置，而你張佳胤在那個位置，我們都是為了國家不辭辛勞、勇擔重任。君子立身為國，當坦坦蕩蕩，又何必心存芥蒂，分誰是誰的人呢？如果只執迷於此，又如何對得起自己心中滿腹的才學呢？

這番話說得是出人意料，又直指要害。

據說張佳胤看到之後，心中不由得一陣慚愧。俗話說「宰相肚裡能撐船」，人家張居正說的是句句在理，而且張佳胤自以為不得了的，在張居正肚裡，不過只是條小船。

尤其張居正在信的最後用了一大段美文把張佳胤的特點、才學推崇了一番，話說得是既準確，又漂亮，讓張佳胤感覺對自己的認識也沒那麼準確，所以張居正在信末對張佳胤提出「願努力勳名，以副素望」的殷切期望算是真正打動了張佳胤。他從此安下心來，秉公斷了徐家的案子，也努力工作，一心為民，在萬曆年間做到兵部尚書，成為萬曆朝的一代名臣（以上引文俱出自《張太岳集・卷二十五・答張崌崍》）。

收服張佳胤的心，可以說也就收服了中層官僚中那些搖擺不定的高派官員的心，這一下張居正要大幅變革人事的謠言也就不攻自破。

可當大家都以為沒事的時候，張居正突然下刀了，人事上的大變革還是如期而至。

做事與說話

這就要說到張居正第二個用人藝術，即：用做事的人，不用說話的人。

張居正留住張佳胤這批高派官員的人心，是因為這些人基本上都是在行政系統內做事的人。但相對於監察系統內原高拱的那幫手下，張居正可就不客氣了。

明代的監察系統和我們現在的監察系統不太一樣，六科給事中和都察院的御史雖然工作職能也是監督與考察行政系統各部門的工作，但他們的工作方式卻只有一種，那就是——議論和彈劾！

議論朝政、彈劾官員就是他們最常做的、最重要的、也是最無聊的事。

我們知道，明代文人最大習氣就是爭辯，最大的本事就是彈劾。為了一點小事，你彈劾我，我彈劾你，爭吵不休。

前面說過，高拱之所以與徐階結怨，就是因為給事中胡應嘉彈劾他上班時間回家「植樹造林」。高拱年近六十還沒兒子，偷空回家「植樹造林」關你什麼事啊？胡應嘉道聽途說，上本彈劾，使得高拱以為是徐階指使的，導致兩派政治力大決鬥，幾乎把隆慶朝的政治全敗壞掉了。

這就叫文人政治，因為好為議論的習氣，把所有的精力和智慧都用到爭吵上，國家也在這種烏煙瘴氣的爭吵中蕭條下去。

張居正也是一個封建文人，他不可能取消這種沿襲了上千年、代表文人政治的言官制度，但他深切體認到這種言官制度所導致的惡劣後果。朝廷養著一大幫光說不練的官員，這些人只說不練也就罷了，他們的「說」還要干擾做事人的「練」。

所以，張居正決定痛下狠手，一上臺就破例提前舉行「京察」，即提前舉行每三年舉行一次的幹部例行考察。利用這個機會，對監察系統的官員大加整頓，一下開掉了很多人。當然，這些人主要是高拱的手下。

有人據此說，張居正果然不能容人，還是對高拱原來的親信挾私怨進行報復。

事實上，張居正的考量有兩點：

首先，出於政治局勢上的需要，確實要對高拱手下那批言官進行整頓。

在明代，言官的品級一般不高，像六科的給事中，一般是七品，在京官裡也是最低的。

但由於他們的身分特殊，所以高層官員一般都注意拉攏他們。反過來，有高層的拉攏，這些言官為了將來的仕途考慮，也願意背靠大樹好乘涼。這樣，言官跟人就成為官場上最典型的幫派現象。

高拱手下那幫言官和張佳胤這些人不一樣，他們是鐵了心跟高拱的，身上的政治幫派標籤最為鮮明。現在高拱倒臺，他們暫時老實了，但留著他們就留著潛在的禍患。就算有人是牆頭草，看風使舵兩邊倒，也說明這種人不可靠，更不能留。所以出於政治穩定的需要，張居正絕不肯留這些潛在的威脅在朝廷裡。

其次，更重要的是，張居正不只開除了屬於高派成員的言官，也把一些好鬥、好爭吵分子乘機都給拔除。

張居正說過：「二、三子以言亂政，實朝廷紀綱所係，所謂『芝蘭當路，不得不鋤』者，知我罪我，其在斯乎！」（《張太岳集・卷二十五・答汪司馬南溟》）

這個「芝蘭當路，不得不鋤」是什麼意思呢？「芝蘭」是指優秀人才。雖然你是「芝蘭」，只要你擋在我前進的路上，我還是要不客氣地把你清除掉。

為什麼呢？因為你擋路了。

那麼，既然是人才，怎麼擋路了呢？

其實這是個比喻，這裡的人才指的是那些好議論、好爭論的人，就算他們再有本事，但這些人因為好議論、好爭論，對於國家大事而言，並不是什麼好事，這就叫「二、三子以言亂政」。

這說明張居正看得很遠，他是為了推行即將進行的改革需要，不得已才做出這樣的選擇。一項新的變革開始之初，最難做到的就是意見的統一，張居正正是出於這種考量，才決定對言官制度的代表監察系統開刀。

不只如此，為了讓做事的人好好做事，不受說話人的干擾，他甚至走得很極端。他在任上曾大力裁併書院，當時的書院相當於現在的大學，是知識分子聚集的地方。知識分子聚在一起難免會議論是非，張居正裁撤他們的平臺，這也使他留下了文化專制的惡名。

張居正對此倒不在乎，只要能達成改革的目的，該下手時他絕對狠得下心。

當時有個大儒何心隱，是明代著名的思想家，算是張居正的同學。但由於張居正認為他宣揚異端邪說，干擾推行萬曆新政過程中的思想統一，張居正便指使地方官員祕密將何心隱害死。

如果說這就叫「成大事者，不擇手段」，確實讓我們看到張居正做為一個政客的冷酷與專制的一面。

穩重與極端

說起來，張居正之所以不用說話的人，甚至對好議論的人如此深惡痛絕，是因為他想為能做事的人營造良好的做事環境。但對於能做事的人，他也有區分，這就要說到他的第三個用人藝術，這也是他用人藝術中最重要的一條，那就是——

用穩重的人，不用極端的人。

張居正上臺，有人開心，有人擔心，有人因此充滿信心，有人因此一直陪著小心。像張佳胤就是庸人自擾白擔心的人，但像海瑞就是因此而充滿信心的代表。

海瑞是歷史上有名的大清官，怎麼排，從古到今看，他在歷代清官龍虎榜上總能排在前三名。

海瑞的清官之名不僅得益於他的清廉和反貪污，更得益於他大膽耿直的性格和特立獨行的做事風格。

讓他在官場上嶄露頭角的事並非他的功績，而是他做為一個六品低級官吏，居然敢抬著棺材上朝罵嘉靖皇帝。歷史上有關棺材的著名事件，往前數只有三國時龐德龐令明抬棺戰關羽，然後就要算海瑞海剛峰抬棺罵嘉靖了。

嘉靖當時火冒三丈，海瑞的奏書才讀到一半就氣得大喊道：「快派人把這個混蛋抓住，千萬別讓他跑了！」結果旁邊的太監說：「皇上，這人是抬著棺材來的，根本沒打算跑。」嘉靖聽了這話才冷靜下來。

嘉靖雖然氣極了，可他沒殺海瑞，只是把他關進大牢。刑部上書認為海瑞大逆不道，應該論斬。可嘉靖這個素來睚眥必報的人居然將海瑞的案子壓下不批。

後來，有一種說法是嘉靖漸漸把海瑞忘了，所以海瑞躲過死劫。其實，嘉靖腦子再健忘，也不可能把罵得他最狠的海瑞給忘掉。我覺得是因為海瑞罵得太狠、太透徹，讓嘉靖反而起了惜才之心。

就像他的老祖宗朱元璋，誰罵他他就殺誰，可當時的大才子解縉寫了篇〈萬言書〉罵他，罵得狠了，朱元璋反而升他的官。

海瑞這下出名了，再加上他以前反貪污的成績，一時間成了天下聞名的大清官。待嘉靖一死，到了隆慶朝，海瑞獲得重用。

可他的工作風格和他的人一樣太極端，整天關注一些雞毛蒜皮的小事，要麼如何節約辦公用紙，要麼清查手下有沒有人拿回扣，要麼整天在田間地頭幫農民向地主要地。只要是他審的案子，一定是窮人勝、富人輸。這當然說明他有不懼權貴的公正之心，但也說明他骨子裡有強烈的仇富心理。

做為地方官，你想的應該是如何讓轄內百姓共同致富，可海瑞就像一個江湖俠客，只做殺富濟貧的事。所以他到哪兒上任，當地的富戶就緊閉大門，連富裕的商戶也不敢開市交易。

工作上這樣極端，生活上他也如此。

據說海瑞在當時是唯一一個從不接受賄賂的人，他的薪餉便不夠用了。據說他一年只買一次肉，就是在他母親過生日的時候。他是個大孝子，非常孝順母親，而他母親也是個很極端的人，從小對海瑞的教育就很嚴格，「有戲謔，必嚴詞正色誨之。」（《海瑞集》中華書局一九六二年版）「戲謔」就是玩耍，小朋友連玩耍都不准，使得海瑞據說一輩子都難見個笑臉，小時候就一副小老頭的模樣。

海瑞到了三、四十歲，還和母親睡在同個屋裡。這樣，一日老婆與母親不和，他就無條件地休妻。前面有兩個老婆因此被休掉了，到了第三任老婆，與海瑞當時一個小妾，兩個女人在一個月內接連暴亡。有官員曾就此事上本彈劾，說兩個人是被海瑞逼死的。雖然海瑞申辯說小妾是上吊自殺，而老婆是暴病身亡，但當時人都認為這和海瑞的戀母情結有關。

海瑞不僅對老婆這樣，對孩子也很極端。

因為他不貪污，所以家裡很窮，平常沒什麼多餘的零食。明代沈德符的《萬曆野獲編》、清代沈振輯的《野獲編外補遺》和周亮工的《書影》都記載過這樣一件事。某日，海瑞發現他五歲的小女兒在啃燒餅，覺得奇怪，問哪裡來的。女兒回答說是家裡的僕人張三給的。原來張三看這小女孩兒餓得厲害，實在於心不忍，便上街要了塊燒餅給她。

海瑞一聽，勃然大怒，說：「女子豈容漫受僮餌，非吾女也，能即餓死，方稱吾女。」意思是說張三是個男僕，一個女孩子怎麼能從男人手裡拿東西吃呢？男女授受不親，妳要是我海瑞的女兒，就應該餓死，這樣才能洗刷妳做為一個女人的恥辱！

據說這個女兒聽了這話後，絕食七日而死。

這些書上都說是女孩自己絕食死的，但我想這根本是無知妄說，一個五歲的小女孩，面臨飢餓，怎麼會有這樣的意志力呢？八成是海瑞自己發瘋，把女兒關起來餓死的。

說老實話，這太不人道了。孟子還說：「嫂溺不援，是豺狼也。男女授受不親，禮也。嫂溺援之以手者，權也。」（《孟子・離婁上》）也就是說連孟子都認為，嫂子掉到河裡，小叔子伸手救她上來，雖然兩人拉手了，但也不算違反「男女授受不親」。更不用說這個五歲的小女孩從男僕手裡拿個餅了。可見海瑞這人極端的程度。

在隆慶朝，海瑞即因與高拱不合，也因為和同事的關係比較惡劣，最後遭停職閒用。

待張居正一上臺，很多人便推薦海瑞，說他是大明朝難得的清官。海瑞自己也希望能復出官場，一展鴻圖之志。甚至連萬曆皇帝都說海瑞這樣的人怎麼能不用呢？可當權的張居正就是不用海瑞。

張居正在給海瑞的親筆信裡說：「三尺之法不行於吳久矣。公驟而矯以繩墨，宜其不堪也。訛言沸騰，聽者惶惑。僕謬忝鈞軸，得參與廟堂之末議，而不能為朝廷獎奉法之臣，摧浮淫之議，有深愧焉。」（《張太岳集・卷二十二・答應天巡撫海剛峰》）

這話說得很委婉，說我做為宰相不能用你這樣的人才，真是讓我慚愧。但暗地裡的意思卻是再慚愧我也不能用你。為什麼呢？你到哪兒做官，當地的人受不了，當地的官員受不了，當地的行政系統也受不了。

張居正這話什麼意思呢？

這就要說到張居正對文人政治的深刻認識了。

中國的政治家一般都是文人，是文人就有文人習氣。文人習氣一般有兩個發展方向：一個是低調，這種人遠離是非，明哲保身；一個是高調，這種人生造是非，甚至頗會作秀。但這種個性，這種表現方式，到了官場，到了高效運轉的國家機構裡，那就是另外一回事了。他會因此顯得很不和諧。對於講究運轉效率的國家機器而言，他會是一顆磨損機器、甚至使整個機器停止運轉的「不規格零件」。

而海瑞，就是這樣一個「不規格零件」。

要知道官場既然稱之為「場」，那就是講究共振的，那就是一個講究團隊精神與團隊意識的地方。你只知道單槍匹馬，卻不知道團隊合作，怎麼可以呢？

像海瑞這人，不僅單槍匹馬，他還把所有團隊夥伴當仇人。因為張居正不用他，他氣憤地說了句：「舉朝之士，皆婦人也。」（《海瑞集》中華書局一九六二年版）

你只要想想女人當時的待遇，就知道他這話罵得有多麼狠了！

這把官場上所有的人都罵了，這也反映了在他心裡，他把整個國家機器都當成了自己的對立面。這就像唐吉軻德，最後所有的東西都是敵人，於是他和風車大戰一場。海瑞恐怕最後也是這樣。

所以，對於這種理想主義者，雖然他們是清官，張居正也不用。

他要用的人是：循吏。

循吏這個詞出自司馬遷的《史記・循吏列傳》，是和酷吏、污吏相對應的，指官場上的好官。當然，清官也算是循吏，但由於清官更重名聲，所以後來循吏更專指那些穩重而有實用主義精神的官吏。事實上，如果一個官僚隊伍裡大多是循吏的話，那麼，這個官僚團隊可說是最理想的了。

張居正起用循吏的人事觀念可說是極有遠見，尤其是在中國這樣一個傳統文官主政的政治環境裡，更顯得難能可貴。張居正主政期間，官僚雖然還是官僚，但絕少官僚主義。各級官員踏踏實實地辦事，這才導致萬曆新政天翻地覆式的變革出現。這也可以從一個小個案看出些端倪。

張居正為了尋求治理黃河水患的方法，竭盡心思。朝廷裡與此有關的河道大臣與漕運大臣之間爭吵不斷，而張居正又非專業人士，所以他也拿不定主意。

他雖然在水利上不專業，但他在人事上很專業，所以他不管河漕大臣間的爭執，私下尋找能治理黃河水患的專門人才。他相信不管是什麼專業的問題，一定會有專門的人才，就看你宰相能不能找得到。

他打聽到原來工部有一個低級官吏潘季馴，多年參加黃河與漕運的治理，相當有經驗，但他的方法往往不為上層所重視，一直屈居下僚。張居正為此親自登門向潘季馴請教。潘季馴哪想到堂堂內閣首輔會跑到自己家裡登門請教，當場不免手足無措。

張居正甫進門就看到潘季馴模擬黃河水道做的一些研究模型，一看就知道這是個實踐型的人才。再聽了潘季馴有關治理黃河的見解與觀點，從談吐中更加確定他是一個能做事的循吏。所以下定決心，越級提拔潘季馴主持黃河治理的工作。

同時，為了保證不讓官場上的牽扯和紛爭造成潘季馴不必要的麻煩，他上奏萬曆帝，把兩個相關的職能部門河道與漕運合併裁減成一個，讓潘季馴總理河漕。

所謂「疑人不用，用人不疑」，張居正賦予潘季馴治理河漕的最高權力，並親自為其開展工作肅清一切障礙。

潘季馴誓死以報張居正的知遇之恩，果然殫精竭慮，以大智慧解決了黃河水患，在萬曆朝受到百姓的愛戴與朝廷的嘉獎。後來，張居正死後，長大了的萬曆皇帝對張居正進行清算，潘季馴不避嫌疑，出面堅決為張居正辯護。萬曆礙於潘季馴的盛名，才沒有對張家趕盡殺絕。

可以說，張居正的知人善用，不僅為萬曆新政的推行奠定了堅實的人才基礎，也為自己的身後事預留了一份意想不到的人情財富。

所以說，人事問題說簡單也簡單、說複雜也複雜，就看主政者心中存的是私心還是公心。張居正一片忠心為國，再加上他目光如炬，精擅這三條用人的藝術，所以他的萬曆新政能夠順利推行，也就是意料中的事了。

但是，官僚體系如此龐大，一個宰相再目光如炬，也不能事無巨細面面俱到。明代官僚機構拖遝、敷衍的作風，不是換幾個人可以根本解決的。如果解決不了這點，國家機器的高效運轉還是一句空話。

面對這個可說是千古以來的難題，張居正這位聰明的宰相又會怎麼做呢？

第十五章

神奇的「考成法」

難題

說起「考成法」，就要說到張居正推行萬曆新政時首先要面臨的兩大難題。

第一個問題：官僚主義。

雖然官僚主義是個外來詞，但這種不敬業、不專業、不負責任、牽扯推諉、人浮於事、事因人敗的作風在我們中國的官場上，從古到今，頗為盛行。歷朝歷代，不論什麼時候，要想做出點成就，第一個面對的難題往往就是官場上官僚主義盛行的問題。

我們一般理解的官僚主義主要是牽扯推諉、人浮於事，其實這只是表面現象。這些官僚之所以不負責任，根本原因還是因為他們做不了事。明代有首童謠，諷刺官場上的官員說：「儒生曳白，無如國子監……天文固陋，無如欽天監；音樂舛謬，無如太常寺……書之惡劣，畫之蕪穢，無如制誥兩房、文華、武英兩殿。」（阮葵生《茶餘客話・卷二・明官場弊事》）

翻譯成白話就是：考試繳白卷的，總是出身於最高學府國子監的；最不懂天文的，剛好都進了天文臺；五音不全的，正主持著國家樂府機構；寫字難看、畫畫像鬼的，莫過於文華殿武英殿上的大學士們！

在明代官場上，正派鬥不過幫派，水準鬥不過酒瓶，成績鬥不過關係，幹部能上不能下，大家結黨營派，機構隨之臃腫膨脹。風氣一旦形成，想改變，千難萬難。

國家就像一個人，「痛則不通，通則不痛」，官僚系統人浮於事、事因人敗，就是國家機器不能高效運轉的癥結所在。於是張居正開出了一劑「舒筋活血、打通經絡」的藥方，這就是鼎鼎有名的「考成法」。

第二個問題：變法觀念。

我們知道，萬曆新政本質上是一場改革變法運動。和歷史上所有的改革變法運動一樣，它首先面臨的難題就是如何讓因循守舊的官場與百姓接受變革的新觀念。

當年王安石變法，遇到最大的一個問題就是官場上下對他變法運動的自覺抵制。為什麼抵制呢？

歷史書上都說是他的變法觸動了以司馬光這些人為代表的大地主階級的利益。但我們要知道，司馬光在王安石變法裡雖然是個「反對派」，但他不是「反動派」，也不是什麼壞人！他也是個一心為國的忠臣，他反對王安石變法的出發點也是為了國家的前途考慮，只是他考慮的治國方略與王安石不同罷了。他怎麼可能為了自己的利益阻撓王安石變法呢？從階級論的角度簡單下一個總結當然容易，但就當時的具體情況而言，實際情況遠比一句「變法觸動了大地主階級的利益」要複雜得多。

實際上，當時一個很突出的矛盾集中在新舊之爭上，也就是新法變革與祖宗成法之間的矛盾與取捨問題。

在中國文化裡，「祖宗」這兩個字的文化意義非同小可。

漢字講究象形會意，承載著巨大的文化資訊，在世界上是獨一無二的。漢字有「六書」之說，即指漢字造字的六種方法，這中象形、指事、會意，還有形聲，我認為是比較重要的。我們常說一個詞叫「望文生義」，生活裡大多是把它當貶義詞來用，但從客觀的角度看，漢字裡至少有百分之五十以上的字是可以通過「望文」便生出「義」來的。

比如說「祖宗」這兩個字。「祖」從「示」字旁，這個「示」最早指代的是祭祀的意思，「且」是牌位的象形，「祖」就是祭祀部落神或祖先。「宗」也是這樣，寶蓋頭底下是個「示」，就是「祖」字的偏旁，當然也是祭祀的意思。而這個寶蓋頭，我們知道是指房子，但在殷商時期，也就是甲骨文時期，這個房子主要功能並不只是給人居住，它首要的功能是指祭祀祖先或神靈的地方，當時有一種主要的祭祀形式就叫「家祭」，陸游有句詩——「王師北定中原日，家祭無忘告乃翁」。所以「家」這個字的下面才是一頭豬，「豕」指的是野豬，是當時主要祭品之一。很多人都不明白「家」裡為什麼不是男人女人，而是一頭豬，道理就在這裡。

這樣看，「祖宗」兩個字代表遠古以來的祭祀文化。

從發生學的角度來看，有一種觀點認為，不論哪一個民族的文明，也不論何種文明形式，大多都是從祭祀文化發展來的。華夏文明尤其如此，所以對「祖宗」尤其要放在頂禮膜拜的至高地位。所以忘本的人我們罵他「數典忘祖」，而中國古代最權威的一本字典《說文解字》裡也說：「宗，尊祖廟也。」一個「尊」字就可以看出「祖宗」在中國傳統文化裡至高無上的地位。

以上這麼一大段文字學與文化學的開篇，是要說明祖宗及祖宗訂下來的規矩在古代文人腦海中至高無上的地位。變法就是要革新，要革新毫無疑問要與祖宗訂下的規矩，也就是

「祖宗成法」相牴觸，這在中國這種傳統文化環境裡顯得尤其困難。這大概也是中國封建社會時期，不論哪朝哪代，變法尤其困難的關鍵。

王安石面對這個難題，是怎麼辦的呢？

他喊了一句驚天動地的口號。他說：「天變不足懼，人言不足畏，祖宗之法不足守！」（《宋史・王安石傳》）

這個「三不足」論在當時那真可謂是驚天動地，尤其是這句「祖宗之法不足守」使得王安石在當時成為眾矢之的。

毫無疑問，我們要是從唯物主義的歷史發展觀來看，王安石這句話無疑是真知灼見。但問題是當時的人並沒有我們這種高級而科學的歷史發展觀。所以王安石口號喊完，變法的阻力更大了。因為連司馬光、蘇東坡這些當時最優秀的知識分子都極力反對。可是，這些人哪一個是壞人呢？這些人哪一個不是殫精竭慮、為國為民呢？這些人哪一個沒有絕大而超人的智慧呢？

但由於根本觀念上的牴觸，整個社會的菁英互為仇敵，大家由爭論到爭執，由爭執到爭吵，由爭吵最終發展到爭鬥，所謂菁英們的政治智慧最後都在無聊的爭鬥中徹底消耗掉了。後來的歷代封建王朝都認為，宋代不是沒有傑出的人才，但宋代之所以一直積弱以至於滅亡，根源都是王安石這場內耗式的變法爭鬥上。

張居正在這一點上非常聰明，他也要變法，但他不想喊個口號，從而引來這些無聊的內耗式爭鬥。況且，他深知中國文人政治的特點，這些文官就喜歡咬文嚼字，為了吵架，死都不怕。你要變「祖宗之法」，給他個話柄，他能發揮愚公移山的精神，跟你爭上幾百年。張居正哪有工夫扯這些閒話？可他確實是在變法，那他該怎麼繞過這個觀念性爭執的問題呢？

這就要說到我們這三十年來改革開放的偉大成效了，回想當初那句「摸著石頭過河」、「不討論姓社、姓資的問題」的斷語真是太有遠見，甚至太偉大了。正是少了觀念之爭，實踐才真正成了檢驗改革真理的唯一標準。

回頭看，張居正變法的成功起點也在這裡。他不僅通過「京察」裁減言官，封了這些好議論者的嘴；還想了一個絕招，一下就堵住了所有反對變法的文官的嘴。

什麼絕招呢？

就是這個「考成法」。

考成

說起來這個「考成法」是張居正的創新，但他自己卻不承認。為什麼呢？因為他說他這是引經據典想出來的辦法。

在實施萬曆新政之初，張居正有一篇著名的上疏，叫〈請稽查章奏隨事考成以修實政疏〉(《張太岳集‧奏疏三》)，名字有點長，意思是請皇上頒布實行考成法的上疏。

在這篇上疏裡，張居正首先表露改革官僚體制的決心，認為這才是解決所有政治、經濟和軍事上危機的關鍵所在。但他話鋒一轉，說起本朝太祖皇帝朱元璋。說他這個看法其實太祖皇帝早有遠見卓識地分析過，並提出過相應的解決辦法。他因此查了《大明會典》，發現太祖皇帝親自訂下這樣的行政工作規則：

「凡各衙門題奏過本狀，俱附寫文簿，後五日，各衙門具發落日期，赴科註銷，過期稽緩者，參奏。」

又說：「凡在外司、府衙門，每年將完銷過兩京六科行移勘合，填寫底簿，送各科收貯，以備查考，欽此。」

《大明會典》是大明朝最權威的法律文本，這兩段話說的是什麼呢？是說行政部門的工作應該有備案，尤其是上奏給朝廷的表章，更應該有核查與備案。

其實這雖然是以朱元璋的名義簽發的，但當時法律條文以皇帝名義簽發只是形式，可能就是哪個司法部門的提議。但張居正可不管這個，有「欽此」兩個字，說明這是太祖皇帝訂的規矩，雖然這規矩後來沒怎麼執行，但不能說沒有。

於是，他以「祖宗成法」豎了官僚體制改革的旗號。這個旗號他自己取了個名字，就叫「考成法」。

具體內容上，他全方面豐富了《大明會典》裡這幾句話的原始構想。

他規定六部所有工作必須實事登記。

計畫要做什麼事，要達到什麼目標，目標的具體資料、具體時間都要登記清楚，而具體做了什麼事，也必須登記清楚。這樣一本登記成冊的本子，六部做為國家行政部門當然應該有一本，另外，還得同樣再抄錄兩本。一本交監察系統，也就是與六部相對應的六科；另一本則交內閣。這叫登記備案。這個登記備案的本子就叫考成簿。

比登記備案更重要的是考核與核查。

六科不應整天放空炮議論朝政，以後主要的工作就是根據考成簿按月核查六部的工作，按工作完成的情況提出對六部官員的獎懲意見。這樣六部必須向六科負責。而六科監察系統則要向內閣負責，內閣可以根據三份相同的考成簿分別考核六部與六科的工作情況。內閣是半年一次小考，一年一次大考。最後，嚴格根據考核情況，決定官員的升遷、降職，以及去留。

大家的標準完全一樣，無容置喙。

這就是量化工作程序，逼出工作效率！從中央到地方完全按統一的考成法方式執行。

張居正振振有辭地說：「稽查章奏，自是祖宗成憲，第歲久因循，視為故事耳。請自今伊始，申明舊章。」（《張太岳集・奏疏三・請稽查章奏隨事考成以修實政疏》）意思是，這是我們大明朝老祖宗早就訂好的規矩，只是因為日子久了，大家忘了，我現在重新提出「舊章」來，按章執行，體現我們老祖宗太祖皇帝的智慧！

你看這招多厲害，既打著祖宗之名，又嚴刑峻法，行官僚制度改革之實。

一時官場上下噤聲，誰也不敢議論考成法的是非。為什麼呢？那是太祖皇帝訂下來的規矩，《大明會典》裡有據可查，誰要敢議論，那不是議論張居正，而是議論本朝太祖皇帝，這個罪名誰擔得起？誰敢議論朱元璋？所以張居正打著這個「祖宗成憲」的旗號，一無阻礙地徹底施行了這個看似簡單卻又非常有效的考成法。

因此，連《明神宗實錄》裡都稱讚張居正「沉深機警多智，時常替求國家典故及政務之切時者剖衷之」（《明神宗實錄》卷一二五）。意即他太聰明、太有才幹了，從故紙堆裡找出讓人無法反駁的改革依據。

關鍵是，這看似簡單的一招考成法，竟順順當當地施行起來。《明神宗實錄》說：「自考成之法一立，數十年廢弛叢積之政，漸次修舉。」（《明神宗實錄》卷七一）《明史》則評價說，官場上下「自是，一切不敢飾非，政體為肅」（《明史·張居正傳》）。

我個人經常「遙想居正當年」，他怎麼這麼聰明地想到這個辦法呢？既簡單，又實用；既避開變法觀念上的爭論，也真能根治官僚主義作風弊病。看來，很多事不是沒有辦法，關鍵是你想不想得到，而想到了你又敢不敢真的執行。

這主意說起來確實起源於朱元璋，可張居正稍加變化，就成為真正的治國良方。所以，雖然時光流逝已經四百多年，但做為一個四百多年後的後人，我想對張居正說一聲：「你真是太有才幹了！」

成效

張居正的考成法出人意料地實施了，也出人意料地取得巨大的成效。這主要體現在三個層面：

第一、吏治的成效。

考成法本來就是直指官僚體制改革，所以吏治的問題首當其衝。

首先，改變了官場上只能上不能下的仕途潛規則。能上能下才叫「通則不痛」。

舉個例子，據《國榷》記載，在考成法深入執行的萬曆九年（一五八一），光中央裁減官員就達到四百一十九人，地方則裁減九百零二人，在當時真是大手筆。而張居正當政的十年裡，依據工作業績、依據考成法被降職和被提升的官員更是無數。這等於是為官僚隊伍大換血，而且時時保證新鮮血液補充進來。這樣的官僚隊伍，它能不表現出鮮活的生命力來嗎？

其次，改變了官場上官僚主義的作風。

這更加容易理解，以前人浮於事，動手做事的不如動嘴皮子說話的，動嘴皮子說話的不如動腳丫子求官的，大家都不做事，能不淪於官僚主義嗎？現在好了，別扯什麼嘴皮子，也別扯什麼關係，實事求是看你做了多少具體工作。連張居正的同鄉不做事也被他撤了職，誰還敢不做事？所以《明史・張居正傳》說，自從考成法實施後，朝廷政令上令下達，極為通暢，就算是邊疆地區，「雖萬里外，朝令而夕奉行」。就是早晨北京才下命令，到晚上就算遠在萬里之外的邊疆地區，都能照令執行。你說這工作效率，都趕得上辦公自動化的時代了。

第二、經濟上的意外成效。

張居正執政之初，不論是他穩固上層權力關係也好，還是他整治官僚隊伍也好，其實他最煩心的還是錢的問題。

雖然錢不是萬能的，但沒錢是萬萬不能。對於個人來說，雖然這不能算是絕對真理；但對於一個國家來說，基本上可以算是絕對真理了。

那錢從哪裡來呢？我們前面反覆說過，張居正接高拱留下來的是個爛攤子，尤其在錢這一方面，國庫空虛至極，戶部連國家公務員的薪資都發不出來，每年財政赤字就有兩百萬到三百萬兩。張居正再有本事也「巧婦難為無米之炊」。

為了改變這種狀況，張居正也沒別的辦法，只有埋頭苦幹，緊盯兩件事：一是開源，一是節流。沒想到的是，考成法實施，在開源和節流上都起了意想不到的巨大效果。

我們先說節流。

張居正面對一上臺的經濟困難，可以說竭盡思慮。他不僅自己很節儉，還號召從李太后到小皇帝再到群臣都要節儉。後來國家財政大大改善之後，萬曆三年時，有一次，小萬曆向戶部要十萬兩銀子，說是為了「備光祿寺御膳之用」，也就是為了改善皇家伙食。可張居正還是上疏據理力爭，說國家還不富裕，皇宮的伙食已經不錯了，哪還需要什麼改善？況且現在春耕即將來臨，北部邊防也不安定，農業上、軍事上都要花大錢。皇帝你能省點就省點吧！

結果不僅這十萬兩沒給，還順帶把近在眼前的元宵節的花燈費也給取消了。

為了盡量節省，他甚至把為小萬曆上課的時間從晚上改到了早上，為什麼呢？可以節約燈火之用。

可這樣省，畢竟只是省小錢，不是省大錢。考成法實施後，突然省下一筆大錢。

什麼大錢呢？驛傳費！

用現代的話翻譯就是公款吃喝兼公款旅遊兼公款購車的經費。

古代設有驛站，我們都知道，它主要是各地招待官員的招待所，不僅提供免費吃住，還得提供免費旅行的幫助，這樣就得向地方上徵車、徵馬、徵徭夫。有的人會說，就算出差人員的衣食住行全免費，那才省多少錢啊？

事實上，本來這一部分免費是為政府出差的官員提供的，而且僅有幾品以上的品級才有資格享受。所以，原來要到驛站享受免費招待的，都得有相關部門頒發的「堪合」，也就是優待證才行。

但由於官場的腐敗，後來有規矩也沒什麼人執行，免費的「堪合」誰都弄得到。這樣，但凡是個芝麻綠豆大小的官兒，都可以帶著一大幫人免費吃住驛站，並享受長途接送。官員如此，非官員者憑著和官員的關係，也可以如此。到了隆慶年間，這種無償享用官方驛站的現象在官場上已經極為普遍，大家甚至把它當成一種官僚福利，似乎只要能進入官僚體系，不僅自己，甚至自己的家人、朋友，全都可以享受這種「福利」。

我們說一個人的無償消費是微不足道的，但千千萬萬的人一起長久地無償消費那就不得了了。不是有報導說某些政府旁邊的大飯店都被吃垮了嗎？那就是公款吃喝所致。

同理，官場上那麼多官員，還有那些和官員有關係的人，有事沒事都在政府招待所裡以公款吃喝住行，一個國家再有錢也給這幫敗家子吃窮了！更別提這時的明朝政府本就已經是個窮當家的。

考成法有一個很厲害的地方，即所有被考核的政府施行一定要落實到具體的實處。不僅依此要獎勵你做了哪些事，也要依此懲罰你沒做哪些事或做錯了哪些事。這下，利用公款吃喝的每一筆費用全逃不過去了。

張居正規定，要根據考成法整頓驛傳制度，誰無理公款吃喝就免職，誰為無理公款吃喝提供方便誰受處罰，這包括驛站不清不楚地接待和各地地方官沒來由地亂發公款吃喝的憑證。這一下動了真格的了，開始還有人頂風作案，最有名的就是孔子的後人衍聖公。

因為對孔子的尊重，所以孔子的後人被封為衍聖公。這時候的衍聖公是孔子的第六十四代孫孔尚賢。按規定，做為當時的道德領袖，孔子的後人每年都可到京城覲見一次皇上。這位孔尚賢對於每次進京的長途跋涉，都表現得興高采烈。為什麼呢？因為他可以順帶經商營利。

他把山東的特產、貨物每次都裝個幾十大車順便帶到北京賣，因為按規定沿途有驛站免費提供他衣食住行，這樣他的貨運成本完全省了。他龐大的貨運隊伍堪比政府的漕運，而所有人員貨物的運輸成本全由驛站承擔，也就是全由政府承擔，這個好處可大了。所以孔尚賢才樂此不疲，指望著每年這一趟大發一筆。

考成法頒布之後，孔尚賢不當回事，心想我是孔聖人的後人，況且也不是政府官員，手上又有政府頒發的「勘合」，也就是特別通行證，又能拿我怎麼樣？

結果他照常帶著龐大的貨運隊伍上路，碰到驛站要進。可這一路上的驛站沒有一個接待他的，所有的驛站都收到由內閣傳達下來的特別指示：驛站只接待衍聖公一個人，除此之外，一個人、一輛車也不准放進驛站。

這下孔尚賢吃了大虧，以前他吃免費的，所以從來不考慮成本問題，他的車隊是人多車好，極盡奢侈，這下要自掏腰包，運輸成本驚人，走到一半，孔尚賢一算，這趟的盈利全沒了。等走到北京，算算虧損，孔尚賢都要掉眼淚了，別說賺，光運費就是盈利的一、兩倍。孔尚賢想找禮部抗議，可沒人聽他抗議。這邊抗議還沒答覆，那邊禮部通知他以後進京覲見改三年一次，別沒事老往北京跑。孔尚賢徹底傻眼，苦水只好往肚裡吞。

但老實說，孔尚賢沒什麼好抱怨的，別說是你孔尚賢了，連張居正自己的親屬都享受不到驛站的免費午餐。

張居正的兒子要參加科舉考試，因為要回戶籍所在地考，所以考前必須從北京趕回湖北老家。張居正替兒子僱了輛車，讓他悄無聲息地自己趕路，一路上絕不允許住驛站。

張居正的父親過生日前，張居正自己脫不開身，讓弟弟張居敬帶上壽禮回老家賀壽，雖然路途遙遠、行李不便，張居敬還是騎著毛驢拖東帶西地自己回去。禮部知道了要送勘合來，讓張居敬路上方便些。張居正堅決不同意，說整頓驛傳，必須從我做起！

連張居正自己都如此以身作則，連孔子的後人衍聖公在驛傳上都被考成法整得這麼慘，誰還敢惹事呢？所以驛傳這部分一時間就徹底整頓了公款消費之風，為國家財政省下龐大的費用。

這還只是節流，開源上考成法的意外收穫更大。

由於土地兼併非常嚴重，很多土地都隱蔽在大地主手裡，這部分的稅收拖欠一直很嚴重。張居正按考成法下指標給各地稅收官員，以收繳拖欠賦稅為衡量官員業績的考核標準。

結果，往年拖欠賦稅的十之七八都追繳上來，等於存了七、八年的財政稅收一下到了張居正的手裡，國家的經濟狀況迅速得到了根本的改善。

能開源，又能節流，考成法於官僚制度改革之後，竟為經濟體制改革打下了堅實的基礎，這不能不說是一個十分神奇的舉措。

第三、制度上的成效，或者說集權制度上的成效。

我們在此前，說到張居正、高拱、徐階這些人，經常用到「宰相」這個詞，說老實話，嚴格說起來，這個稱呼是錯誤的。因為明代沒有宰相。

朱元璋怕宰相的權力太大，對皇權造成威脅，所以自明朝之初就取消宰相一職。他一個人親理政務，每天批的奏摺要幾大筐，兩百多個，弄得他雖然是起義軍出身也實在做不來，所以就讓翰林院學士給他當祕書，這便組成了內閣的班子。所以，明代所謂的內閣原本是一幫文字祕書。

從行政權上來說，按照明代標準的行政制度來看，實際上最高的行政權力除了皇帝自己，那就是以吏部為首的六部，而監察權則在都察院手裡，兩者是相互平行的。內閣說起來什麼都不是，它只是皇帝的祕書處而已，尤其是它對行政系統的六部和監察系統的都察院嚴格說來都沒有領導權。

但由於內閣最接近皇帝，而內閣成員往往由身為六部長官的大學士擔任，所以內閣對六部逐漸有了實質意義的領導權，內閣便漸漸掌握了最高的行政權。但對監察權還是沒有控制力的，所以明代的言官很囂張，因為他們是直接向皇帝負責。

可考成法實施之後，六部向六科負責，六科又向內閣負責，這也就變成行政系統要向監察系統負責，而監察系統要向內閣負責，內閣名正言順地掌握了行政與監察兩大系統的最高領導權，這樣，內閣首輔才真的和前代的宰相一樣，真正擁有了一人之下、萬人之上的絕對權力。所以，這時候雖然還是沒有宰相的稱呼，而張居正的內閣首輔的性質已經和前代的宰相沒有什麼差別了。

中國封建政治的本質特點就是集權政治，個人認為，在中國古代封建文化環境下，沒有集權制度的保證，很多事根本做不成。張居正用一招簡單的考成法，理清權力系統，為變法運動打下了最牢固的政治基礎，這種制度上的成效，其意義毫無疑問是非常巨大的。

張居正曾經說過「天下之事，不難於立法，而難於法之必行」（《張太岳集・奏疏三・請稽查章奏隨事考成以修實政疏》），意思是，天下事並不難在沒有規矩，而是難在沒有按規矩做事的習慣。這背後更深的意義則在於，小到一個人，大到官僚體系，最重要的習慣在於要勇於去「做」、去實踐，所以他的考成法其實不是「法」，而是逼著人們去做事的方法。

張居正一招簡單的考成法，真可謂是化腐朽為神奇，為國家的治理帶來了意想不到的成效，可也為他自己帶來了一個意想不到的嚴峻後果。

那麼這個意想不到的後果到底是什麼？面對這個嚴峻的後果，張居正和他一手創立的「考成法」又將何去何從呢？

第十六章

背後來的冷箭

張居正大力施行考成法，天下為之一清，官場為之一振，整個帝國開始從久病沉痾裡緩過勁來，漸漸走上良性循環。

就在張居正為考成法而自得的時候，突然一起意想不到的事件發生了。這件事說大不大，可後來的動靜卻鬧得很大，而且其結果和影響也非常深遠。

到底是什麼事呢？

我們知道，張居正實施考成法最直接的目的是為了整頓官僚隊伍。要嚴格施行考成法，就要嚴格施行對官員的獎懲制度。張居正曾經為此特製十二面大屏風，放置在文華殿小萬曆讀書的地方，名其曰「全國官員分布圖」。把全國分成十二個大行政區，各大行政區的官僚系統大名單都浮貼黏在屏風上，每十天換一次，這樣就可以看出全國官僚系統的人事變化。

這東西放在文華殿，表面上是為了讓小皇帝對全國官僚系統的人事變化一目瞭然，但其實顯現的卻是張居正改革官僚系統的決心。

要知道，屏風上的名單可是十天一換，如果根本沒有什麼變動的話，也就不需要換了。有人會問有必要十天一換嗎？那些地方官可怎麼工作？這週期也太短了些吧！

其實這就理解錯了。這種頻繁的變動主要有兩個特點：

一是十天一換，只是換那些變動了的，沒變動的還是大多數，所以換的也不是太多；二則這個屏風主要是用於考成法的初期，這時候因不稱職而被降職、罷免的官員比較多，到後來官僚體制改革完成，官員隊伍穩定，變換也就沒那麼頻繁了。

但不管怎麼說，在張居正任內被撤職的九品以上的官員達兩千多人，這比明朝除了萬曆新政這十年其他所有時期的總和還要多得多，所以他藉考成法整頓官僚隊伍的力度還是相當大的。

這麼多人被他撤了職、丟了飯碗，這些人心底當然十分怨恨張居正。所以，可以理解為什麼不論是生前還是身後，對張居正如潮般的誹謗從來沒有停止過。

在考成法實施之初，就有一些官員彈劾張居正，說他的考成法「執事太嚴」、「時政苛猛」。御史傅應禎在上表裡甚至說張居正是一個「天變不足懼，人言不足畏，祖宗之法不足守」的王安石，並強調說「此三不足者，王安石之誤宋，不可不深戒」（《明史・傅應禎傳》）。

意思是大宋的元氣就毀在王安的那場改革裡，現在張居正雖然打著「祖宗成法」的旗號，但他本質上跟王安石一樣，他的萬曆新政就是一場變法運動，皇上你支持他的話，我們大明就會跟大宋一樣，斷送在他張居正變法裡了。

傅應禎雖然是在攻擊張居正，但他對張居正的評價還是很準確的，他看出張居正的萬曆新政考成法就是一場變法改革運動。可惜，像傅應禎這些人雖然也很聰明，但都是些頑固的保守派，他們只知道因循守舊，對於改革深感恐懼。現在像考成法這樣的緊箍咒要念到自己脖子上了，當然心急。他們甚至還藉口雷擊、天旱和地震等自然災害造謠，說這是老天爺對考成法不滿意才降下天災。

對於這些攻擊，張居正根本不屑一顧。

他說這些人所謂的引經據典，把他比作王安石，那都是「奸臣賣國之餘習，老儒臭腐之迂談」（《張太岳集・卷三十九・雜著》），這話等於直接罵這些人是在放屁，所謂「朝菌不知晦朔，蟪蛄不知春秋」，意思是就你們那點智慧與眼光，我張居正根本懶得搭理你們。這些傢伙現在狗急跳牆，紛紛來指責我張居正，不過就是因為考成法影響他們的利益罷了。

認識到這一點，張居正對於嚴格執行考成法更下定了決心。他認定不施以嚴刑峻法，就不能根治腐敗的官場習氣；而官僚隊伍要是頑疾不除，一切改革的舉措還是無從談起。

所以他曾經反覆表態說：「使吾為劊子手，吾亦不離法場而證菩提。」（《張太岳集・書牘十一・雜著》）

意思是，他是信佛的，要不他也不會幫太后崇佛，但如果他現在的崗位是刑場上的劊子手，擔負著對大奸大惡之輩下刀的責任的話，他也不會因為他信佛就拋棄他的崗位職責！所謂在其位，謀其政，做為一個劊子手，他就要在法場上「把根留住」！

從這句話中，我們明顯可以感覺得到張居正——有決心！有勇氣！更有殺氣！

所以面對攻擊與非難，張居正兵來將擋、水來土掩、見招拆招地繼續推行考成法。

犯忌

為了保證考成法順利推行，張居正不避親疏，對自己、對身邊的人，尤其是對他一手提拔的親信、學生、部舊要求都特別嚴格。

一嚴格，就出事了。

張居正有個學生劉臺，隆慶五年進士，當時的主考官就是張居正，說起來他應該算張居正的學生，也是張居正的嫡系。

但張居正的學生很多，一開始時張居正和劉臺沒什麼特殊的關係。但巧的是，這個劉臺一開始當的官剛好是湖北江陵的縣令。江陵可是張居正的老家，這一來劉臺可就動起腦筋，琢磨著怎麼才能和張首輔建立特殊的關係。

於是他走張居正父親張文明的路子，對老爺子大拍馬屁，在建宅拿地這些有關張家利益的事上都大開方便之門。江陵曾經因為長江改道，產生很多荒灘地，這些土地可都肥沃得很。因為是荒灘地，本應算是國家的，但劉臺為了拍張家的馬屁，把這些當作正常的無人認領田地進行「失物招領」。有人會奇怪，把大片肥沃的江灘地進行「失物招領」，那豈不是太沒腦子了？那誰都願意來認領，不就搶破頭了？

實際上，這只是一個冠冕堂皇的表面文章而已。劉臺先舉行江灘地失物招領，再有意唆使張居正父親張文明來認領，在江陵地區，除了張家，誰敢來認領這大片土地？

所以，劉臺這拍馬屁的招數可謂是爐火純青。

因為巴結上張文明，劉臺在張家眼裡可就不是一般的官了。張文明寫信給兒子，把劉臺怎麼怎麼能幹、在當地的名聲怎麼怎麼好都反覆提起。這個劉臺，除了拍張家的馬屁，其他方面確實也還不錯，挺能幹的，所以張居正經過考成法的考察，後來也提拔了劉臺。到萬曆三年時，劉臺已經做到了遼東巡按御史。

這個官屬於都察院系統，也就是監察系統，相當於中央派到遼東地區的特派員，可以監管整個遼東地區的大小行政官員，權力很大。

劉臺初上任不久，正好遼東地區爆發一場大戰，名將李成梁率部與蒙古的後裔泰寧部落一場混戰，最後大獲全勝。做為遼東巡按，再加上自己是張首輔的得意門生，劉臺挺身而出，迫不及待地在第一時間寫了封遼東大捷的表章上奏朝廷。

可就是這份表章惹出事來。

本來打了勝仗，劉臺上表報捷那是好事，可劉臺這樣做卻犯了忌。

犯了什麼忌呢？犯了考成法的忌！

考成法有一個典型的特徵，張居正稱為「綜核名實」，也就是該你做的事，你一件都不能少；不是你職責範圍內的事，你千萬別越俎代庖，那叫越權行事，是要受考成法懲處的。

那麼，這個劉臺做為遼東巡按，他有沒有資格上報遼東大捷呢？

答案是沒有。

明代的巡按、巡撫、總督都是都察院系統的官職，也就是說都是監察系統的官。地方上真正的行政長官是布政使，軍事長官則是都指揮使和總兵。巡按、巡撫和總督不過是中央的特派員，派到地方上監督各地的軍、政官員而已。

但就監督而言，巡按和巡撫的職責並不相同。自明英宗以來，明朝法制上明確規定，巡按不得過問軍事，而巡撫卻可以過問軍事，比如遼東巡撫的官銜全稱就是「巡撫遼東地方贊理軍務」。

所以劉臺若是遼東巡撫，他上有關軍事大捷的表章一點事也沒有；但做為遼東巡按，他上這個有關軍事大捷的表章，嚴格來說，就越權了。

劉臺不是不知道這點。心想，這是好事，我又是張首輔的門生，人家說「家鵲報喜」，張首輔培養了我、提拔了我，把我當自己人看，這種喜事怎麼也得自己人先報上來吧！

所以這點越權他沒放在眼裡，急急地趕在所有人之前上了遼東大捷的表章。

但張居正一看到這份表章，心裡的火騰地上來了。

張居正心想：雖然遼東大捷讓人高興，但劉臺你怎麼這麼不懂事呢？這份表章是你該寫的嗎？你急急地上表報這份喜、邀這份功幹什麼呢？你不知道自己的職責所在嗎？而且，我現在正在推行考成法，要「綜核名實」，要全國上下官員明確崗位職責，你這不是明知故犯嗎？

說老實話，要是別人，不是劉臺，依張居正一貫在人事上比較謹慎的風格，他頂多寫封信善意地提醒、批評一下，讓他下次注意。可這是自己的學生，而且還是自己最近剛剛提拔上來的，雖然不能說是親信，但也是自己要培養的人才。張居正向來對於自己人要求得特別嚴格，況且考成法的實施就是要改革官場的弊病，你要以身作則。所以，考慮到這一點，考慮到劉臺和自己的關係特別近，張居正才決定嚴格處理劉臺，請聖旨降諭嚴加斥責。

要知道，在官場上被皇帝降旨斥責，那比降職還讓人難堪，能受這「待遇」的人能有幾個。

所以劉臺心裡忿忿難平，怎麼也想不開。心想：我不就是稍稍越了點權，又沒越權謀什麼私利，又沒越權導致國家利益受損，不就是越權打了個報告，你張老師、張首輔有必要這樣對自己的學生嗎？

說實話，劉臺這抱怨看上去也有道理。說起來，確實只是打了個報告，不算什麼大事。況且還是打勝仗的報告，要是打了敗仗，遷怒下來，尚可理解。打了勝仗，需要為這點小事生氣嗎？

另外，劉臺還是張居正的學生，在江陵任上呵護過張家，張居正需要為這麼點小事發這麼大的火嗎？

這就要說到張居正的遠見卓識與深謀遠慮了。

看起來，劉臺只是違反了考成法的規定，受了考成法的懲罰。但張居正關心的重點，是監察權對地方軍政決定權的影響。

張居正對於這些中央特派員的權力過大，甚至嚴重干預地方軍政長官的決定權向來心懷憂慮。他在這件事後給一位地方巡按御史的信中說：「近來撫、按諸君，不思各舉其職，每致混雜，下司觀望，不知所守，以故實惠不流。至於直指使者，往往舍其本職，而侵越巡撫之事，違道以干譽，徇情以養交，此大謬也。」（《張太岳集・書牘十三・答蘇松巡按曾公士楚言撫按職掌不同》）

這段話是說，這些中央特派員到了地方，本身在軍政領域並不專業，但喜歡指手畫腳，干政預政，以至於下面的人不知道聽誰的好，人事關係也很混亂，這樣下去，總有一天會出亂子。

其實張居正這個擔心很有道理，國家行政，最要緊的一條就是職責分明。考成法的原意也是為了要達成這一點。古語尚說「將在外，君命有所不受」，有個特派員在身邊，他什麼事不管懂不懂還要下命令、下指示，在和平時期還好，碰到戰爭時期可怎麼辦？那不是亂了套。

這點有一個很好的印證。張居正死後，到了萬曆四十七年，兵部右侍郎楊鎬經略遼東，與努爾哈赤展開具有決定性意義的遼東大決戰。這一戰本來明軍不論在兵力上或資源上都占有相當優勢，而且楊鎬做為主戰派是以國防部副部長的身分兼任遼東軍區司令員，可見在戰爭意志上是沒問題的。可是最後薩爾滸一戰，明軍全線潰敗，從此明朝與後金之間強弱易勢，大明朝走上一味防守的被動局面，最終走上了亡國之路。

說起來，楊鎬遼東大敗有很多原因，但有一條，當時的中央特派員兵科給事中趙興邦督戰，一再催促，以致倉皇進兵，誤中埋伏，這不能不說是一條最直接的失敗原因。

從楊鎬遼東大敗的意義再回頭看張居正要制約這些中央特派員的權力，我們就可以知道張居正當時對劉臺的斥責真是「防微杜漸」，可算是一種卓識和遠見。

可惜，張居正死後，明朝再無張居正！世間再無張居正！沒了張居正的大明朝，又焉得不敗乎！

學生告老師

話說回頭，張居正的這片苦心，劉臺哪能理解，他只覺得這位張老師小題大做，有意跟他為難。他想不通，自己好歹還算是張老師這邊的人，自己好歹對張家沒有功勞也有苦勞，張居正怎麼能這麼對他呢？

他想：難道——張老師、張首輔要捨他這「小卒」？

可問題是，人家捨卒是為了保車、保帥，他張居正又沒什麼要保車、保帥的，現在捨他小卒又是為哪般呢？

人，就怕瞎琢磨。劉臺這個人聰明、能幹，但就是心眼小。自己憋了一肚子氣，愈琢磨，氣愈不順。

剛好，一波未平，一波又起。就在劉臺越權上奏事件之後不久，前面提過的傅應禎又上書攻擊張居正。這一次傅應禎攻擊的可不是張居正位高權重，也不是攻擊他的變法運動，而是攻擊張居正的賦稅政策。

上一講我們說過，張居正通過考成法整頓官僚體系，但也帶來一個意外的收穫，那就是財政上收繳了大量的欠稅，尤其是大地主階級通過土地壟斷、隱瞞不報、逃稅漏稅的很多欠款被追繳上來。張居正很高興，下一步準備乘勢推行經濟體制改革，也就是要清丈田畝、試行著名的「一條鞭法」。正在這個節骨眼上，傅應禎攻擊他的賦稅政策、經濟政策，張居正惱火了。

那些對他本人的攻擊，以及對他改革思想的攻擊，他都可以置之不理，因為他認為這些理論上的爭論沒意義。但干涉到具體的經濟政策，尤其是這個經濟政策才略見成效，傅應禎上這麼一本，可真把張居正惹惱了。他上奏小萬曆，把傅應禎革職查辦，發配邊疆，並聲明要徹查以傅應禎為首的反改革小團體。

正好傅應禎和劉臺是多年的好朋友，兩個人的私交向來不錯。這下張居正要徹查傅應禎背後的小團體，劉臺第一時間聯想到剛剛發生的越權上奏事件，以及自己與傅應禎的關係。於是，劉臺確定他那位敬愛的張老師看來是要對自己下狠手了。

有了這個念頭，劉臺一不做，二不休，搬不倒葫蘆灑不了油。於是他一狠心，鋌而走險，走了一步誰也沒想到的奇招。

什麼奇招呢？

他要挺身而出，告當朝宰相、他自己的老師張居正。

說老實話，張居正打擊傅應禎，是因為傅應禎動了他改革的根本利益。他所謂要徹查以傅應禎為首的小團體，也只是敲山震虎，說說而已，是為了給官場上敲一記警鐘，讓大家別像傅應禎這些人一樣跟著起鬨。張居正怎麼也沒想到這會和劉臺越權上奏事件有什麼聯繫，更不會想到劉臺竟這麼小心眼把這些事都串聯起來。這真叫「閉門家中坐，禍從天上來」！

劉臺這一告，可真讓張居正大出意料之外。

有人會說，那麼多人攻擊過張居正，張居正都不當回事，怎麼劉臺一告、一彈劾，張居正就這麼當回事呢？

有兩個原因：

第一、劉臺可算是自己的親信，尤其是他在江陵任上的時候，和張家的關係不同一般，他對張家的很多事都很清楚。張居正自己很清廉，可他管得了自己，管不了他千里之外的父親。所以劉臺說不定還掌握著什麼張家的把柄。

第二、更為關鍵，劉臺是自己的學生，大明朝自立國以來，雖然文人政治習氣濃厚，文人間黨爭不斷，但還沒有過自己學生告老師的事。在中國這樣一個「師道尊嚴」、「一日為師、終日為父」的社會裡，學生告老師不論對誰來說，絕對都是件顏面掃地的事。大明朝第一起學生告老師的事就發生在自己身上，這讓張居正還怎麼有臉面待在官場上呢？

張居正在內閣裡看到遼東巡按劉臺洋洋灑灑彈劾自己的數千言表章時，當時就心灰意冷，什麼改革之心、報國之志，一下都在對政治的反感裡退居其次了。

張居正長嘆一口氣，枯坐了半晌，突然提起筆來——不是要替小皇帝寫對劉臺彈劾表章的處理意見——而是要寫辭職報告！

要說劉臺確實較有才幹，他這篇攻擊張居正的奏章，不像別人所寫那般虛而不實，他所告張居正的地方基本上都可算是點中要害。正因為他是張居正的學生和親信，所以他的攻擊特別有分量。

總結起來，劉臺主要指出張居正六大罪狀。

第一、張居正名義說遵守祖宗法度，可他只不過是「掛羊頭、賣狗肉」。事實上，他執政後所做的，全是違背祖宗法度的事。這叫欺世盜名。

第二、太祖皇帝強調監察系統的作用，所以我大明朝在六部之外專設六科，而且六科直接向皇帝負責，用意就是保持監察系統獨立。

現在張居正施行考成法，讓六部向六科負責，六科又向內閣負責，這樣監察系統不就變成了內閣的下屬了嗎？監察權還怎麼保證獨立性呢？

第三、張居正用人結黨營私。

幹部任用都有一定慣例，比如說所有的內閣成員都要有當過翰林院庶起士的經歷，這是多少年來不變的規矩。可張居正提拔張四維越級進入內閣，而張四維根本沒當過庶起士。張四維是什麼人呢？他不過是張居正好朋友王崇古的外甥罷了。

這裡，我們要插一句，這個張四維之前提到過，他是高拱的親信，高拱就是因為要提拔張四維進內閣，才要把殷士儋擠走，結果引發了宰相鬥毆事件。張居正能不避嫌地再用張四維，正說明他不結黨營私。可話在不同人的嘴裡，就有不同的說法。在劉臺那兒，他看到的只是張四維是張居正好朋友的外甥。

第四、張居正擅權自用，他主持內閣，控制了行政與監察兩大系統，自己居然以宰相自居。

太祖皇帝明確表示過不設宰相，設內閣不過是個祕書班子，張居正不明白自己的崗位性質，以宰相自居，那就是大逆不道。

不僅如此，他巴結後宮，進獻〈白燕詩〉，為天下士人恥笑；他還挾私怨打擊、報復遼王朱憲㸅，更有甚者，後來還霸占遼王的府第做為張家的私宅；連遼王他都挾私怨任意報復，更不要說有多少被他打擊陷害的正直官員了。

第五、張居正苛政猛於虎。

他為了催繳往年所欠賦稅，對官員下令往往極為嚴苛，不僅弄得官場上人人自危，也弄得老百姓苦不堪言。百姓為此家破人亡、背井離鄉的，不計其數，這都是被張居正苛政所害。

第六、最關鍵的一條，張居正生活奢侈、貪污腐化，眾人皆知。

張家在湖北，原來十分普通。可自張居正當了內閣首輔，現在張家富甲荊楚，前來送禮買官者從早到晚不斷。至於侵占他人土地、掠奪別人財富的事，更是不計其數，皇上派人一查便知。

證據

說實話，劉臺指出的這六條確實切中要害。但就前五條而言，雖然事實大致不差，但如何評價那要分怎麼看。事實上，這五條所說的也正是張居正的改革成績所在。

他打著「祖宗成法」的旗號行改革之實，這說明他聰明。

他用考成法肅清官僚體系、使內閣集權，那是改革必要的權力保障。

他不按慣例使用人才，並不避親疏，正說明他擢用人才不拘一格。

他是以宰相自居，那是因為他現在的地位確實相當於以前的宰相。

他給李太后寫〈白燕詩〉，那是人家兩個人之間的感情，關別人什麼事？

他追繳欠稅，那是國家經濟窘迫，沒辦法啊！雖然確實有點擾民，但主要是針對那些壟斷、隱瞞土地的大地主，也不至於像劉臺說的弄得民不聊生那麼誇張。事實上張居正一等國庫稍微充裕之後，就立即上書勸小皇帝免徵一些貧困地區賦稅，讓老百姓休養生息。

至於用考成法撤了很多官員，那是憑工作績效判斷，一切有據可查，總不能說是打擊、報復。

當然，張居正對他小時候的玩伴、他的殺祖父仇人、荒淫無道的遼王朱憲㸅的處理，確實說得上是打擊報復，這一點我們在第三章裡專門分析過，其中還有一些很複雜的原因。

所以這幾條在當時看來雖然罪名不小，但我們從歷史的角度來看，都不成什麼問題。最關鍵的是最後一條，也就是歷來爭論最多的地方——張居正到底貪不貪？

如果他很貪，像嚴嵩與和珅那樣，就算是他做出極大貢獻，那也說明他有很大的污點。但是我們曾經簡單分析過，張居正在做了六年副宰相、十年宰相之後，在他死後，那個特別貪財的萬曆皇帝總覺得張居正應該很有錢，於是下令抄他的家。但連張家的親族都算上，總共才抄出了十幾萬兩銀子。

這十幾萬兩銀子，在經過萬曆新政之後的晚明是個什麼概念呢？

我們知道萬曆年間的名妓杜十娘，她的私人財產怎麼算也不止幾十萬兩。

就算是在經濟蕭條時期，和張居正同樣做了十幾年內閣首輔的嚴嵩，後來被抄家，光白銀黃金折合起來就將近三百萬兩，更不用提其他的珠寶字畫。

而後來清朝的和珅才叫真貪，嘉慶抄他的家，總共抄出和珅的家產折合白銀相當於八億到十億兩，抵得上朝廷十幾年收入的總和。所以當時有民謠就說：「和珅跌倒，嘉慶吃飽。」

另外，據因寫了長篇歷史小說《張居正》而獲茅盾文學獎的熊召政老師回憶說，「文化大革命」的時候，紅衛兵意外地挖到張居正的墓，以為這位大宰相的墓裡肯定有很多陪葬品。結果打開一看，根本沒有任何陪葬品。他們不死心，又撬開棺材找，發現裡面除了張居正的屍骨，就只有一條玉帶和一方硯臺。

明朝規定一品大員可以腰佩玉帶，所以當初張居正少年成名時，當時特別欣賞張居正的湖廣巡撫顧璘就曾經解下腰間的犀帶送給張居正說：「你將來是要佩玉帶的，我這條犀帶只是送給你做個紀念！」所以玉帶是官員身分的象徵。至於硯臺，那是文人的象徵。

你看，張居正去世，只隨身帶著玉帶和硯臺。可以想像一下，這樣的人會是一個貪財的人嗎？所以，據說當時紅衛兵一看根本無利可圖，也就一哄而散了。其實，估計張居正這玉帶和硯臺是張居正生活中常佩帶、使用的，他因此才會把這兩件東西帶進棺材裡。

硯臺不太值錢，不用說。玉帶雖然值錢，但張居正可能也就這一條，這一條應該是朝廷賜予的。因為後來反覆攻擊他的傅應禎，在做縣令時就曾行賄送過他一條玉帶，張居正當時拒絕了，還回信給他說：「顧此寶物，何處得來，恐非縣令所宜有也。」（《張太岳集・書牘七・答傅諫議》）意思是說，你不過是個縣令，哪來朝廷一品大員才能佩帶的玉帶呢？所以你要自重啊！

估計這話惹毛了傅應禎，才導致他後來那麼仇視張居正。

像拒絕傳應禎的玉帶行賄，這都算小兒科。張居正的《張太岳集》裡就有很多拒絕別人行賄的紀錄。所以，從以上這些方面來看，我想完全可以看出來：張居正貪污納賄的罪名恐怕不能成立。

但我們說無風不起浪，劉臺這樣說，後人也就此議論紛紛，也不能說這種說法完全是空穴來風。其中有一個重要的原因，就是張居正雖然不貪，但他管得了自己，卻管不了他父親。

他父親張文明，名字取得很「文明」，可做事就不太「文明」。尤其在江陵當地，因為自己的兒子是當朝宰相，所以張文明漸漸地就作威作福起來。對於別人的拍馬奉迎、巴結行賄，一概受之無愧。

在「百善孝為先」的封建禮法社會裡，張居正可以管得了他的子女，可他管不了他爹！就是他這個名為「文明」的爹，給他帶來萬曆新政中兩個最大的麻煩。

第一個麻煩就是劉臺對張居正的貪污投訴。因為劉臺當過江陵縣令，他就是因為和張文明套上關係，才進了張居正的視野，才獲得重用。所以他對張家在江陵當地的經濟狀況瞭若指掌，張家的貪污投訴基本上是有的放矢。這下使得張居正處於被動的地位。

至於張文明帶給張居正萬曆新政的第二個大麻煩，比第一個還要大得多，我們再過兩講就會講到。

因為張文明在老家的經濟問題，張居正自己也很難撇清。再加上這是大明朝兩百多年來，第一起學生告老師的事件，張居正萬般無奈，只好提筆寫辭職報告！

這一下，劉臺可算是捅了馬蜂窩了。

張居正要辭職，有三個人第一時間就慌了。

誰呢？李太后、小萬曆和司禮監大太監馮保。正是權力鐵三角的最高層。

李太后見到張居正，當著小萬曆的面，潸然淚下。說張先生你受先帝之恩，當時託孤的顧命大臣就只剩你了。現在國家才稍稍步上正軌，而小萬曆還小，張先生你怎能拋下我們孤兒寡母不管，要離我們而去呢？

轉頭又怪小萬曆，說讓先生這麼辛苦，又不替先生作主，讓張先生受這不白之冤，這怎麼能留得住先生呢？

旁邊還有馮保煽風點火。小萬曆這時已經十四歲了，雖然也想親自主政，但一見母親流下眼淚，他也慌了。信誓旦旦地要嚴懲劉臺，為張老師作主。這下，皇帝、太后，還有太監裡的「一把手」，這三個當朝最有權力的人算是在求張居正不要辭職。

可張居正還是堅持辭職。他前後共上了三篇辭職的上表。他甚至在朝廷朝會之時「因辭政，伏地泣不肯起。帝為御座手掖之，慰留再三，居正強諾，猶不出視事」（《明史・劉臺傳》）。

這話是說，就算是在正式的上朝時間，張居正還是堅持要辭職，甚至跪在地上大哭不起，後來還是小萬曆親自走下龍椅，把這位當大臣的張老師扶起來，這才停止。雖然小皇帝一再下旨安慰張居正，張居正最後只是勉強答應不走，但卻不肯出來上班。

有的學者據此甚至說張居正多少有點流氣、有點無賴，說這和他出身最底層有關。光看張居正這麼堅持，還為此趴在地上大哭，讓皇帝親自來攙他才肯起，好像有點過了。但細想張居正這麼做還是有他的道理。因為劉臺投訴他這件事影響太大，再加上劉臺所說也大多是問題的關鍵，所以張居正要擺足姿態給朝廷上下看。

另外，張居正回想這幾年的執政，恐怕也覺察到自己位高權重。所以他藉劉臺案這個大動作，想看看李太后和小萬曆對於自己是否還像幾年前那麼信任、那麼倚重。這說明，此時的張居正雖然位高權重，但他在政治上還是有謹慎之心的。

結果當然讓他十分滿意，李太后、小萬曆對他還是一如既往地倚重與依賴。在對劉臺的處理上，李太后、小萬曆都主張嚴懲不貸。小萬曆甚至讓太監到內閣傳旨說：「劉臺這廝，讒言亂政，著打一百充軍，擬票來行。」（原話為「帝為下臺詔獄，命杖百，遠戍。」《明史・張居正傳》）這話是對劉臺的處理意見，但到內閣這樣傳口諭，恐怕是要說給張居正聽、說給朝廷上下聽。

張居正在藉劉臺案試出自己的政治地位穩如磐石之後，終於不再堅持辭職，也主動上疏請求對劉臺寬大處理。最後劉臺只是被削職為民，而一百棍的廷杖沒挨，充軍也免了。

當時，人人都說張居正有氣度、肚量大。可就像對付遼王朱憲㸅一樣，張居正從來不主張以德報怨，他要——以怨報怨，他只是一個能忍、能等的人罷了。到了萬曆八年，戶部尚書張學顏揭發劉臺在遼東巡按任上貪污受賄的事實，結果內閣下令嚴查此案，最後認定了劉臺的罪名，劉臺最終被流放到邊疆。

從客觀實際來看，張居正確實沒料到劉臺這一支背後放來的冷箭。但劉臺案之後，張居正卻認清一個簡單的事實，那就是他的改革、他的變法只有進，沒有退。他張居正既然蒙太后與小皇帝的重恩，也只有一鼓作氣、勇往直前了。

但怎麼往前呢？

政治改革之後往往就是經濟改革。政治上、權術上他張居正很拿手，經濟上他就有點力不從心，如何開展經濟改革就成了張居正此時最大的問題。

第十七章
施行一條鞭法

一個案子

就在四百三十七年前，一個豐收的秋天，在江南松江府華亭縣有個名為趙玉山的農民，面對著一派豐收景象，他卻樂不起來。

為什麼呢？因為他管不住牛脾氣的兒子趙大柱。

趙大柱是趙玉山的獨子，雖然是個南方人，但長得卻像山東大漢，外號叫水牛。趙大柱跟他的外號一樣，不僅壯得像頭牛，脾氣也強得像頭牛。現在大柱又犯強了，他爹叫他低頭認命，他偏不認這個邪。

那麼趙玉山到底要勸兒子低頭認什麼命呢？

原來，趙家世代為農，家裡有幾畝上好的水田，每年收成還不錯，趙玉山老伴去世了，兒子趙大柱娶了個媳婦洪阿蘭，生了個女兒叫趙小蘭，一家四口人就指望著這幾畝地過日子，倒也能湊合過得去。

今年雖然收成不錯，但日子眼見著就過不下去了。為什麼呢？壞就壞在今年剛好是趙家他們這一甲的役年。

明代規定要均徭役，就是為政府當差做苦力的事，大家要均攤，這本身還算合理。所以每縣把老百姓按戶分為十甲，每年由一甲承擔本縣的一切徭役，其中包括修河堤、築路、解運漕糧，為驛站當苦力、當馬夫，甚至官府的各項臨時差役等等，只要是官府需要人手的時候，都得由這一甲出人頂徭役。

那麼，每一甲的人頭怎麼算呢？

很簡單，農業社會當然以農業為本，也就是以各家所擁有的田畝數做為基本的衡量單位。但如果誰家有田，可沒男人怎麼辦？總不能讓女人去修河堤吧？

那沒辦法，輪到誰家，誰家就得出人，出不出來，可以花錢僱人。反正誰家有幾畝地，輪到誰家，誰家就躲不了。

但還就有人躲得了。誰呢？勢家大戶。

明代規定有很多人可以享受徭役與賦稅方面的優待政策，做官的、讀書人或朝廷功臣、世襲爵位的貴族，反正經官府認定即可。如此一來，當你的田多到一定程度，多到能和官府勾結起來的程度，你當然就能以各種優待政策為幌子，或者找一些優待政策的漏洞，從而徹底逃避徭役。

有錢有權的大地主可以逃避徭役，那麼沒錢沒勢的小老百姓怎麼辦呢？

小老百姓也有小老百姓的辦法，那就是賣身投靠地方上有權勢的大地主家。

其實，光是徭役還好說，問題是比徭役更重的還有賦稅。只要你家有田，每畝地要繳多少糧，都有定數。不管你收成好壞，只要朝廷沒有特旨，就必須繳滿數額，否則你就是謀反、就是叛民。

除了朝廷所收賦稅的定額，各地還有自己的剋扣。剋扣名目繁多，比如最有名的叫火耗，即繳交銀兩再熔煉時有耗損，耗損的費用你得提前繳。繳糧食居然也有耗損，這個耗損來得比較有意思，叫「淋尖踢斛」。斛是量米的容器，老百姓繳糧時，倒滿一斛糧並不能算數，稱量官上來要踢一腳，這灑出來的米就算是損耗。灑出來的就不算你繳到國庫的，而是要被各級官吏中飽私囊。所以面對各種各樣、花樣百出、名目繁多的稅種，任你守著幾畝風水寶地，賦稅總是不夠繳的。

在這種繁重的苛捐雜稅和徭役面前，很多小老百姓在走投無路的情況下大多做了很實際的選擇，即投靠勢家大戶，寧肯向大地主交租，也不向政府繳稅，而且因為有了勢家大族的庇護，繁重的徭役也可以免了。

當然，這種投靠不只是說說而已，關鍵是要把自家的地奉獻出來，而且是要主動奉獻出來，這在明代，叫做「投獻」。投獻過後，地成了地主家的，而原來的農民就成了佃戶。問題是投獻之後，這些地在官府的田畝紀錄上也成了呆帳和壞帳。原來的主人沒了，地也就成了死地；既然成了死地，如何繳稅呢？所以拿了地的地主可以隱瞞著不繳。這下巨大的油水就流到地主那兒了。當然，也不能全流到他那兒，他得打點上上下下的官員，當時明代的蠹蟲們就是這樣，大家一起貪，才貪得長久，才貪得保險。

要知道土地是農業社會的根本，土地上的油水才是封建農業社會中最大的利益所在。看中這一生財之道後，大地主們在等待農戶投獻的同時，也利用各種手段逼著農戶投獻、賣身，這樣土地愈來愈集中在一些大地主階級的手中，這就叫土地壟斷、土地兼併。到了明代中後期，這種情況已經非常嚴重了。據說到隆慶年間，那位還算正直的內閣首輔徐階，他的幾個兒子在老家松江府兼併的土地總數即達四十萬畝。

因為好多自耕農都成了大地主家的佃戶，原本出徭役的人數就相對減少了。人少了，活不見少，農民的負擔更重了，再加上地主欺詐逼迫，所以不斷有人投獻、賣身，從自耕農最終成為了大地主家的佃戶。這形成惡性循環，尤其是輪到哪一甲攤上役年，這一甲裡投獻、賣身的情況便尤其多。

現在輪到趙家這一甲出徭役，趙玉山都六十歲了，一把年紀還能出來折騰嗎？所以趙家唯一的強勞力趙大柱無論如何要頂徭役。這一年趙大柱已經頂過兩回正役了，一是送漕糧，一是修江堤，結果修江堤時給滾石撞到腰，當時還吐了血，養了好幾個月才好。現在眼見著又是農忙季節，結果縣衙又派活兒下來，說京城裡有御史來，臨時要幾個役夫，趙大柱力氣大，所以被徵做轎夫，就是給人家抬轎子，這叫做雜差。

趙大柱一聽火了，說憑什麼又是我們家？今年我不都頂過兩回正役了嗎？

班頭眼一瞪，說該你們這一甲出役夫，你嚕囌什麼？不出人，你們試試看！

說完掉頭要走，趙玉山趕快出來打圓場、說軟話。班頭一看，臉色才稍稍好看些，然後悄悄地對趙玉山說：「其實，這都是徐三少爺的意思，誰叫你老趙頭不識趣！」

送走班頭，趙玉山回頭勸兒子趙大柱，說這回咱們低頭認命算了，胳膊擰不過大腿，何必要較這個勁呢？

原來，這個徐三少爺就是我們提過的徐階的三兒子徐瑛，他是個紈袴子弟，仗著他老子的權勢在松江府作威作福，算是當地的一霸。他最喜歡做的事就是欺男霸女，侵占別人家的田產。他看中了趙家這幾畝上好的水田，想逼著趙家投獻，可趙大柱堅決不肯。

依著趙玉山，就投獻算了，雖然說自己家這幾畝田是好地，但畢竟頂不住那麼多的賦稅和徭役，況且村裡把地投獻給徐家的人很多，不過就是名分上難聽些，但日子不還照樣過嗎？咱種地的，管他名分幹什麼呢？所以他勸兒子投獻算了。

可趙大柱堅決不肯，因為他知道這個徐瑛看中的根本不是他家的地，而是他的閨女趙小蘭。趙小蘭十四、五歲了，有一次給奶奶上墳，路上被徐瑛碰到，徐瑛調戲了趙小蘭，還說要趙小蘭到徐家給他做小老婆，幸虧被小蘭的娘洪阿蘭碰到，才救出女兒。徐瑛當時放狠話說，不僅要趙小蘭的人，還要趙家的地，讓趙家全家都給他當奴隸！

洪阿蘭把這事告訴了趙大柱，趙大柱卻沒敢告訴趙玉山。現在老爹催著他到徐家投獻，他只好把事情原委都說了。趙玉山聽了之後，氣得渾身發抖，對兒子說：「你說的對，咱就是砸鍋賣鐵、流浪他鄉，也不能到徐家投獻。」

可眼前徐瑛安排下的刁難該怎麼辦呢？馬上就是秋收農忙的時候，趙大柱是家裡的頂梁柱，他一走，田裡可怎麼辦呢？沒辦法，趙玉山說不行就僱人頂雜差。這又有兩個難題，一是僱誰？二是哪來僱人的錢呢？這時候快到農忙，誰家都缺人手。後來趙玉山沒辦法，僱了本村一個潑皮無賴的光棍漢劉三兒，這傢伙一沒家二沒地，整天遊手好閒、騙吃騙喝，是個小流氓。但問題是他閒著，沒事幹，所以趙玉山請他吃了頓飯，說現在沒錢，等賣了糧之後再給他三錢銀子勞務費，讓他去頂轎夫的雜差。

劉三倒也爽快，讓趙玉山寫了張欠三錢銀子的字據就去頂差了。

趙家這邊忙了個把月，終於盼來好收成，糧是像葉聖陶先生寫的那樣——「多收了三五斗」，可繳糧時趙大柱傻眼了。

因為當年江南的張士誠拚死抵抗朱元璋，所以朱元璋建立明朝後對江南施以懲罰性賦稅，別的地方一畝地只繳三、四升米，可江南要繳到一石，甚至一石二、三斗。趙大柱家一畝地算好的，也只打出兩石多的米，這一下子繳掉一石三斗米，也就所剩不多了，基本上只夠全家餬口。可繳糧時，秤糧官上來對著大觥猛踹了一腳。不是有個「淋尖踢觥」，但你踢踢就算了，那也就出來一些米尖尖兒，可這一踹不得了，估計這傢伙練過佛山無影腳，這個秤趙家糧的觥一下倒了，嘩的一下米灑出一大半。

趙大柱不從，堅決要重秤，否則就要拚命。秤糧官叫來幾個當差，說趙大柱企圖抗稅，幾個人掄著水火棍，把趙大柱打了個半死。趙大柱回到家一病不起。稅糧被冤去了一半，趙家剩下的糧連餬口都不夠，哪還有多餘的糧拿去賣了換錢呢？

那邊劉三兒當完了轎夫，拿著字據每天來要錢，趙玉山只能苦苦哀求再拖欠些日子。可過了兩天，劉三兒突然不來要錢了。趙玉山剛剛喘了口氣，寶貝孫女趙小蘭又突然失蹤了。正在趙玉山心急如焚時，無賴劉三來了，他說他已經把趙家欠的那三錢銀子的債轉給徐家三少爺徐瑛，現在是你們趙家欠徐家的債。徐家三少爺正好在路上碰到你家孫女趙小蘭，向趙小蘭討債，趙小蘭為了替父抵債，自願到徐家當丫嬛。

趙玉山聽了這話真是天塌地陷，徐瑛光天化日，強搶民女，還編出這樣的鬼話。他氣得渾身發抖，還沒說出話來，只聽見裡屋病床上的兒子大叫一聲，趙玉山和兒媳婦趕忙跑進去一看，原來趙大柱在裡頭早聽到這些話，急火攻心，一時間吐血而亡。

趙玉山滿腔怒火，他到華亭縣縣衙告狀，哪知縣令王明友早被徐瑛買通，反誣趙玉山。

王明友拿了徐瑛的黑錢，當堂把趙玉山亂棍打死。趙家至此家破人亡，人被徐瑛搶去，地也被徐家以欠債為由霸占了。趙家只剩一個兒媳洪阿蘭，真是上天無路，下地無門！

就在這時，明代的「包青天」海瑞到松江府上任，洪阿蘭攔路告狀，海瑞不失青天本色，與徐家和當地的貪官一番周旋，尤其是在和徐階一番智鬥之後，為趙家沉冤昭雪，解救了趙小蘭，判處徐瑛與王明友死刑。

徐階為救兒子，運用內廷太監的關係，使朝廷罷了海瑞的官，可就在新官上任來救徐家三少爺時，海瑞屹立不倒，在罷官前還是硬氣地鍘掉了徐瑛和王明友，為趙家、為松江府的百姓出了口惡氣。

明代這一時期的土地兼併之嚴重，苛捐雜稅、徭役差役之沉重，已經到了階級矛盾總爆發的邊緣，所以這時南方和西南的農民起義已成朝廷的心腹大患。要不是不世出的奇才張居正出山，用奇招化解此一矛盾，大概李自成的農民起義就要提前六十年到來了。

那麼，張居正用了什麼樣的奇招化解這個尖銳的巨大矛盾呢？答案是：「清丈田畝」加「一條鞭法」！

考量

其實，說起來「一條鞭法」並非張居正發明的。事實上，早在嘉靖年間，有些地方官就試行過一條鞭法的賦稅改革。甚至像海瑞，他在應天巡撫任上，也試點過一條鞭法。

我們剛才講到的吳晗筆下所謂「海青天怒判徐家案」倒也真有其事，但不過不像吳晗寫的那樣，海瑞並沒有殺徐家老三，而是逼著徐階把徐家大量的良田都還了出來。

海瑞意識到大地主階級的土地兼併已到了非常嚴重的地步，他一方面上疏朝廷，主張讓大地主退地；另一方面為了解決老百姓賦稅與徭役的壓力，他也在應天府任上試行過一條鞭法。

一條鞭法的本質就是把名目繁多的賦稅、徭役合編成一個，因為是合編起來，所以原來叫「條編法」，編是編定的編，後來訛誤成了鞭子的鞭。

事實上，歷朝歷代，有關賦稅問題最後都會演變出一個突出的矛盾，那就是名目繁多的苛捐雜稅愈來愈層出不窮。

比如說朱元璋他自己是出身農民的，而且是赤貧的貧農，他對元末的苛捐雜稅深有感觸，所以明朝建立之初，他在談及稅制時就說過「法貴簡單，使人易曉」。這話是對戶部亦即稅務部門說的，意思就是要賦稅徵收簡單化、清晰化。

所以明代初期繼承了唐代的兩稅法，以田地為基本衡量單位，從賦稅與徭役兩方面確定老百姓的納稅義務。可後來執行起來走了樣，再隨著官僚腐敗日益嚴重，苛捐雜稅開始惡性膨脹，便「猛於虎」了。

張居正上臺後，大力推行萬曆新政，表面上他主要精力都在考成法上，但其實他最關心的還是經濟方面的問題。

他曾經反覆提及賦稅和徭役的問題，認為「惟是黎元窮困，賦重差繁，邦本之虞，日夕在念」（《張太岳集・書牘六・答藩伯吳小江》）。也就是賦稅沉重、徭役繁多，這是「邦本之虞」，也就是國家最根本的危險所在，所以他才「日夕在念」，心裡一刻也放不下。

那麼，怎麼解決這個經濟問題呢？

我們都知道張居正是個做起事來雷厲風行的人，可《明史》上總結他的性格特點時卻說他「沉毅淵重」，意思是他很穩當，甚至有點老謀深算。我覺得他在經濟改革上尤其體現出穩重的性格。

一方面，經濟問題張居正並不是非常拿手。他一進入官場就在翰林院，然後到國子監，都是教育系統，後來雖然曾任禮部右侍郎，也只是個過渡，一來時間很短，二來根本接觸不到經濟工作。再後來他就進了內閣。所以從工作經歷上說，他根本沒接觸過經濟工作。缺少必要的經濟工作實踐，使得張居正不敢貿然在經濟領域做出大動作。

另一方面，一條鞭法的改革也面臨重重阻力。我們說一條鞭法早就由某些地方官試行過，可朝廷對於這些地方官的努力一概都不認可。

比如說嘉靖到隆慶年間，試行一條鞭法比較有名的海瑞和浙江巡撫龐尚鵬都先後遭罷職。主管經濟工作的戶部尚書葛守禮尤其反對一條鞭法，他是經濟改革上反對派的領袖。進入萬曆朝後，葛守禮遷任都察院左都御史，是監察系統的最高長官，張居正還要靠他的威望駕馭言官系統，也不想在一條鞭法上與葛守禮產生正面的激烈衝突。所以他一上臺執政，對於一條鞭法，也不說好，也不說壞，他要看，看一條鞭法到底具有怎樣的利弊得失。

當然，觀察一條鞭法的同時，他也沒閒著。張居正認為要推行一條鞭法必須先清丈田畝，也就是要先把大地主階級手中隱藏的大量土地呆帳、壞帳弄清楚。不管要不要推行一條鞭法，這個工作都必須做。所以，他在推行考成法的同時，就要求各級官吏展開清丈田畝的工作。

當然，單單清丈田畝已經極其艱難，因為這觸動到大地主階級的根本利益。張居正一上臺，即大力推動清丈田畝的工作。尤其是到後來，他愈來愈認識到這是所有經濟工作的基礎，所以他對各地的官員都強調說：「清丈事，實百年曠舉，宜及僕在位，務為一了百當。」（《張太岳集・書牘十二・答山東巡撫何來山》）意思是張居正充分認識到清丈田畝的艱難，所以要用強權保障這項工作施行，他現在大權在握，務必要趁這個有利的政治時機將此項工作完成，而他死後，繼任者會面臨什麼樣的政治情況，那就難說了。

這也說明了張居正對自己死後政治局勢的擔憂，所以不論再難，也要完成這項經濟改革的基礎工作。

到了萬曆八年，清丈工作終於取得了全面的成就，全國範圍內從大地主階級手中清算出多餘的土地多達三百萬頃。

三百萬頃是個什麼概念呢？它大概相當於半個荷蘭，而它產出的糧食在當時幾乎可以養活整個歐洲。

推行

在清丈田畝的同時，張居正仔細研究了一條鞭法。到了萬曆三年，機會來了。經濟改革上反對派的領袖都察院左都御史葛守禮退休離職。這一下領導層內最大的阻力去除了。張居正在著手清丈田畝的同時，在某些地區再次試點一條鞭法。

我們前面說過，萬曆朝之前，在地方上試行一條鞭法最為有名的是海瑞和龐尚鵬。那麼，用誰來開展試點工作呢？張居正權衡再三，決定不用海瑞，用龐尚鵬。

為什麼呢？其實原因我們在張居正的用人之道說過，就是張居正要用循吏，不用所謂的清官；用穩重的人，不用太極端的人。相較於龐尚鵬，海瑞為人太極端，張居正不願把如此重大的經濟工作的試點交給海瑞來做，回頭看，是有道理的。

於是萬曆三年，張居正重用已被停職的龐尚鵬，選擇福建做為首批試點地區，再次試行一條鞭法。

至於為什麼選擇福建做為試點地區，也是有道理的。因為自倭寇橫行以來，福建、浙江一帶就是「重災區」。經過倭亂之後，這些地方的治理情況尤其不如人意，而地主的土地兼併更為嚴重。反過來，問題暴露得愈突出，也愈好下手做針對性的治理，所謂「以猛藥治惡疾」，道理即在於此。

龐尚鵬上任後，果然不負張居正的厚望，在福建地區把一條鞭法推行得非常成功。當年福建地區的財政狀況就得到了根本的扭轉，老百姓不再流離失所，也能夠安定下來休養生息。

雖然福建地區的試點很成功，但張居正還是不敢大意，他只是逐步擴大試點範圍。在福建試點成功後，張居正又安排官員在浙江與江西兩地推行一條鞭法。由於這兩個地方與福建毗鄰，這兩個地區也試點成功之後，就和福建形成了一個經濟特區。

在閩浙贛經濟特區的一條鞭法獲得明顯成功之後，張居正依然謹慎。因為葛守禮等人當初一意反對一條鞭法，認為不能將此做為全國性的賦稅政策，其中一個重要的原因就是認為它適合於南方的農業生產情況，但並不適用於北方。所以在閩浙贛的成功並不代表它就能成為一項國策。

張居正只得小心地由南向北逐片劃出試點的經濟特區。

繼閩浙贛之後，又把兩湖地區劃入試點範圍，因為這是張居正的老家，所以試點的阻力也小得多。

然後再向北，把山東地區劃入試點範圍。這是不折不扣的北方地區了，果然，一開始就遭到巨大的阻力，頭一年的經濟情況也很糟糕。

張居正沒有貿然下結論，而是在調查之後，發現癥結是在山東的官員身上，他們完全站在當地勢家大族的立場上，對一條鞭法進行自覺抵制，這樣執行起來自然不如人意。

張居正當機立斷，運用考成法的強權手段狠狠打擊當地反對派官員的囂張氣焰，然後與山東地方長官反覆溝通，強調經濟改革的重要性與意義所在。

他在給山東巡撫李世達信中甚至說：「條編之法，近旨已盡事理，……僕今不難破家沉族，以殉公家之務，而一時士大夫乃不為之分謗任怨，以圖共濟，亦將奈之何哉！計獨有力竭而死已矣。以公知已，敢布區區。」（《張居正集・卷二・書牘九・答總憲李漸庵言釋遞條編任怨》）

這是向李世達展現決心，意思是我張居正為了施行一條鞭法，有不惜「破家沉族」、「力竭而死」的決心和勇氣，你們地方官還有什麼好怕的呢？

這旨在說明，張居正已經確定一條鞭法是解決當前經濟問題的根本之道，所以他才把它看作是種生死抉擇。

張居正的決心起了很好的示範作用，李世達橫下心在山東再次施行一條鞭法，終於大獲成功。這證明一條鞭法不僅適用於南方，也一樣適用於北方。

在漫長的經濟特區的試點過程中，張居正也一天天老去，待這些經濟特區完全試點成功，已經到了萬曆八年，離張居正去世只有兩年時間。

張居正在沉穩地試行多年之後，終於在萬曆九年，即他臨去世前一年，決定將一條鞭法在全國推行。

至此，一條鞭法終於成了明王朝經濟政策的根本，明代最具有經濟學意義的賦稅改革徹底推行開來。

經濟學意義

我們為什麼稱它是明代最具有經濟學意義的賦稅改革呢？這要說到一條鞭法的好處。

依我個人理解，一條鞭法最大的好處主要在三方面：

第一、因為一條鞭法與清丈田畝緊密結合在一起，自然使得大地主階級侵吞的大量土地公之於眾，這部分土地從偷稅田畝變成納稅田畝，尤其是重點的納稅田畝，有效地扼止了土地兼併的情況。

第二、一條鞭法不僅把各種賦稅合編成一個，也把徭役合編進來，如此便可以賦稅代替徭役。你不願出徭役，可以出錢贖你那份該出的徭役。因之農民所有的負擔遂合成了一個。所以福建、江西等地，在一條鞭法試點過後，有史料記載說：「父老於是無親役之苦，無鬻產之虞，無愁嘆之聲，無賄賂侵漁之患。」（《江西通志・卷二十三》）意思是，老百姓，尤其是農民的負擔真的減輕了。

第三、個人認為這一個最關鍵，因為所有的賦稅和徭役合成一項，那麼繳稅就不適合以實物繳稅。不用實物繳用什麼繳呢？

用銀兩繳！

這可不得了，張居正可能沒意識到，做為硬通貨的白銀，其貨幣功能一下得到徹底的釋放，所謂資本主義的經濟萌芽，在此一契機下，獲得意外的良好生長環境。

要知道，此前中國的賦稅基本上都是實物賦稅。《明史》裡記載戶部每年賦稅收入「大略以米麥為主，而絲絹與鈔次之」。其實，歷朝歷代都是這樣，所以杜甫寫詩回憶開元盛世說：「憶昔開元全盛日，小邑猶藏萬家室。稻米流脂粟米白，公私倉廩俱豐實。」說明不論是公家的財產還是私人的財產，全都是以稻米、粟米做為衡量標準。

因為賦稅政策是國家經濟的根本政策，以實物為標的的賦稅政策鼓勵的自然是實物而非貨幣。雖然中國的貨幣古已有之，但貨幣在百姓生活和國家經濟生活中所起的作用並不像武俠小說裡所暢想的那樣：什麼江湖俠客一揮千金，身上的銀票一大疊……那是小說家言，並不符合真實的歷史情況。

真實的歷史情況是，隨著張居正一條鞭法的施行，白銀成為賦稅的標的物，才徹底成為政府財產和私人財產的象徵、成為全社會經濟生活的核心。這樣的貨幣功能反過來協調了全社會的經濟生活，尤其是促進商業活動的繁榮，最終並促使晚明資本主義萌芽狀態的全面呈現。

當然，我這一理解可能比較片面，甚至不無誇大之嫌，但實施一條鞭法所產生的貨幣化影響肯定是存在的。

不過，可惜的是，張居正去世得太早，在他死後，一條鞭法的施行遭遇巨大的阻礙，不久就人亡政息了。但不幸中的萬幸是，以銀兩繳稅的方法卻保持了下來，這對由明到清的經濟生活還是產生了非常重大的影響。

事實上，整個萬曆新政最令人遺憾之處，個人覺得就在一條鞭法上。

從萬曆新政的全局來看，張居正的整體思路，是以推行清丈田畝和一條鞭法的經濟改革為中心，另外，再以穩定北部邊防和實施考成法為兩個基本點。

應該說，在兩個基本點上，張居正以雷霆手段輔以縝密的布局，當時即取得明顯的成功。但在一條鞭法這個中心上，卻有剛進入全面推行階段就遭遇「人亡政息」的巨大遺憾。

常想，張居正花了近九年的時間準備，卻只有一年的時間推行。要是老天爺再給他二十年，哪怕就十年，讓考成法配合一條鞭法全面、深入地施行開來，大明王朝又會是什麼樣的呢？

可惜，歷史不能假如，真正的強者也不相信歷史的假如。張居正不也說了嗎？該做的事，要趁自己活著，「務為一了百當」（《張太岳集・書牘十二・答山東巡撫何來山》）。憑著這股實踐精神，他居然修築長城，而且一修還修了兩條。

第十八章 大明萬里長城

上一講我們說到張居正富國強兵，施行一條鞭法，使得國家財力大為增長。

從全局看，經濟改革之所以能如此成功，是因為張居正有非常穩定的改革發展環境。國防上穩如磐石，國內政治、經濟、社會環境自然安定。反過來，經濟改革的成功，國家財力的增長，又促進了國防力量的增強，便進入一種良性的循環。

這種良性循環的開始，應該說是得益於張居正修建了兩條大明王朝的「萬里長城」。

長城

一條萬里長城是實的。

唐代王昌齡有首組詩名為《從軍行》，其中有一句特別有名，叫「撩亂邊愁聽不盡，高高秋月照長城」。這是說從古到今，邊塞士卒哀怨的思鄉之曲從未停歇，而那淒婉的秋月也一直照著這條古來寂寞的長城。

一般翻譯這首詩，都只說秋月照著的是長城，那麼我為什麼說秋月照著的是一條古來寂寞的長城呢？

我是有根據的。因為這首詩是《從軍行》的第二首，緊接著第三首就說「關城榆葉早疏黃，日暮雲沙古戰場」。這個關城就是長城，說這地方是古戰場，而且說「日暮雲沙古戰場」，透著一派荒蕪的歷史陳跡的味道。所以我才說，在詩人筆下，這是一條古來寂寞的長城。

別看唐代的詩人動不動就描寫長城下的烽火歲月，事實上唐代的長城已經開始荒蕪。因為唐代與西域和北方的少數民族的關係向來不錯，整個唐代基本上沒有修葺過秦漢以來的長城。到了宋代，更不用說，兩宋積弱，弱到連長城都修不起來。到了南宋，偏安一隅，想修也無能為力。所以到了明代時，自朱元璋起，才大規模重修萬里長城。

這次重修可不是修修補補，而是完整意義上的「重修」——重新修一條。

而且這一修就修了將近三百年，主要工程是嘉靖到萬曆年間修築的。尤其是張居正萬曆新政的這一段時間，戚繼光、李成梁等邊將在張居正授意下，把從山海關到北京的這段長城修得氣勢宏偉，極盡壯觀。

現在去八達嶺，看那綿延不盡的長城奇觀，你看到的不是秦長城，而是明長城，是張居正執政期間修築的明長城！而王昌齡詩裡那些「高高秋月」照臨下的古長城，早已在明長城不遠處成為一堆荒蕪的殘垣土丘。

張居正修的另外一條「長城」可比實的萬里長城還要管用、還要實在。這條萬里長城才是真正保障國富兵強的關鍵，那就是他「東制西懷」的國防戰略，以及為實施這一戰略，培養出像戚繼光、李成梁這樣傑出的軍事將領。

說到「東制西懷」的國防戰略，即可看出張居正在軍事上超凡的戰略眼光。

大明王朝說起來不像兩宋那麼積弱不堪，但自明成祖朱棣之後，明王朝面對北方蒙古族的後裔漸漸採取防守的姿態。再加上內政日趨腐敗，後來明顯有點無力抵抗。蒙古各部不用統一，也不用齊心協力，只要一個分支、一個部落就能使大明朝疲於奔命。

明英宗時，先是西蒙古的瓦剌在土木堡大勝明軍，甚至俘虜了英宗。俘虜英宗後，瓦剌的首領也揮兵直入，一舉包圍北京城。要不是那位「粉身碎骨渾不怕，要留清白在人間」的于謙于少保堅決領導北京保衛戰，明王朝的壽命就得縮短一大半。

後來瓦剌逐漸衰落，韃靼族的俺答又猖狂起來，他占據河套地區，對西北邊防形成巨大的威脅。嘉靖二十九年，俺答長驅直入，又一次兵圍北京城，幸虧俺答是個老粗，在大肆劫掠一番後，風捲殘雲而去。

除了西北的俺答，東北方向還有韃靼的一支土蠻部落，也很強大，對明王朝的威脅一樣巨大。

張居正甫入內閣，即分管兵部，而穩定國防也是他國富兵強改革思想的基石所在，他對這項工作可說是傾注畢生的心血。在平定南方的倭寇之亂後，張居正慧眼識英雄，旋即安排戚繼光等抗倭名將北上。當時朝廷上下很多人都認為戚繼光這些人熟悉南方戰場，不一定適合北方戰場，再加上戚繼光為人十分倨傲，與兵部的關係也不好，所以反對聲浪很大。

張居正力勸隆慶帝，說戚繼光「才智並非拘於一局」（《明史・戚繼光傳》），意即這塊好金子放在南邊和北邊都會發光，並以自己的前途保薦戚繼光，所以戚繼光才得以率兵北上。

對於這一點，戚繼光一輩子都非常感激張居正對他的知遇之恩、伯樂之功。終其一生，他對張居正都十分忠心。後來甚至有政敵說戚繼光是張居正的家奴！這就是平庸之輩只能徒逞口舌之利，他們哪知道英雄慧眼相識、英雄惺惺相惜的那份情誼！

張居正把戚繼光安排在北京正前方的薊州一線，既阻俺答，又防土蠻。西北用譚綸、王崇古守宣大一線，東北用李成梁力克遼東諸蠻。三箭齊發，布局可謂高妙。

那麼，這個布局高妙在哪兒呢？高就高在張居正的識人之明。譚綸、王崇古是文官代領武職，原來都是知識分子，特別講究智鬥。在三娘子事件中，在張居正的領導下，圓滿地與俺答達成了封貢互市，給俺答一個順義王的封號，把俺答的心穩住了。後來，王崇古又在張居正的授意下與蒙古族有名的女強人、俺答之妻三娘子結好，以至於後來俺答雖然死了，但三娘子在世的幾十年裡，西北一線，兩方友好相處，並無太大的戰事。

中間的戚繼光是智勇雙全的人物，既能打，又能和，對於張居正國防策略的布局和精神領會的最到位。所以打的時候銳不可擋，撫的時候又撫得特別順，能放能收，能攻能守，張弛有度，是一位武將中難得的儒將，又是儒將中一位難得的帥才。戚繼光寫過幾本兵書專著，都是後來軍事學上的經典教材。

東北方向的李成梁，是個世襲的武將。他們家原是朝鮮族，特別驍勇善戰。李成梁自己也是個好勇鬥狠的人，特別擅長打惡仗、打狠仗。土蠻可謂是蒙古各部中最凶殘的，但碰到李成梁，硬是給打得毫無招架之力。後來被李成梁打得甚至想學俺答，納降請貢，讓朝廷允許封貢互市。

可張居正的態度呢？竟然是堅決不同意！

張居正的理由概括起來主要有三點：

一、大明積弱日久，不是漢武帝有實力北伐匈奴的時代，明朝並沒有力量遠征蒙古，並真正達到一統或消滅各部。在這種情況下，實際點看，如何保證北部邊防的安寧與穩定方為根本。

二、要保證北部邊防的整體穩定，就要拉打結合、收放有度。俺答雖然是大老粗，但一旦封貢互市，他不會輕易毀約；而土蠻生性殘忍凶狠，現在他打不過你就請求封貢，他哪天喘過氣來，就立刻背信棄義，那絕對是可以想得到、看得著的情況。

三、兩邊都輕易地給予封貢，兩邊會覺得這個封貢沒什麼太大的價值。說不定土蠻最後反叛，而俺答這邊的形勢也跟著混亂起來。明朝要對付兩線危機，歷史證明沒那個實力，但對付一線還是可以的。所以與其好像兩邊做老好人最後弄得兩邊都不討好，還不如堅定的拉攏一個，同時堅定地打擊一個。這也可起到分化敵人的作用，這樣分而制之，既可穩收漁翁之利，又不用疲於奔命，而且邊防上、軍事上還不會長期鬆懈。

這就是張居正所謂「東制西懷」的妙計，制住東北方向的土蠻，懷柔西北方向的俺答。懷要懷得久，制要制得狠，再加上張居正的知人善用，左邊戚繼光，右邊李成梁，我們套用蘇東坡打獵時的豪放之語說，那真是「左繼光，右成梁，千騎捲北方」啊！

就是因為這條「東制西懷」的妙計，萬曆新政獲得最根本的歷史契機——一個穩定的改革發展環境。後來張居正自己不無得意地說：「東制西懷，自有妙用。」又說：「一舉而樹德於西，耀威於東，計無便於此者矣。」（《張太岳集·答吳環洲》）意思是我這條計謀堪比當年諸葛孔明之妙計安天下啊！

但我們說，張居正這廂在北京「穩坐中軍帳」，戚繼光、李成梁那邊若是「將在外，君命有所不受」，出現不可控的情況，張居正又該怎麼辦呢？

戚繼光、李成梁雖然可謂是大明朝有史以來難得的軍事奇才，雖然都對張居正忠心耿耿，可兩人也都有鮮明的性格缺陷，當碰到具體的矛盾與事端時，張居正又該怎麼辦呢？

左繼光

我們先看對張居正最為忠心的戚繼光。

戚繼光治軍以軍紀嚴明著稱。張居正把他調到北部重鎮薊州一線之初，當時兵部的領導與戚繼光不和，看不起他，而薊州當地的守軍也看不起他，覺得他帶的南方士兵沒什麼用。

戚繼光帶領三千戚家軍親兵到薊州接防之後，列隊訓示，當地將領即口出不遜，說南方士兵身體羸弱，恐怕不適合北方艱苦的環境，軍令執行成效令人擔憂。

戚繼光聽了這話，當場臉色一沉。這時正好平地起了一聲悶雷，戚繼光一抬頭，只見西北方向烏雲滾滾，眼見一場暴雨即將來襲。戚繼光冷眼瞧了瞧那幾位，突然回頭手指身後的三千戚家軍，說：「什麼叫軍令如山，你們且看這三千將士！」

說完，他轉身走了。

大家看戚繼光走了，都不明所以。正在莫名其妙的時候，平空響了一聲霹雷，瓢潑大雨嘩地下來。原來薊州那些將士不等下令，一哄而散，都躲雨去了。唯獨三千戚家軍，因為沒有戚繼光的軍令，大家都紋絲不動。薊州原來的將士一邊躲雨、一邊在遠處看著，只見雨愈下愈大，這三千人個個就像雕塑一樣，別說走開躲雨，就連一個動的也沒有。那麼有沒有人站在那兒拿手擦一把臉上的雨水？或者把靴筒裡的雨水倒點兒出來？大家瞪大眼想找一位，硬是沒有一個人動那麼一小下！

這還不算，雨一下就下了一整天，直到天黑方歇。這三千戚家軍就在雨中沉默地站了一天，動也不動，且沒一個暈倒，遠遠望去，就像雨中的一片森林！

這一下北方將校無不拜服，《明史》說他們「自是始知軍令」，意思是從這會兒起，才知道什麼叫做真正的軍令。《明史・戚繼光傳》最後總結說：「戚繼光用兵，威名震寰宇。」

當然，威名不只是靠練兵、靠軍令如山，還要靠真正的實戰。

戚繼光剛到薊州一線不久，蒙古朵顏呼哩部率數萬鐵騎長途奔襲，直奔戚繼光守軍正面而來。戚繼光帶兵出塞迎戰。朵顏的董呼哩一聽探報說新任薊鎮總兵戚繼光帶兵出塞迎敵，哈哈大笑，說：「聽說那個戚繼光打仗如何了得，看來不過如此。平原地帶，我數萬鐵騎，如風捲殘雲，他如何能敵？」

也難怪董呼哩驕傲，看不起戚繼光。蒙古人的騎兵確實厲害得很，要是不厲害，明朝也不用費勁修萬里長城了。有長城關隘的倚托，與騎兵一戰，自然具有優勢，但你一出塞，以騎兵對騎兵，甚至以步兵對騎兵，這仗怎麼打？

當時不僅蒙古人覺得奇怪，連明軍很多將領也不理解，說戚繼光這不是自尋死路嗎？

但戚繼光自有他的道理：

第一、只在家裡設防，你再厲害，也只能算防守成功，他董呼哩打不進來，轉頭就跑，對他的實力沒什麼傷害。他什麼時候得空了再來，老是趴長城上防著，不是永遠被動嗎？這麼被動的情況下，就算永遠不敗，也永遠沒勝，對於一支軍隊來說，如果永遠沒有勝利的感覺，還談什麼軍魂啊！

第二、這個最關鍵，戚繼光已經有了平原戰勝蒙古騎兵的方法，他要趁敵人不知情的情況下，出其不意，趁這樣一個大戰役，殺蒙古人一個下馬威。

那麼，戚繼光有什麼克敵之法呢？

要說戚繼光是員儒將是真的，他不僅熟讀兵書，還熟讀史書。他把戰國時期的戰車在明朝重現。有些人覺得奇怪，自從戰國趙武靈王胡服騎射開始，單人單騎的騎兵作戰便逐漸代替了戰車作戰，怎麼發展了兩千多年，戚繼光又讓這老古董重現江湖呢？

別說戚繼光復古，他重現這最古老的東西，是為了和最先進的武器進行最合理的搭配。當時戚繼光配備最先進的火槍營，他把所轄士兵分為「騎、步、車」三個兵種，打仗時多兵種聯合作戰就是他制勝的法寶。

董呼哩哪知道這些，聽說戚繼光出塞迎戰，恨不得一戰擊潰明軍主力，便率大軍長驅直入。

先鋒部隊接近明軍的時候，突然都愣住了，為什麼呢？只見前方出現了一個大大的圓鐵城。

哪來的圓鐵城呢？

原來是大號的戰車圍成了一個巨大的鋼鐵堡壘。

騎兵的威力靠衝殺，但面對這麼一個大鐵疙瘩，騎兵怎麼衝上去呢？

所以董呼哩的前鋒部隊不由得停了下來。就在他們發愣時，只聽得一聲炮響，鐵車陣突然撤開了無數個缺口，明軍騎兵部隊像開閘的洪水般衝了出來。這一下騎兵的衝擊波優勢完全在明軍這邊了，不一會兒董呼哩的先鋒部隊就被擊潰。

董呼哩一看火了，催大軍直上。看蒙古人傾巢而出，明軍的騎兵部隊迅速回撤，一下都退進鐵車陣裡。董呼哩一看，管它什麼鐵車陣，給我往上硬衝，不信我這十萬大軍衝不開這堆廢銅爛鐵！事實上，蒙古人不衝也不行，總不能讓騎兵愣在那兒再讓明軍來幾個衝擊波吧！

騎兵作戰時，鐵車陣已由圓陣調整成一字長蛇陣。現在看蒙古騎兵主力集中攻過來，戚繼光這邊反倒偃旗息鼓、鴉雀無聲。

就在蒙古鐵騎快到鐵車陣邊緣時，突然陣中又一聲砲響，只聽得這聲砲響後爆響不斷、火光不斷，原來火槍營萬桿火器早埋伏在鐵車陣後面，只等蒙古騎兵貼近，萬槍齊發，殺他個人仰馬翻。這時候的火槍跟後來的火槍不一樣，只有距離很近的情況下才能發揮威力。

蒙古軍傷亡慘重，只聽得戰馬暴叫哀鳴，無數蒙古騎兵掀翻在地，雖然也有收不住勢，猛地撞上來，但馬肉和人肉哪撞得過「鐵肉」呢？所以有不少是給撞死的。前面人仰馬翻，後面的還收勢不住。

當火器發射完畢，鐵車後面突然上來一排排步兵，個個手拿特製的拒馬器和竹製的銳利長矛，一字排開，長矛和拒馬器向前一伸，騎兵的馬刀還沒搆得著他們，馬腳就給砍斷了。

我估計戚繼光這招是向岳飛學的，當年岳飛用鉤鐮槍拐子隊大破金兀朮的鐵甲連環馬，這個拒馬器估計和那個鉤鐮槍差不多。

這下蒙古大軍潰不成軍，騎兵不僅隊形大亂，也開始四下奔逃。這時鐵車陣完全撤開，明軍精銳騎兵全數殺出，把董呼哩數萬大軍衝得七零八落，董呼哩也被明軍俘虜，戚繼光一戰威震華夏！

自此，戚繼光在薊州一線鎮守十六年，這一條防線被他守得穩如磐石，他身後不遠的北京城再也沒有當年的危機預警了。

當然，戚繼光的成功不僅在於他的兵法謀略，也在於他和漢代的飛將軍李廣一樣，具有不怕死的「身先士卒」的戰鬥精神。

明代王世貞稱讚他：「三十年之間，未嘗一日不披堅執銳，與士卒共命於矢石之間！」（《弇州山人續稿・卷五十一・止止堂集序》）意思是他的功績是身先士卒、一刀一槍打出來的。這種人能與士卒共甘苦，卻很難與高層共謀事。為什麼呢？和李廣一樣，有本事的人往往很高傲。李廣空有一身功夫，可是因為跟上層、跟同僚的關係處不好，所以一輩子大志難伸，不得不鬱鬱而終。

戚繼光也是這種性格，相比漢代的李廣，戚繼光的命運要好得多，因為他背後有個力挺他的張居正。

戚繼光在薊州也經常鬧情緒，為什麼呢？因為戚繼光是一個很容易居功自傲的人，再加上背後又有張居正這個大後臺，一般的邊關大員他根本不放在眼裡。

張居正一方面為戚繼光清理各方面的障礙，「有欲為繼光難者，輒徙之去」（《明史・卷二一二・戚繼光傳》）。誰跟戚繼光不和就把誰調走，後來索性把薊州官員大換血，派戚繼光的好朋友譚綸與自己的得意門生梁夢龍和戚繼光搭檔，兩個人對戚繼光完全是有求必應。

另一方面，張居正也以好友的身分屢屢寫信給戚繼光，分析他在哪些事上做得過火、做得過分，警示他為人要謹慎。因為這是張居正的勸告，戚繼光才聽得進去。

終張居正一生，戚繼光在軍事上的地位無人可以動搖，這不僅緣於戚繼光的軍功，也緣於張居正的保護與引導。

後來，張居正去世後，戚繼光便成了落寞的英雄。不僅被剝奪兵權，還被徹底調離軍事第一線。戚繼光，這樣一個偉大的軍事天才，最後竟大志難伸，在孤獨與寂寞裡鬱鬱而終。

所以，對於戚繼光來說，張居正就是大明王朝最後一位「伯樂」。

右成梁

我們再來看李成梁。

李成梁打仗的狠勁，在明軍中無人可出其右。萬曆二年，張居正剛重用李成梁沒多久，他就率手下不過幾千兵馬攻破建州女真部，親手斬殺女真酋長王杲，並俘虜了後來的清太祖努爾哈赤。因為努爾哈赤打仗勇猛，合李成梁的胃口，他最後把努爾哈赤提拔成手下一員悍將。

至於努爾哈赤後來在反明檄文「七大恨」裡說李成梁殺了他的祖父，這是段扯不清的公案，我們在這兒不多做說明。

李成梁打仗的狠勁主要表現在兩個面。

一是讓人想不到。

比如說萬曆六年（一五七八），土蠻部大軍進犯遼東。才出發沒兩天，李成梁就探聽到消息。他也不跟別人打招呼，當天傍晚自己點齊五千虎賁軍，天沒黑就出發。這一夜急行軍，長途奔襲兩百餘里，一下就趕到土蠻紮營的劈山這個地方。李成梁也不讓長途奔襲的部隊歇口氣，大概平常訓練有素，所以他的部隊士兵突擊能力特別強，大軍一到劈山營，也不停歇，摸黑就衝進土蠻大營一陣廝殺。

土蠻心想明軍大營還很遠，死也想不到會有這麼一支明軍主力連夜殺到，這種打法太不符合常規、太不講理了，這比土蠻還要「蠻」啊！當夜土蠻被李成梁打得七零八落。第二天天還沒亮，李成梁五千人馬毫髮無傷地完退。套用徐志摩〈再別康橋〉的句式說，這叫——悄悄地我們來了，正如我們悄悄地走。我們揮一揮匕首，不帶走一個活口！

這仗還沒正式開打就被打得落花流水，土蠻也無心再打，天一亮，自劈山營退兵。李成梁出人意料地獲得劈山營大捷。

像這種非常規的打法，李成梁多得是，所以張居正的「東制」戰略非李成梁不能執行得如此理想！

但李成梁狠勁的第二個表現方面就讓人感覺沒那麼理想。

是什麼呢？他喜歡殺人！他什麼人都殺，敵人殺，平民也殺，殺起來不分青紅皂白。那麼，他為什麼殺平民呢？因為他喜歡殺，沒敵人殺的時候，就拿平民來殺。

但是，李成梁倒不是天生喜歡殺人，他殺平民，是為了冒功請賞。和戚繼光不一樣，戚繼光的缺點只是傲氣一點，而李成梁的缺點則是貪婪成性。《明史》本傳稱他「貴極而驕，奢侈無度」。要過奢侈的生活，就得花銀子，光靠薪餉是不夠的。辦法古來都一樣，一個字：貪！

李成梁包攬了鹽業、馬政、政府採購等各種當地有油水的行業，他還嫌不夠，如果好久沒仗打，他就虛報軍情，騙一筆軍費，再殺一些平民，用首級換朝廷封賞。對於這一點，張居正洞燭觀火，向來不給李成梁好臉色看。

比如說萬曆三年五月，李成梁八百里加急公文，謊報土蠻大軍二十萬來犯，前鋒已渡大凌河，要求趕快撥糧撥軍費。《萬曆起居注》裡記載，李成梁「請兵請糧急於星火」。

軍情這麼緊急，兵部一下慌了，一邊籌集軍費，一邊急報皇上。這一來小萬曆嚇壞了，趕快吩咐找張先生來商議。

張居正在大殿上冷靜地分析說，這時正面臨酷暑季節，又當雨季，騎兵碰到這種天最為頭痛，土蠻怎麼會在這種時候傾全力來犯呢？所以先不用著急。他一方面派戚繼光由西向東策應李成梁，以備不時之需；另一方面命當地行政與軍事部門聯合勘察敵情，務必掌握第一手準確情報。

結果沒多久，兩條線上的準確情況回報了，土蠻根本沒動靜，純粹是李成梁缺錢想出來的鬼花招。打算得了軍費之後再殺些平民交差，反正山高皇帝遠，誰也不知道。可李成梁哪知道內閣裡那位首輔張居正是「運籌帷幄之中，決勝千里之外」，對他肚子裡那點盤算清清楚楚。

過後，張居正怒斥兵部長官，並狠狠責罰李成梁，確實起到敲山震虎的作用。所以李成梁鎮守遼東二十二年，張居正在世時還是有所收斂，但張居正一死，也沒什麼人能管得住他。

張居正別無他法，要完成「東制西懷」的基本戰略構想，李成梁這樣的軍事奇才不能不用，只有盡可能地加以控制，相對於國富兵強的改革大計來說，只有犧牲一些，才有可能換來更多的一些，這大概是這位宰相在肚子裡撐船時不得已的苦衷吧！

因為左有戚繼光、右有李成梁，再加上那條真正的萬里長城，張居正執政期間，大明王朝確實又有了些盛世的雄偉氣象。既能遠服四夷，又能內撫群臣，張居正不愧為一位真正的「治世之能臣」。

可惜，邊患可以治，經濟危機也可以治，但有一樣東西卻沒法治。因為這沒法治的東西，張居正面臨執政以來最大的危機，他甚至為此走到所有的人，乃至整個時代的對立面。

那麼，是什麼事讓絕頂聰明的張居正也難以應對呢？而如此難以應對的事，張居正又是如何應對的呢？

第十九章
父與子的麻煩

得意

透過前面幾章的內容，我們可以感受到，張居正做為萬曆新政的總導演、總策畫，甚至是總設計師，經過幾年的布局和謀畫之後，不論是在政治上、經濟上，還是在軍事上，都取得了出人意料的巨大成果。

到了萬曆五年，政治上，張居正創立的考成法已深入推行，官僚制度改革基本完成，官場上呈現出一派勤政、敬業、愛民的良好風氣。

經濟上，一條鞭法的試點工作已經在福建、浙江、江西等幾個「經濟特區」取得試點性的成功，張居正等著找合適的機會向全國推展；而做為一條鞭法的實施基礎，清丈田畝的工作也正有條不紊地推行；更不用說張居正利用考成法收繳大量大地主階級所欠的賦稅，良好的財政狀況為經濟改革提供極為堅實的物質基礎。

軍事上，張居正「東制西懷」的策略可謂大獲成功，蒙古各部落中最凶悍也最強大的幾支都不敢輕舉妄動。俺答受招安做了朝廷的順義王，而土蠻和泰寧等部落則被戚繼光、李成梁打得抱頭鼠竄、聞風喪膽。北部邊患已不足為患，西南少數民族的暴動也逐步平定，真可謂是「四海一清平天下，萬曆新政逐東風」！

張居正回頭看看這幾年的成就，難免春風得意。

他曾在〈九塞稱臣〉一詩中頗有些自得地說：「北地胡兒能漢語，西陲宛馬盡龍形……干羽兩階文德洽，九重端拱萬方寧。」（《張太岳集・卷四》）

這詩是說，經過多年的布局與努力，國家終於不再像嘉靖年間那樣危機四伏，現在天下太平、四夷賓服，連胡兒說的大都是漢語，連大宛的汗血寶馬長得都有點龍的形狀了。

這什麼意思呢？亦即漢語在當時已經成為各少數民族的第一外語，而因為受到漢文化的影響，連汗血寶馬的長相甚至都有點受華夏民族龍圖騰的形狀影響了。

這當然是誇張，意思是我大明的影響力威震四方。關鍵是這句「干羽兩階文德洽，九重端拱萬方寧」。「干羽兩階」是《尚書》的一個典故。《尚書・大禹謨》裡有一句叫「舞干羽於兩階」，「干」就是盾牌，「羽」就是雉尾、雉雞翎，我們看到京劇裡武生背後總插著雉尾，那是武將身分的象徵。傳說治水的英雄大禹為了收服天下，讓手下拿著盾牌、插著雉雞翎在各少數民族面前舞蹈。各少數民族被威懾、也被感化，都臣服了大禹。

另外，「文德洽」的「洽」字意義非常豐富。它有溝通傳播的意思，所以有個詞叫「商洽」；它有廣泛、廣博的意思，所以有個成語叫「博識洽聞」；它有滋潤的意思，所以中醫上有個詞叫「內洽五臟」；它還有和諧完美的意思，所以有個詞叫「融洽」。

所以「干羽兩階文德洽」，是說大明朝的文治武功有如春風化雨，滋潤萬物，現在天下每個角落都能感受得到，所以這種功業足可以上天入地、笑傲古今，所以才會有「九重端拱萬方寧」的盛世景象。

那麼，這種震古鑠今的功業是誰建下的呢？

張居正沒說。其實也不需要說。因為捨我張居正又能其誰呢？

說老實話，張居正在這首詩裡稍稍表現出一絲自得和驕傲，我覺得一點也不過分。因為誰都有夢想，但光有夢想是件快樂輕鬆的事，可要把夢想變成現實就是一件艱難甚至是殘酷的事了。張居正能在短短的幾年時間裡，已經實現自己萬曆新政這一夢想的藍圖，在當時足可以笑傲江湖，也足可以笑傲古今，所以有這麼一絲得意算得了什麼呢？

可我們說人在得意時最需要的是什麼？

李白說「人生得意須盡歡」，事實上卻是「人生得意須謹慎」！

因為老天爺總是公平的，他在艱辛後會給你掌聲，但在給你掌聲的時候也會給你另一份磨難。就在張居正為自己的萬曆新政取得顯著的階段性成果而得意時，一份意想不到的巨大磨難竟突然來到眼前。

說起這個磨難到來之前，讓張居正得意的還不只是他的萬曆新政已取得了階段性成就這麼簡單。萬曆五年，入夏後，張居正接連享受到做父親的幸福與得意。

先是張居正的二兒子張嗣修參加科舉考試，中了一甲進士，在殿試中還被小皇帝欽點為一甲第二名，也就是榜眼。張居正做為一名父親，看到兒子馬上也要進入翰林院，自己的事業後繼有人，心裡當然特別高興。

另外還有一件事，也讓張居正產生一種做父親的快感，他那個不是兒子、勝似兒子的學生小萬曆訂婚了，隔年春天就要舉行結婚大典。張居正做為小萬曆的老師，和小萬曆情同父子，當然打心眼兒裡為小萬曆高興。而且李太后下旨，讓張居正全權負責小萬曆的結婚事宜，這擺明了把孩子完全託付給敬愛的張老師，所以張居正為此忙起來更有一種特殊的感情和特別的興奮。

當張居正在內閣裡為小萬曆明春的婚慶大典忙碌時，突然游七帶著一個家人急急地趕到內閣裡送信。張居正一愣，心想什麼事回家不能說，要把信送到上班的地方來？看來這事一定不小。

張居正看著游七的臉色，心裡一沉。接過信，只覺得這信跟普通的信沒什麼兩樣，可放在手裡卻是分外沉重。

內閣裡另外兩位閣臣呂調陽和張四維看到張居正面色凝重，也不自覺地停下手邊的事看著張居正。

只見張居正坐回椅子上，慢慢地打開信，才不過讀了一、兩行，張居正已經淚流滿面。呂調陽和張四維趕快湊上來，兩人只看了一眼，就知道麻煩來了。

麻煩

什麼麻煩呢？

張居正那個名為「張文明」的父親給他帶來的麻煩！

我們前面講到劉臺案的時候，說過做為張居正的父親，張文明曾經給張居正的萬曆新政帶來過兩個大麻煩。一個是他在老家仗著兒子的權勢作威作福、收受賄賂，這直接導致劉臺對張居正貪污受賄的指控。如果說這個麻煩是他帶給他兒子的，這樣說應該不算冤枉他。

但要說到他帶給兒子的第二個麻煩，估計張文明老先生躺在棺材裡都會感覺冤得慌，因為他也不想給兒子帶來這個麻煩，但這個麻煩他卻躲也躲不開，因為這個麻煩就是——死亡！

正是張文明的死，使張居正陷入一場名叫「奪情」的倫理風暴，也讓張居正陷入萬曆新政以來最大的一個麻煩！

什麼叫奪情呢？

中國的封建社會，是徹頭徹尾的封建倫理社會。儒家所謂的那套倫理綱常，不僅是一種道德準則，也是一種政治準則，這在明代幾乎達到頂點。明太祖朱元璋親自頒布過《性理大全》，做為全社會的精神綱領。最強調封建倫理道德的理學就是在宋明兩朝最為興盛，所以我們平常都稱之為「宋明理學」。

儒家講究「孝」，說「百善孝為先」，理學也特別講究孝道，因為這樣就可以由「父父子子」的倫理規範推廣到「君君臣臣」的政治規範。這一來，大家對待統治者就像對待父母那樣，誰還敢造反？你在心裡也過不了那道感情關，這就叫「以孝治天下」。

所以對於父母去世後的子女守孝，宋明理學有非常嚴格的規定。因為孔子在《論語》裡頭說過「三年無改於父之道，可謂孝矣」，所以儒家認為為父守孝至少要三年。這三年裡不能做別的事，只能守著父親的墓地讀讀書，不能聽音樂，不能會客，甚至不能露笑臉，也不能上班。這樣，政府官員為守孝也應離職回家，這在古代，就叫「丁憂」。

後來，假道學者覺得這個時間太長，實在有點熬不住，打了個七五折，每年按九個月算，這樣守二十七個月就算守孝圓滿。後來，又對文官和武官區別對待，認為武官一般不需要「丁憂」，但文官必須「丁憂」。之所以會有這個區別，大概是因為中國古代大多是一種文人政治，文官一般在骨子裡都不太瞧得起武官。

但武官既然可以因為戰事緊張、局勢嚴峻等理由而不「丁憂」，那麼文官也有特殊情況，所以碰到特殊情況，尤其是在朝廷需要、皇帝特別下旨的情況下，文官也可以不「丁憂」，或者縮短守孝時間，盡快返回工作崗位，這就叫「奪情」。意思是因為特別需要，奪了理學認為最重要的孝道和情感。

事實上，講究孝道是對的，通過守孝表現父子間的情感也是對的，但理學太極端，特別注重一些虛有其表的形式，到最後弄得文人喜歡以形式為標榜，士大夫們認為「丁憂」是一件能夠體現文人品格的事，而「奪情」對應著來說，就有點讓人沒面子了。

雖然有點沒面子，但「奪情」自唐宋以來，在朝廷也是常有的事。就算是明代，前朝的內閣大學士也不乏「丁憂起復」，也就是「奪情」的事。所以「奪情」也不是什麼大不了的事，而理學家們在道理上也說得通，因為君臣之理大於父子之情。

可一條道理是否說得通，得分對誰說、在誰那兒說。

在張居正身上，在因為銳意改革而得罪許多人的張居正身上，「奪情」道理一下可就難說得通了。

父親

當然，張居正在內閣裡讀到父親去世的家信，第一時間裡熱淚奔湧，說明他還沒有考慮到要不要「奪情」的問題。其實政治家也是人，愈是大政治家，愈具有真實而豐富的人性。張居正在第一時間流下熱淚，心裡主要還是對父親的思念與歉疚。

思念我們懂，可為什麼要歉疚呢？

一般人會以為張居正做為一個孝子，大概是因為沒能見父親最後一面、沒能給父親送終而感到歉疚。但事實上，張居正歉疚的原因比這大得多。他為了自己的政治理想，在遠離故鄉的北京城渾然忘我、努力打拚，而這一打拚，竟已經十九年沒有回過老家，也就是十九年沒有見過自己的老父親。而如今，父親離自己而去，這十九年累積起來的歉疚之情可想而知。

又有人會說，張居正即便再忙，也不應該十九年沒有回鄉看過父母，再說，他爹那麼大年紀，應該不是猝死，也有個生病體虛的階段，難道張居正不知情？就不能回去探望一下嗎？

這說的倒不假。事實上，張居正曾經不止一次在給友人的信中表達過想回家探親、侍奉雙親的願望，甚至還想把父母接到北京來同住。可問題是他父親張文明不同意。

我們在劉臺案裡說過，張文明和自己的兒子性格不太一樣。張居正「沉毅淵重」、少年老成，性格很沉穩。而他爹張文明呼朋引伴、任俠張狂，倒是有幾分老頑童的性格。

張居正小時候，張文明四處求學，但科舉考試考了二十多年，鄉試考了七回都沒考中，都趕得上那位范進了。到了四十歲，看看實在考不上，張文明放棄了，拿錢買了個府學生員的名分，這還不如那位發了瘋的范進。而張居正十二歲就考上秀才，也就是說張文明四十歲了，還不到他兒子十二歲的水準。

好在張文明很樂觀，他看兒子有出息，自己也就把功名看開了。後來兒子的官愈做愈大，張家的條件也愈來愈好，他也樂得在老家聲色犬馬、逍遙快活。兒子要他搬到北京去住，他哪裡肯？依兒子的性格，到那兒還要受拘束，哪有在老家做個土皇帝快活呢？

對於老爹的心思，張居正也明白。他老人家想在老家自個兒快活，就讓他快活好了。可問題是他這個爹豪放有餘，謹慎不足。尤其日子久了，仗著兒子的權勢在地方上胡作非為。

張居正寫信勸過父親，但張文明根本不當回事。

封建時代，張居正做為兒子，就算再有本事，也不敢對他爹說什麼過分的話。要是這樣的話，在古代叫「忤逆」，算是刑事犯罪，也是社會倫理道德所不容的。張居正也只好睜隻眼、閉隻眼，同時還得跟當地地方官打招呼，說老父親這性格他也沒辦法，還請大家多多包涵。

後來，到了萬曆五年，七十四歲的張文明年老體衰，生病臥床。張居正本來要請假回鄉看望父親，卻碰上要準備小萬曆明年開春的結婚大典。這件大事，李太后交給別人也不放心，但聽說張先生的父親病了，便派太監不遠千里帶了大量御賜禮品到江陵看望老爺子，以示慰問。這樣一來，張居正更不好請假了，只得表示等明年開春小萬曆結婚大典完成後再回家探望父親。

對於兒子的苦衷，張文明倒是非常理解，他寫信給兒子說：「肩巨任者不可以圭撮計功，受大恩者不可以尋常論報。老人幸見未衰，兒無多沒不然之慮，為老人過計，徒令奉國

不專耳。」（《張太岳集・先考觀瀾公行略》）

別說張文明雖然是個落第秀才，話說得還很有文采。意思是說成大事者不拘小節，受國家大恩的人應鞠躬盡瘁報效國恩，哪能這麼兒女情長呢？你爹我不過生點小病，你別放在心上，一切以國事為重。何苦千里迢迢往來？徒然耗時費力。你只管盡忠報國，就算對我盡孝了。

因為張文明的勸阻，也因為面臨皇上的結婚大典，張居正做為內閣首輔確實走不開，只好打算等到明年萬曆婚禮結束再回家探親。

哪知道計畫總不如變化快，上個月老家的家信還說父親的病情漸漸好轉，現在突然接到父親病逝的噩耗。所以張居正在內閣裡讀到父親去世的家信，不禁淚流滿面、失聲痛哭。

呂調陽和張四維趕忙安慰、解勸，但張居正這時哪還聽得進去。他抹去眼淚，對呂調陽、張四維說：「居正此刻，心中已亂，閣事唯有煩擾二位。」說完一拱手，匆匆地趕回家去。

按道理，張居正應該馬上趕回湖北老家奔喪，但因為他是朝廷大員，按規定得先向朝廷辭別，也就是要先請假，所以得有個手續、有個時間。而這段時間，做為孝子，一般在當地得為自己的父親布置臨時的靈堂，所以張居正匆匆地趕回家是要先為父親布置靈堂。

張居正的父親病逝，對當時的萬曆王朝來說，絕不是一件小事。第一時間裡，這個消息就傳遍了北京城。

反應

各方面聽到這個消息之後的第一反應，都非常強烈。

先是小萬曆第一時間聽到內閣匯報，說首輔張先生剛剛收到父喪的家信。小萬曆這時候雖然十五歲了，但到底還是個孩子。他一聽，心裡也挺悲傷，但除了悲傷，他並沒意識到這件事有什麼嚴重性。人都有生老病死，雖然出了這事讓人挺傷感的，但這種事避也避不了，張老師過一段時間大概也就能挺過去了。

他正琢磨著，突然聽到馮保尖細的嗓門喊道：「太后駕到。」

話音還未落，小萬曆一抬頭，只見馮保陪著自己的母親李太后已經走進大殿。

小萬曆一看母親嚇了一跳，母親滿臉愁容，身上只穿了便裝，說明是急匆匆趕過來的，所以小萬曆見母親這樣有點緊張，趕快請母親坐下。

李太后皺著眉頭，看著小萬曆問：「皇兒知道張先生父喪之事了吧？」

小萬曆趕緊回答，說：「內閣呂調陽剛剛報知此事，我正想召見一下先生，安慰安慰他。」

李太后點點頭，說：「是該安慰一下先生。但先生馬上要奔喪丁憂，皇兒意下如何？」

小萬曆下意識地就說：「一切當然憑先生的意思辦。」

聽了這話，李太后騰地一下從椅子上站起來，大聲地說了句：「皇兒好糊塗啊！」

小萬曆聽母親這一嗓子，嚇了一跳。

只見這位素來威嚴的母親對著小萬曆連聲問道：「各府題本章奏，你現在會親自批閱了嗎？百官賢良與否，你心裡都有數了嗎？朝政事無巨細，你都能有主見了嗎？至於荒年災異、邊釁民變，你都能有解決辦法了嗎？」

這一連珠炮地問下來，小萬曆立刻傻眼，只得老實地回答說：「孩兒不能。」

李太后聽了這個回答，嗓門更大了，「我知道你不能，但你做為一國之主，既然不能治天下，那如今天下的形勢為什麼能從風雨飄搖的危亡中漸漸好轉呢？」

小萬曆反應挺快，接著就說：「那是多虧張先生的輔國之功。」

李太后點頭說：「是啊，我的兒啊！若不是有張先生殫精竭慮、忠勇任事，我母子哪能有這般太平的天下。」李太后這話的確發自肺腑，她接下來直奔主題說：「你現在若讓張先生回鄉丁憂，先生此行一去就是三年，這三年我母子依靠誰呢？這三年國家要是有個變故，你又該如何處置？這三年要是有亂臣賊子禍國殃民，你又如何辨識忠奸？要是祖宗的基業在你手上有個閃失，你又如何能面對我大明列祖列宗？」

這話說得上綱上線，李太后也愈說愈激動。

小萬曆畢竟還小，他雖然明白母親的意思，可也有自己的想法，他接著說：「兒也不願先生去，只是這丁憂守制，可是祖宗訂的規矩啊！」

意思是說，這是祖宗成法，他也沒什麼辦法啊！這話同時透露出，這個正在長大的十五歲少年已經在內心深處萌生不願在張居正翅膀下做一隻小雛鷹的念頭了。

這時候旁邊憋了半天的馮保終於插上話了，他說：「太后、皇上請放心，內閣大學士奪情起復，我大明代代不乏先例。成祖永樂六年六月，楊榮丁憂，十月起復；宣宗宣德元年正月金幼孜丁憂，隨即奪情起復……」接著他把大概是事先準備好的一連串奪情的典型案例像流水帳一樣地報出來。

李太后一邊聽一邊不住地點頭，看母親點頭，小萬曆也老老實實跟著一起聽。等馮保報了一長串奪情的先例之後，李太后終於以不容商量的口吻對自己身為皇帝的兒子說：「既有祖宗先例可循，皇上可著即頒旨，詔令張先生奪情留任內閣。」

說完，李太后起身離開。小萬曆看母親態度這麼堅決，自己也沒什麼好說的。事實上，他也不願張居正離開，這些年他習慣了依賴張老師替他打理天下，雖然他漸漸長大，有時自己也想一試身手，但就像李太后剛剛問他的那些事，他也確實對付不了，想想要沒有張老師在身邊，以後的日子還真不知道怎麼辦。所以母后的懿旨一下，小萬曆沒什麼猶豫，立即頒下聖旨說：

> 「天降先生，非尋常者比。親承先帝付託，輔朕沖幼，社稷奠安，天下太平。莫大之忠，自古罕有。先生父靈，必是歡妥。今宜以朕為念，勉抑哀情，以成大孝。朕幸甚，天下幸甚。欽此。」（《張太岳集・卷四十一・聞憂謝降諭宣慰疏》）

這道聖旨是說張居正對國家、對社稷建立了豐功偉業，做出了莫大貢獻，這才是大忠大孝，所以就算他沒能在父親生前盡孝，天下人和他死去的父親也都會認為張先生、張首輔已盡到最大的孝道。所以為了大忠大孝，張先生千萬不能拋下國家大事、拋下黎民百姓、拋下他還沒長大的皇帝學生回家去丁憂啊！

這話說得客氣，雖然沒有「奪情」兩個字，實質上已經是下令讓張居正要奪情了。

這就是權力鐵三角最高層的第一反應：堅決不能讓張居正走！

小萬曆這道聖旨一下，在官場上立刻引發軒然大波。

本來張居正父喪的消息一傳開，很多人心裡馬上意識到這個問題——這位大權獨攬的張首輔到底走還是留？手裡的權力到底是會讓出來還是不讓？

張居正萬曆新政的鐵桿支持者，大多心裡十分擔憂，他們和李太后一樣，從政治大局出發，認為這時候改革剛取得階段性的成就，要是少了張居正這個舵手，萬曆新政極可能有夭折之虞。

但反對派卻都很高興，覺得這真是天賜良機，終於可以趕走這個專權的張居正了。以前劉臺案沒能讓張居正下臺，那是太后、皇上護著他。雖然太后、皇上護著他，可現在老天爺不護著他。父親去世要丁憂去職，是祖宗慣例。等張居正一走，看他這萬曆新政還怎麼「政」下去！

事實上，除了鐵桿支持者和堅決的反對派，官場更多的還是那些以道德衛士自居的士大夫們，他們也盯著這件事的發展看，覺得張居正既然對國家做出了這麼大貢獻，在倫理道德上更應該給全社會做出良好的表率。所以，大多數人認為張居正還是會辭去內閣首輔的職位，回鄉丁憂。

但張居正的辭職報告還沒上，小皇帝要求奪情的聖旨已經下了，這一下各方面算是得到明確的資訊。

首先是張居正的鐵桿支持者，一看皇上和太后的意思很明確，這就好辦了，紛紛上疏要求朝廷應該從大局考慮，堅決留住張居正，主張奪情。而反對派一看，太后與皇上的奪情態度很明確，開始也沒敢發難。

首先發難的竟是那些以正直、正義自居的衛道士們。

小萬曆要求張居正奪情留任，張居正的態度卻是不肯，反覆上疏要求「乞恩守制」。當然，有人說張居正只是做個姿態而已，其實他也不想走，也很想留。我覺得張居正不想放棄手中的權力、不想放棄一手開創的萬曆新政，當然不假。但他也不像後來某些學者說的那樣，是一個權力和權術至上主義者。事實上，這時張居正一定處在巨大的矛盾中，情感與理智在他心中大概已經鬥爭成了一個巨大的漩渦，這從他隨後非常極端的表現中就可看出來。

在支持者一片奪情的呼聲中，李太后和小萬曆不管張居正反覆哀求，下旨堅決要張居正奪情留任。

小萬曆不僅自己下旨讓張居正奪情留任，還讓吏部根據幹部任用程序慰留張居正。這份上諭下到吏部之後，按考成法的規定，吏部應該及時拿到六科中的吏科備案。可一直過了十天一查詢的週期，吏部還沒拿到吏科備案核銷。吏科給事中王道成主動來找當時的吏部尚書張瀚。

張瀚說起來還是張居正破格提拔的人才，在考察由誰接任楊博做六部中最重要的吏部尚書時，張瀚在三個候選人中名列第三位，敬陪末座。可張居正力排眾議，甚至跳過排在第二位的親信與好友朱衡，主張越級提拔張瀚。

為什麼呢？張居正的理由是張瀚這個人「清貞簡靖」，就是說他人格獨立，不隨波逐流，是一個好官的表率。吏部尚書當然要給天下所有官員做出良好表率，於是，張瀚一下越級坐上吏部尚書的位置。

張瀚一直很感激張居正，但他這個人確實如張居正所說，「清貞簡靖」得很，而且還「清貞簡靖」得很極端。他「報答」張居正的方式居然也是「清貞簡靖」這四個字！

他認為張居正無疑是個非常好的內閣首輔，但在父喪這件事上，張居正要奪情，就讓張瀚這位「清貞簡靖」的道德表率無論如何都難以接受。現在皇上讓他吏部出面參與讓張居正奪情的事，他死活也不肯。

所以王道成來問他的時候，他劈頭一句：「大學士奔喪，皇上要加恩，那是禮部的事，跟我吏部有什麼相干？」

王道成聽了一愣，心想：我管你什麼相不相干，我是按考成法的工作程序走，你拿了聖諭不備案，我這兒怎麼核銷呢？他直接說：「張大人既然是奉皇上聖諭，還是先給我們備案核銷吧！」

不料張瀚一聽這話火了，情緒很激動地大喊起來，說：「都什麼時候了，萬古綱常都要被踐踏了，你還備什麼案啊？」

王道成一聽這話轉頭就走，他一個小小的七品吏科給事中哪能跟堂堂吏部尚書當面爭執？可他回到班上立刻鋪開筆墨紙硯。做什麼呢？上書彈劾張瀚！

這也不怪王道成。人家按工作程序辦事，你張瀚有火別衝著人家發。

王道成的同僚，都察院御史、張居正的鐵桿支持者謝思啟知道這事之後，也跟著一起上書彈劾。

小萬曆一看這兩份彈劾表章也火了。心想，當初選吏部尚書時，大家都不同意用你，要不是張老師力排眾議，你哪有今天？這時候居然恩將仇報！況且，連我的聖諭都敢置之不理？這還得了。

這時候的小萬曆已經漸漸長大，都快結婚了，所以也有自己的主張。他不跟別人商量，也不問他的張老師，馬上下旨，勒令張瀚致仕回籍，也就是退休回老家去。

張瀚也是頭強牛，一聽這話，立刻打包走人。

要知道張瀚可不是個隨便的低級官吏，他可是吏部尚書，按明代的官僚制度嚴格算起來，他算是文官之首！我們說過，內閣只相當於祕書處，有實權，但沒名分。從名分上說，張瀚可算是百官之首。

這樣一個堂堂百官之首，就因為沒執行小皇上讓張居正奪情的命令，就被勒令退休，這下官場可是群情譁然。

張居正父喪，可張居正自己還沒走，張瀚卻先走了。

張瀚這一走，真是一石激起千層浪！這風浪勢頭之大，讓人難以想像，讓後人瞠目結舌，在明代萬曆時期的政壇上，不亞於一場政治海嘯。而這場政治海嘯過後，張居正和他的萬曆新政都將面臨一個前途未卜的詭譎命運。

第二十章
奪情倫理風暴

吏部尚書張瀚，雖然身受張居正知遇之恩，但對於小皇帝主張張居正父喪奪情，心裡還是很不平衡、很難接受。

事實上，張瀚與很多正直的官員一樣，對於張居正對國家的貢獻非常認可和推崇。但因此，他們反倒認為張居正在倫理道德方面更應該做為表率。朝廷講究「以孝治天下」，現在張居正面臨父喪，任他官有多大，都應該辭職回鄉丁憂。要是奪情，不為父親守滿三年孝的話，任你原來做出過多大的貢獻，他們都覺得那在情理上說不過去。

所以，當小萬曆下旨讓吏部從官員任用程序的角度闡明張居正奪情留任的意義時，做為吏部尚書，張瀚寧肯擱置不執行。當吏科給事中王道成催促他時，他大喊張居正要奪情就是踐踏萬古綱常、就是踐踏倫理道德，堅決不肯隨波逐流，執行所謂的聖諭。

當初張居正重用張瀚，就是看中他的人品、看中他不隨波逐流。如今張瀚果然不隨波逐流，不過現在他不隨波逐流的矛頭卻是對準啟用他的張居正。

小萬曆很生氣，後果也很嚴重。他還不太成熟，首先覺得張瀚這樣做是藐視他，所以他一道聖旨就讓張瀚退休回老家。

張瀚是吏部尚書，從名分上說，地位不比內閣首輔差低，是百官之首。況且，張瀚素來名聲不錯。現在小萬曆只因為他不附從奪情，就罷了他的官，這下在官場上引起了軒然大波，並使得各方都把注意焦點集中到張居正是否應該奪情上。

張瀚這一走，是帶著無聲的抗議離開的，這抗議雖然無聲，它卻像骨牌一般，引發一連串無聲和有聲的抗議。

果然，在張瀚罷官後第四天，一個有力的聲音響了起來，這個聲音一下子震驚朝野。可這個聲音，反倒是張居正最先聽到。

張居正在家設了臨時的靈堂，以祭奠自己的父親。這天他正在靈堂為父親守孝，游七突然來報，說他的學生翰林院編修吳中行求見。

吳中行是張居正的得意門生，因為文才出眾，張居正對他的印象非常不錯。張居正聽說是吳中行求見，想了想，便走出靈堂。吳中行遠遠看到張居正，連忙搶上幾步，躬身行禮，說：「學生參見恩師。」

張居正點點頭，臉色凝重地看著吳中行，不知道他找自己有什麼事。

只見吳中行也神色凝重地看著張居正，伸手從袖筒裡拿出一本摺子來，說：「學生有本要上，特來請恩師過目。」

張居正接過奏摺，並沒有先打開看，手上拿著奏摺，眼睛還盯著吳中行。年輕的吳中行，也沒膽怯，腰桿挺得直直的，目光與張居正相互直視。張居正盯著吳中行，看了幾秒鐘，像是先從這個年輕人眼中讀出什麼，然後才打開奏摺，一行行讀了下去。

游七在旁邊看張居正面不改色地讀了很長時間，才抬起頭來。張居正又看著吳中行，吳中行還是像剛才一樣挺著腰桿直視著他的老師。游七不知道怎麼回事，只聽見張居正淡淡地問了一句：「奏摺遞上去了嗎？」

吳中行一聽倒笑了，說：「要是沒遞上去，學生也就不敢拿給老師看了。」

聽了這話，張居正又不做聲了，兩個人的對話就各一句，然後還是像方才一樣，張居正面色凝重地看著自己的學生吳中行，而吳中行則挺著腰桿直視著自己的老師張居正。

游七在旁看著納悶，心想這兩位在看什麼呢？他還沒想明白，只見張居正突然袍袖一抖，把手中的奏摺啪一聲扔在地上，然後轉身回靈堂。而吳中行，居然苦笑了一下，連地上的奏摺都沒撿，只朝張居正的背影拱了拱手，然後轉身離去。

等兩人都走了，游七過來，將地上的奏摺撿起一看，才知道這奏摺原來是副本，題目是「因變陳言明大義以植綱常疏」。

奏疏裡頭先是說父子之情乃人之天性，張首輔此刻面臨喪父之痛，心裡該有多悲傷，這一點皇上您怎麼不明白呢？

這說的還挺有人情味。可接下來吳中行話鋒一轉說，朝廷上下都和皇上您一樣尊重張首輔，做為張老師學生的我也很尊重他，可我們為什麼尊重他呢？還不是因為他的賢能嗎？一個賢能的人要擔天下的重任，就應該在正人之前首先能夠正己，就應該是道德的模範，這樣才能有政治的示範作用。而張首輔現在因為皇上您的意思要奪情，不遵守祖宗成法回家丁憂守制，這樣的張首輔、這樣的張老師不就有了道德的污點嗎？這樣的人還怎麼能成為政府的領袖呢？

奏疏的最後說奪情這件事「事繫萬古綱常，四方視聽。惟今日無過舉，然後後世無遺議。銷變之道，無踰此者」（《明史・卷二二九・吳中行傳》）。這話就說得厲害了，那潛臺詞是說如果皇上您和張首輔都主張並堅持奪情的話，那一定會被後人恥笑，並在歷史上留下千載的罵名！

游七看完這話，出了一身的冷汗，心想這個吳中行膽子也太大了，這不連張居正和小萬曆都罵了嗎？游七想想又氣得不得了，連吳中行這個張居正素來喜歡的學生都跳出來這樣攻擊奪情之事，老爺這會兒心裡頭肯定不知有多難受。而且這個吳中行尤其可恨的是，你要上本攻擊你就上，那邊向皇上遞交了奏摺，這邊同時還抄了個副本拿來給張居正看，你這不是成心氣人嘛！

所以游七看完後恨恨地朝門外瞪了兩眼。他拿著這奏摺轉頭又向靈堂走去，遠遠地看著靈堂裡的張居正席地而坐，臉上一點表情也沒有，只是低著頭，目光定定地看著地上的方磚。游七看得眼淚都要下來了，仰天歎了一口氣，心想：老太爺啊，你死得可真不是時候啊！

這邊吳中行上了奏摺，那邊張居正第一時間也讀到了奏摺的副本。

張居正雖然當時沒發作，但心裡肯定氣到不行。上一次自己要辭職，就是因為劉臺上本攻擊自己，使自己成了大明朝第一個被學生彈劾的人。這下有了劉臺的先例，居然又有一個學生來彈劾自己。

張居正端坐良久，不禁仰天長歎，自己到底做錯了什麼？為什麼連自己的學生也不能理解自己呢？

張居正想到了劉臺，也覺得這個吳中行跟劉臺一樣可恨。雖然這兩學生看上去都一副聰明的模樣，可怎麼就這麼不明白自己老師的一片為國之心呢？

做為一個老師，張居正還真是挺失敗的，他嘔心瀝血教育出的小萬曆，長大後成了一個極其昏庸的傢伙，別說繼承張居正的改革遺志了，反而親手將張居正萬曆新政的成果毀滅怠盡。而萬曆新政實施過程中，對張居正攻擊最有力的也是他的學生。

這邊吳中行的奏摺一上，就引起了朝廷上的爭論。第二天，張居正的另一個學生翰林檢討趙用賢又上一本攻擊張居正的奪情。他特別提到最近天空中出現了彗星，這在古代就是不祥之兆。那麼現在有什麼不祥之事呢？自然就是張居正的奪情。因為趙用賢是張居正的學生，趙用賢這麼說，影響就更大了，所以後來京城裡有人貼大字報，就寫張居正的奪情是大明朝的不祥之兆。

又是一個學生來攻擊自己，張居正不知道此時心中是何滋味？

第三天，張居正的一個同鄉刑部員外郎艾穆和另一位刑部主事沈思孝聯名上疏攻擊張居正奪情。艾穆上疏裡的矛頭直指張居正，還引經據典地說：「徐庶以母故辭於昭烈曰：臣方寸亂已。居正獨非人子而方寸不亂耶？」

這話就說得惡毒了，艾穆說當年三國時，徐庶徐元直因母親被曹操擄去，藉此來要脅他，所以徐庶不得已跟劉備辭別，說不是我不想幫你，因為母親被曹操抓去，做為人子的我心神已經大亂，要幫也幫不上什麼忙了。徐庶只是因為母親被曹操所抓，就傷心得什麼事都做不成，你張居正現在爹都死了，虧你還能有心思、有精力處理國事，你難道不是做人子的？你難道不是人嗎？

你說這些文人絕對不絕對？極端不極端？難道親人死了，活著的人就什麼也不要做了嗎？那徐庶到了曹營，就算是在他母親上吊自殺之後，他不還是在火燒赤壁中，在龐統獻連環計時幫龐統出過主意，後來還領兵去拒守西涼的馬超呢！按艾穆這個說法，徐庶豈不是也不是人了嗎？

所以據說張居正聽了艾穆這話之後，拍案而起，含著淚悲憤地說了一句：「當年嚴嵩誤國殃民，但還沒聽說過有哪位同鄉惡毒地攻擊過他，難道我還不如嚴嵩嗎？」

這時的張居正可真的火了，那些改革的反對派罵他是小人、是禽獸也就罷了，現在連他的學生、他的同鄉都攻擊他，甚至罵他不是人，這確實動到了張居正的情感底線。

要知道，張居正可不是一般人，他在萬曆朝的地位看上去是「一人之下，萬人之上」，可事實上他根本連「一人之下」都沒有。皇帝只不過是個小孩兒、是他的學生，而李太后少了他恐怕連主心骨都沒了，他手中握著的就是那個時代的最高權力。可以說，他握著所有人的命運，卻被人罵得這麼慘，尤其是被自己人罵得這麼慘，張居正是真的被激怒了。

不僅他怒了，小萬曆就更怒了，在吳中行、趙用賢、艾穆、沈思孝之後，一個剛剛進入官場的刑部觀政鄒元標居然也跟著上疏，他在上疏裡就不僅罵張居正了，他甚至調侃起小萬曆，他說：「且幸而居正丁艱，猶可挽留；脫不幸遂捐館舍，陛下之學將終不成，志將終不定耶？」（《明史・卷二四三・鄒元標傳》）

那意思是說皇上你老說離不開張居正，那幸虧現在張居正還活著，要是張居正現在死了，皇上你是不是就沒法繼續學業了？治國的志向是不是也就無從談起了？那意思就是你離了張居正就不活嗎？你太沒志氣了！

這指名道姓的可是在調侃皇上啊！所以小萬曆氣得半死，大喊「廷杖、廷杖」，而且這幾個傢伙一個也不能放過，要在市曹之間，也就是萬眾矚目的地方給我當眾脫了褲子狠狠地往死裡打。

小萬曆狠了心，不打死這幾個傢伙不干休，誰勸也沒用。

解救

明代的廷杖那是非常殘酷的，雖然古代「刑不上大夫」，但明代的廷杖就是專門對付這些士大夫的。

原來還稍微好點兒，挨打時可以不用脫褲子，這樣多少還保留點體面。可自嘉靖以後，廷杖時必須脫光下半身打，而且一打就是幾十到上百杖。有很多人當場就會被打死。脫光了褲子打屁股，對於知識分子來說，那是種巨大的恥辱，所以自張居正上臺以後，他一概不主張用廷杖的方式來懲罰大臣。所以劉臺案時，劉臺那麼攻擊他，小萬曆要替他洩憤，欲打劉臺一百廷杖，張居正都反覆上疏把劉臺的廷杖和充軍都免了。所以在萬曆新政的前幾年裡，廷杖已經是個很稀有的名詞了。

現在小萬曆要對這個上疏反對奪情的代表處以廷杖，上上下下的官員一下就慌了。

就當時的封建倫理道德標準而言，大多數人都認為道德的正義力量無疑是在這幾位反奪情代表的身上，所以當時及後世，都把這幾個人稱為「君子」。既然是君子，現在居然要受這個廷杖的侮辱刑罰，這讓士大夫階層的臉怎麼放啊？所以朝廷上下紛紛想辦法營救這幾個人。

請小萬曆開恩已是不可能，別看這皇上年齡小，但已經漸漸露出專橫之態了，後來他跟他的爺爺嘉靖皇帝一樣，在萬曆朝的後期一個人跟所有的大臣賭氣、對著幹，任你是誰也勸不了他。

通過李太后來營救吧！似乎也不太可能。你要通過太后，得先通過司禮監大太監馮保啊！馮保跟張居正那是鐵杆同盟，朝廷裡也就張居正一個人拿他馮保當個人來看，其他的士大夫們哪看得起他一個太監啊！所以這個罵張居正、罵小萬曆的反奪情代表，依著馮保之意，恨不得祕密抓到他所主管的東廠給弄死。因此想通過馮保來找太后營救，那根本就是沒門兒。

只有一個人能救這幾位了！誰呢？「解鈴還需繫鈴人」，當然就只有張居正了！

大家先是通過周邊的管道來做工作。比如新科狀元沈懋學寫信給張居正的兒子張嗣修，請他務必要搭救那幾位「君子」。沈懋學是新科狀元，而張嗣修是榜眼，兩個人也算英雄相惜，所以沈懋學寫信給張嗣修，讓他勸父親張居正不要奪情。現在又讓張嗣修來勸張居正搭救這幾位反奪情的所謂「君子」，張嗣修也火了，幸好他是個理解父親的兒子，所以他回覆沈懋學的信也就寥寥幾個字，說我父親為國奪情，便是盡孝於忠！除此之外，再不多說。

據說沈懋學後來還去信罵張嗣修，說父親不丁憂守制，那就不算是「純臣」，而你不能勸阻你的父親，你就不算是「諍子」。你們父子這樣是要被後人罵的。

張嗣修呢？根本不搭理他，從此與沈懋學絕交。

沈懋學又寫信給當時的名士、張居正的親家、南京都察院的右都御史李幼滋，請求他出面勸張居正不要奪情，並搭救這幾位君子。結果李幼滋回信給他，上來就說，別看你是狀元，你說的這些倫理綱常，那就是宋儒頭巾語，迂腐至極，這也就是宋朝積弱的根本所在。張居正奪情不奔喪，那是聖賢治世王道，你的才學根本就沒法領會。

說沈懋學看了這信氣得渾身發抖，甚至辭職回家。臨辭職前，說他也上了個反奪情的奏摺，可這時萬曆已經下令，所有反奪情的奏摺一律不准向上呈遞，所以他沒能撈著一起挨廷杖，這也讓這位狀元覺得挺遺憾的。

看看通過周邊的辦法來找張居正已是不可能，正義的君子們只得軟的不行就來硬的了。眼見離廷杖臨刑只有一天的時間了，翰林院掌院學士王錫爵帶著幾十位翰林院的同僚來張府求見張居正。因為張居正也是出身翰林院，所以這些同事按道理他不能不見。可張居正就是不見。游七出來跟王錫爵說：「老爺在靈堂為老太爺守孝，吩咐誰也不見。」

王錫爵哪肯善罷干休啊！反覆地哀求游七再去通報。游七看著他們這撥人就來氣，有心要耍他們，進去了一趟，再出來一趟；出來一趟，再進去一趟。折騰了半天，讓王錫爵央求了半天，但回答還是一樣，就兩個字：不見！

王錫爵這個氣啊！心想：我堂堂國家最高學府的掌院學士，在這兒低聲下氣地求你這下人半天，你張居正居然還是不見。王錫爵也不由得「怒從心頭起，惡向膽邊生」！他趁游七一沒留神，從游七身邊蹭地就竄進門去了。游七趕忙伸手去攔，卻沒攔住。其他人像搶購打折商品似的，看王錫爵硬撞進去了，呼啦一下也跟著都撞進去了。

游七在後面直叫：「王大人請留步！王大人請留步！」

可王錫爵根本不回頭，直衝到靈堂裡來。

王錫爵還沒進屋，就聽到靈堂裡一聲冷笑，然後就聽到張居正在說：「王大人當真豪放得很，靈堂靜地，也是你闖的嗎？」

王錫爵見到身著孝服的張居正一拱手說：「錫爵冒失，首輔大人原諒。然人命關天，想高堂泉下有知，諒也不會見怪。」

張居正冷眼看著王錫爵，說：「人命關天，家父不怪。難道我張居正盡忠為國，家父就會怪罪我嗎？」

王錫爵聽了一愣，心想現在救人要緊，也不要再討論奪情的是非了，所以他說：「首輔大人盡忠為國，世人皆知。然因一己之私，若至人倫之情、師生之誼、君子之分於不顧，這恐怕也難逃天下啕啕之口啊！」

張居正聽了這話，眼皮一耷拉，看著香案上香燭出神地說：「居正此刻一身守孝，至於奪情與否，全賴皇上定奪，天下事與我何干？」

王錫爵聽了都急了，心想再扯下去，這幾個人可怎麼救啊？所以他也不再繞圈子，直奔主題說：「天下事怎與首輔大人無干？現在吳中行這幾個人即將被處以廷杖，首輔大人不是最不主張廷杖的嗎？現在這些事皆因大人而起，大人怎能不搭救他們？」

張居正一聽，念叨了兩聲「廷杖啊廷杖」，然後一抬頭看著王錫爵說：「聖怒不可測，我張居正也無能為力！」說罷轉身向內，又說了聲：「游七，送客！」

王錫爵看張居正說得這麼絕情，一下子火冒三丈，也控制不住自己了。他上前一步，指著張居正大聲地說：「什麼聖怒不可測？聖怒也是因為你啊！一切都是因為你張居正啊！」

他這一急，直呼張居正其名，也不稱什麼首輔大人了。

張居正臉色一下子變得鐵青，他轉過頭看著王錫爵，慢慢地點著頭重複了兩聲「因為我！因為我！」突然，他快步走到門邊，從一個侍衛的腰間蹭地拔出一把刀，拿著刀轉身又走到王錫爵身邊。

王錫爵嚇了一跳，所有人也都嚇了一跳，都不知道張居正突然拔出刀來要幹什麼。

就在大家都驚慌失措的時候，張居正突然走到王錫爵身邊，撲通就跪下了，然後把刀交在王錫爵的手中，舉著王錫爵手裡的刀架在自己脖子上，張居正眼含熱淚卻大聲說：「都是因為我！你殺了我、殺了我吧！」

王錫爵驚呆了，他怎麼也料不到當朝首輔會跪在他的眼前，讓自己拿刀架著他。所以，王錫爵開始還有些犯愣，拿著刀傻站在那兒。等他突然意識到這是個什麼場面，他立刻驚慌地把刀扔在地上，轉身跑了。

王錫爵這一走，跟他來的這撥人也紛做鳥獸散，一下子就走了個一乾二淨。只剩下張居正還長跪在地，身前一把短刀，臉上淚水長流！

我記得我讀《明史紀事本末》，讀到這段內容的時候，正是一個深秋的漫漫長夜。我在昏黃的燈下，在泛黃的書頁上，在漫漫長夜裡，似乎真的聽到過一聲從歷史深處傳來的孤獨的吶喊，也確實感受到了一個靈魂的孤獨與徬徨。

後來老有人說，張居正一個堂堂的內閣首輔，居然當眾給王錫爵下跪，還拿刀架著脖子耍橫，這多少有些潑皮無賴的性格。我就不明白了，張居正手上握著當時最高的權力、當時最大的強權，他想要排除異己，那簡直是易如反掌，何至於要耍無賴呢？他這要真是耍無賴，他所受的恥辱又何嘗弱於那些要被廷杖的君子們？那他又有何顏面再位居內閣首輔的要職，來領導群臣呢？

難道考成法是靠耍無賴才收到成效的嗎？

難道一條鞭法是靠耍無賴才得以試行的嗎？

難道外除邊患、內平叛亂是靠耍無賴能做到的嗎？

難道財政危機是靠耍無賴能解決的嗎？

難道黃河水患是靠耍無賴能治理的嗎？

難道八達嶺上那條至今雄偉的大明萬里長城是靠耍無賴堆積起來的嗎？

如果這真的叫無賴的話，那我不禁想化用辛棄疾的詞來表達一下我此刻的感受——「最喜居正無賴，本色滄海橫流！」

廷杖與理想

張居正經此一跪，算是橫下心來了，最終沒有被士大夫們的倫理道德綁架，但最終他也走向了一個孤獨者的情感極端。

從此，他堅定了奪情的決心，絕不讓手中的大權旁落，也絕不允許他嘔心瀝血創立的萬曆新政走上夭折之路。

他活一天，就要堅守一天；他活一刻，就要把他的萬曆新政再往前推進一步！為了這個理想，他不惜與整個士大夫階層為敵。他要嚴刑峻法，對所有改革的反對者與阻撓者痛下狠手。而這，就從他的學生、從他的同鄉、從那幾個要挨廷杖的「君子們」那兒開始吧！

吳中行等人最終沒躲過廷杖的刑罰。據多種史料和典籍記載，當時的情況讓人慘不忍睹。

趙用賢比較胖，身上被打掉下來的肉，據說片片都有巴掌大小；而吳中行被打完後，腿上因為要割下的腐肉太多，所以腿上後來留下一個一尺見方的洞；艾穆、鄒元標等人則被打斷雙腿，落下終身殘疾。要不是當時士大夫們請來最好的名醫，一等廷杖完就趕快施救，這幾個人估計要活下來都挺困難的。

可這幾位雖然受刑甚苦，卻一個個沒有半分怨言，反倒終身都覺得這是種莫大的榮耀，而整個士大夫階層也把他們視為是道德的楷模，認為他們身上體現出的正是文人所追求的氣節。

說老實話，這確實是一種氣節，因為這多少體現了中國傳統知識分子對某種信仰的堅持與執著。

但我認為，這些傳統的知識分子雖然有信仰，但卻沒理想。

很多人小的時候、年輕的時候都有理想，說以後要怎樣怎樣，要如何建功立業，但長大後呢？一碰到殘酷、冰冷的現實，年少的理想就徹底成為了夢想。

所以我們捫心自問，「還記得年少時的夢嗎？大多都已像凋零的花。」

所以大多數人的「理想」最後不過就是隨便想想而已。

但張居正不一樣，他是勇於用生命、用一生去實踐自己理想並實現自己理想的人。他跟他那個時代的知識分子一樣，儒家的那套東西也是他的信仰，可他比他們還多一樣，就是抓住理想不放的決心和勇氣。

在舉世非議的反對聲浪裡，他最終能超越那個時代所謂的道德信仰，從而孤獨地、執著地握緊自己的理想，這該是一件多麼不容易的事兒啊！我覺得，這不僅需要一種超越時代的勇氣，也需要一種超越時代的智慧！

在世人看來，道德常常能彌補智慧的缺陷。可是，智慧卻永遠填補不了道德的空白。就是哪怕你再沒本事，但只要合乎社會通行的道德標準，你就可以在這個社會上趾高氣揚地生活。但就算是再有本事、再有貢獻，只要你違反了通行的社會道德標準，大家的唾沫星子就能把你淹死。

做為士大夫階層的一員，張居正認為自己握住了真理之手，哪怕大多數人的唾沫星子可以淹沒他，但那隻握住真理的手也絕不放，我以為，這就是他能取得蓋世功績的最根本原因。

所以，據說那位引發了反奪情政治海嘯的張瀚，在回鄉之後經常鬱鬱寡歡。在他臨死前彌留之際，他口中仍不停地念叨著張居正的名字。

是不是直到這一刻，他才終於認識到自己當初挑起的反奪情浪潮，或許是一個錯誤呢？在這場奪情倫理風暴中，不論誰對誰錯，做為風暴中心的張居正從此走上了一條不歸路。他奉旨奪情，堅守崗位，可工作風格卻產生了急劇的變化。這些變化到底是什麼？又會給萬曆新政帶來怎樣的影響？

第二十一章

國家利益至上

決絕

一個有理想的人，往往會對理想本身充滿了幸福的期望與憧憬。而一個能夠實現理想的人，往往在一開始就對實現理想的艱辛做好了準備。

只對理想充滿了幸福期望與憧憬的人，這種理想往往到最後只是夢想。因為我們總是對夢想做好了準備，卻沒有對冰冷殘酷的現實做好準備。但能實現理想的人就不一樣了，他們一開始就如履薄冰、如臨深淵。他們每一步都堅實篤定，又都小心謹慎。他們從不期望會有一條鋪滿鮮花的道路，直通到一個叫「理想」的地方。

張居正，就是這樣一個人。

張居正比較喜歡禪學，所以他幫李太后崇佛，也並不完全是簡單的附和。萬曆元年，也就在張居正的政治「理想」——萬曆新政開始之初，他曾經寫信給友人說：「前年冬，偶閱《華嚴》悲智偈，忽覺有省。即時發一弘願：『願以深心奉塵剎，不於自身求利益』。」（《張太岳集》）意思是說，前年冬天，因為讀《華嚴經》中的偈語有感，當時就發了一個弘願，這個弘願就是「願以深心奉塵剎，不於自身求利益」。

這裡要注意，這個「偈」讀jì，不讀jié，它在佛學中原來是專指發自真心的敬頌之語，梵語讀作「嘎薩」。偈本身就是發自真心的弘願，在讀偈之後又發弘願，那在佛學中可謂是捨身之語，是最純潔、最純淨的心聲，也是最不可違背的誓言。

那麼，張居正這個最純淨的心聲是什麼意思呢？

很簡單，「塵剎」就是指這個現實的世界，佛祖的四大弟子，也就是觀世音等幾位菩薩都發過要歷經塵剎、普渡眾生的弘願，所以像《楞嚴經》裡就有一句叫「將此深心奉塵剎」，張居正「願以深心奉塵剎」就是借用了這一句。在這句之後又加上一句「不於自身求利益」，那意思就更明確了，就是但求為國為民之志，絕不吝惜自身。

要知道按張居正「前年冬」的說法，他寫這話的時候還是隆慶五年，當時他還只是一個副宰相，他要抒發報國之志，那當然是可以理解的。但為什麼要如此毅然決然，還要在佛祖面前發下弘願呢？

這說明他對實現人生理想的艱難早就有了心理準備。所以他在施行萬曆新政的過程中，一路上既雷厲風行，又戰戰兢兢、小心謹慎。你看他在用人上，要分外考慮怎樣安撫高拱原來的那些手下；即使面臨著不小的非議，他也要適當地處理好與大太監馮保的關係；更不用說跟李太后了，既有兩分尊重，又有兩分曖昧，更有兩分相互的依賴，還有兩分知己之情。

我們讀他的《張太岳集》，甚至會讀到他在給許多部下的信中有許多苦口婆心的解釋與勸導。

可以說，為了他的萬曆新政，張居正雖然大權在握，但直到奪情事件之前，他還是非常小心、非常謹慎的。

可張居正再有準備，大概也沒準備到這一場有關「奪情」的倫理風暴。因為張居正的父親去世，張居正和整個萬曆王朝都面臨著一個艱難的選擇，即張居正是回家守三年孝，還是奪情留任內閣。

張居正做為一個政治家，他自己心裡也很清楚，所謂「政治與強權同在，權勢與地位共存」。等你在家待了三年再回來，內閣裡哪還有你的位置呢？況且嘉靖以來的政治形勢，無一例外地失勢的內閣首輔都不會有好下場，你看夏言倒臺，被嚴嵩整死；嚴嵩倒臺，被徐階抄家；徐階倒臺，被高拱弄得兩個兒子發配充軍；而高拱倒臺，馮保更是要藉王大臣案置他於死地。現在張居正一旦交出大權，等待他的又會是怎樣的命運的呢？這一點張居正當然會擔心。

還有一點更重要，那就是權力和光陰一樣，失去了，就回不了頭。沒有權力在手，他的改革藍圖、萬曆新政的理想又何以徹底實現呢？尤其是在改革已經取得了階段性成果，剛要進一步推行的關鍵時刻，張居正要是放棄了手上的權力，那就等於放棄了整個萬曆新政。

所以，在士大夫階層紛紛攻擊他的「奪情」就是貪戀權位時，他理直氣壯地說了一句名言：「苟利國家，生死以之。」（書牘十一《答福建巡撫耿楚侗談王霸之辯》）、「況區區訾議非毀之間乎？」（《張太岳集・卷六・乞恢聖度宥愚蒙以全國體疏》）這就是林則徐那句名言「苟利國家生死以，豈因禍福避趨之」的典故出處。意思就是為了國家，早已將生死置之度外，還怕什麼世人非議呢？

張居正不是沒有矛盾過、不是沒有痛苦過，但當他為士大夫所謂的倫理道德所逼迫，在王錫爵面前屈膝長跪、引刀欲自刎之後，他算是橫下了一條心。橫下了什麼心呢？張居正做為堂堂內閣首輔，逼不得已，給人下跪。跪是跪過了，但再站起來，他就不是原來的那個張居正了。

原來的張居正雖然強勢，但卻講策略、講方法，人事上、工作上都小心謹慎沉穩得很。可跪過後再站起的張居正，心中只有「苟利國家，生死以之」的強大信念，除此之外，他再不顧忌任何東西，哪怕是整個士大夫階層的非議，甚至是整個時代的非議。

從此以後，張居正的工作風格，甚至是生活作風也為之一變，他無所顧忌，充分集權，進而緊握強權，排除異己。心中一句「國家利益至上」，生活上日漸奢侈，工作上也再無情面可講。這種變化集中地表現在兩件事上。

排場

第一件，是張居正回鄉葬父的排場。

在小萬曆和李太后反覆下旨慰留之下，張居正終於下了奪情留任的決心，但也提出了五個條件：一是上班可以，但不拿工資；二是朝廷的祭祀活動、公共活動，一概都不參加；三是上班時要允許他穿青衣角帶；四是他經手的公文上要加上「守制」兩個字。這幾條都是表示他做為一孝子的身分，這都說明張居正奪情留任是為國盡忠，而不是為了名利。最後一條，那就是等小萬曆結婚大典完成之後，即回鄉葬父，然後親自把老母親接到北京來住。

對於這些條件，小萬曆和李太后當然無條件答應，只是覺得張首輔是委屈了自己。可張居正認為自己上不食公家俸祿，下不通四方交遺，一心為國，辭俸守制，這樣就可以無愧於心了。

終於等到了第二年，小萬曆婚慶大典之後，雖然小萬曆、李太后感覺時刻都離不開這位張先生，但事先說好的，張居正要回鄉葬父，小萬曆只得依依不捨地讓張居正走。

據說張居正走之前來跟小萬曆辭行，這位剛結了婚的十六歲少年千叮嚀萬囑咐，囑咐自己的張老師長途歸鄉，一定要保重身體，尤其到家安葬自己父親的時候不要太悲傷。

張居正聽了這話，深受感動，當時跪拜在地上就失聲痛哭起來。小萬曆走過來，扶起張居正，才說了一句「先生千萬不要太悲痛」，自己也就哽咽著哭了起來。張居正怕小萬曆太傷感，所以趕緊叩頭告辭，人還沒走出大殿，只聽見身後小萬曆在跟身邊的侍從說：「我有好些話，想跟先生說，見他悲傷，我哽咽得都說不出來。」

千古以來，有幾個君臣之間可以有這樣深厚且真摯的情誼呢？

因為張居正有喪在身，李太后雖不能親自為他送行，但也派太監傳來口諭，說：「先生離開後，皇上無所倚託，先生也捨不得皇上，所以到家事畢後，千萬早早歸來。」

這可以看出來，皇帝和太后對張居正的依賴到了什麼地步。在封建時代，皇帝那就是國家的象徵，也就是說當時的國家、當時的大明王朝對張居正依賴到了什麼地步！

帶著這份依賴，張居正浩浩蕩蕩地上路了。在張居正的心中，有這份皇帝和太后的依賴和信任就有了一切，其他的一切都可以不在乎了。皇上不是交代他路上一定要好好照顧自己，這沒問題，張居正以前在生活上還挺節儉的，現在想怎麼就怎麼，反正他又不缺豪華鋪張的條件。

先是對張居正最為忠心的戚繼光聽說張居正要回鄉葬父，特意在全軍挑選了最傑出的火槍手和弓箭手為張居正做親兵衛隊。到了河北真定時，真定知府錢普別出心裁地拍了個大馬屁——為張居正特意訂製了一座豪華的大轎子。

這個轎子首先是豪華，轎子裡頭綾羅綢緞、珠玉帷幔，製作得像五星級賓館。大家可能會奇怪，一個轎子再折騰又能折騰到哪兒去？這就要說到這個轎子的第二個，也是最重要的一個特點了。那就是：大。我們平常說大轎子叫「八抬大轎」，要八個人才能抬得動，所以這是最大號的轎子。可八抬大轎比起這頂轎子那可就小巫見大巫了。這個轎子至少要三十二個膀大腰圓的轎夫才抬得起來。

可是，三十二個大漢，就算是房子也抬起來了，這怎麼會是轎子呢？你還別說，這個轎子其實就是套房子。轎子裡頭分為前後兩個部分，前面叫「重軒」，相當於辦公室和書房，有童子服侍，張居正可以在裡頭處理公務。後半部分是臥室，有侍女服侍，是張居正休息的地方。整個轎子還有一圈走廊。你說這是不是一套活動的公寓、活動的房子？

說老實話，錢普這個錢花得可真是太不靠譜了，做這個轎子那等於買套商品房。但這個馬屁可拍得太有創意了。擱著以前，依張居正的脾氣，說不定錢普因這個轎子要倒楣，畢竟這鋪張得太不靠譜了。可現在的張居正已經不在乎了，士大夫在倫理道德上都把他罵成那樣，他還有必要在勤儉節約上再做個什麼榜樣和表率嗎？況且，這轎子太實用、太舒服了，小皇帝不是交代過張老師一路上不要勞頓和辛苦嗎？正好，這頂轎子可以派上用場，這也算遵從了聖意。

於是，張居正毫不客氣地接受了這份厚禮。於是，從北京到湖北的官道上就出現了這樣一幅曠世奇觀：

一頂可以載入金氏世界紀錄的大轎子在緩緩蠕動，前面二十四個緊握當時最強火力的火槍手開道，後面二十四個當時箭法最為精準的弓箭手殿後，旁邊還有無數的隨從、護衛、儀式、旗仗，這個從北到南緩緩行駛的龐大隊伍，就是當時整個帝國的靈魂。

不僅住、行很豪華，吃也是這樣。因為豪華與鋪張一旦開了頭，那就無止境了。張居正開始的時候沒什麼胃口，所以雖然沿途地方官都挖空心思招待，可張居正還是不怎麼下筷子。但在河北地界，張居正吃到某位無錫廚師燒的菜，覺得很合胃口，就多吃了些。這下可好，消息傳開，沿途各府台衙門緊急徵召無錫的廚師，弄得只要是無錫的廚師，當時都身價陡漲。

除了吃穿住行的鋪張與豪華，張居正更為人注目的是他在禮節上的排場。張居正回鄉與回京的這兩趟，所經過地方的大小官員，都要往前數十里來迎接，而且大都用跪拜迎接的方式，對於這些，張居正一概受之無愧。

更有甚者，當路過藩王的封地時，也就是朱元璋那些封了王的子孫地盤時，按朝廷禮儀，就算是有公侯封爵的元老重臣，對這些藩王也得執臣下之禮，可並未有公侯頭銜的張居正也只是拱拱手而已。然後這些藩王宴請張居正的時候，張居正總是不客氣地位居上座，這說明不論是在這些藩王的心中，還是在張居正自己心中，都認為張居正的地位是僅次於皇帝而已。

所以，後來明代的大學者沈德符在寫《萬曆野獲編》時，專門寫了一章，題目就叫「親王迎謁」，就是批評張居正僭越了禮儀，已經有點忘乎所以了。

連路上都這樣，張居正回到湖北荊州後給父親操辦葬禮的排場那就可想而知了。在整個明代，要說葬禮的排場之大，估計除了皇帝的葬禮，就要算張居正他爹張文明的葬禮了。

不過，張居正也有收斂的地方，唯一能讓我們又看到以前的那個張居正的地方，是他走到河南新鄭的時候，遠遠地透過轎簾看到遠處跪著一大片當地大小官員。當頭跪著的是新鄭的縣令和一個六十多歲瘦骨嶙峋的老人。

張居正一看到這位老人，立刻囑咐停轎，他老遠就下了他的三十二抬大轎，快步走到這些人的面前，上前一步攙起這位老人，眼淚唰地一下就流下來了。

這個老人是誰呢？他就是曾經與張居正香山盟誓，後來又與馮保鬥得你死我活，以至於把張居正也視為仇人的前任內閣首輔高拱。

高拱不是不知道張居正在王大臣案裡從馮保手下救了他全家，但他和當時大多數人一樣，認為張居正才是始作俑者，後來只是迫於形勢，才故作姿態罷了。尤其是張居正趁他和馮保的鬥爭接替了他內閣首輔的位置，這是高拱最不能接受的。但現在張居正位高權重，高拱又能怎麼樣呢？他只能隨著縣令來跪接張居正罷了。

可張居正心中對高拱還是非常有感情的，他不是不知道高拱一直誤解他，可現在兩人江湖相見，再有多少恩怨，也足以一笑泯恩仇了。所以張居正握著高拱的手，把高拱攙扶起來，根本不管當地那些大大小小的官員，與高拱並榻而坐、促膝長談。

後來張居正返程回京，又特意來看望高拱，兩個人再有一番長談。至於談了什麼，沒有人知道。高拱死後，因為小萬曆特別恨高拱，所以不許給他官葬，而張居正據理力爭，終於為高拱爭到了按政府高級官員舉行官葬的正式禮儀。

見到高拱的張居正真情流露，毫無內閣首輔的官場架子。除此之外，張居正回鄉葬父可以說排場十足，大概這時候的張居正已經不在乎了。在他心裡，大概只要能為國盡忠，那些都算不了什麼了。

操切

如果說回鄉葬父的排場體現了張居正生活作風的變化，那麼能體現張居正工作風格變化的就是我們要說的第二件事：長定堡大捷的疑案。

就在張居正回鄉葬父才離開北京城的第五天，新婚燕爾又百無聊賴的十六歲小皇帝萬曆正在打瞌睡，突然當值太監急匆匆地來稟報，說兵部尚書求見，有遼東緊急軍情稟報。

小萬曆一聽緊急軍情嚇了一跳，睜開眼就說：「快請張先生來！」當值太監一聽就咧了嘴，說：「張首輔已回鄉歸葬去了，皇上您還是先看摺子吧！」

小萬曆這才想起來，他那位無所不能的張老師已經走了五天。小萬曆沒了張居正在身旁，還真就沒了主意。不過，等他拿過兵部的摺子打開一看，不禁笑顏逐開，剛才聽到緊急軍情的緊張勁兒一下全沒了。

原來，遼東上報的軍情是長定堡大捷。這個大捷到底是怎麼回事兒呢？

時間往前推兩天，也就是張居正離開內閣回鄉葬父的第三天，遼東副總兵陶成嚳在邊塞長定堡的長城上正躊躇滿志、慷慨激昂又唉聲歎氣、自怨自艾著呢！

大家可能會奇怪，這位遼東副總兵的情感怎麼這麼複雜呢？

也難怪，陶成嚳這人自覺文韜武略無所不能，可是一直沒有什麼好的機遇。他雖然比較會打仗，而且也以軍功累積到了副總兵的位置，可在遼東一線，他再有本事，鋒頭也不如另外一個人。

誰呢？遼東總兵——李成梁。

面對遼東一線的蒙古人和建州女真族，幾乎所有的大仗都給李成梁打了。而且李成梁一打還准贏，弄得蒙古人和女真人都特怕他。陶成嚳自覺本事不比李成梁差，可軍功都被李成梁建了，而且他是副總兵，人家李成梁是正總兵，排兵布陣總還得聽正職的，所以陶成嚳一直覺得大志難伸。說好聽點叫大志難伸，說難聽點兒就是出鋒頭的機會怎麼都是你李成梁的呢？唉，這就叫「既生李，何生陶」啊！所以陶成嚳站在北風中，難免有兩聲自怨自艾的唉聲歎氣。

但自怨自艾的陶總兵為什麼在長城上又會慷慨激昂、躊躇滿志呢？

原來大清早就有探馬來報，說幾百韃靼武士正朝關隘的方向而來。陶總兵一聽就來了精神，什麼？正愁沒地方施展身手呢？這下好，居然有送上門來的了。況且，你幾百人，就敢直奔我重兵把守的長定堡而來，這還不好好收拾你一下！收拾掉這幫傢伙，那就是奇功一件啊！

於是他點齊兵馬，準備殺敵。而他自己這會兒趴在城牆上，正激情燃燒地在那兒瞭望著呢！

不一會兒，果然遠處有一群韃靼武士慢慢地過來了。但這撥人很奇怪，要說攻城，他們不急不忙，也不是衝殺的派頭，瞧那個慢勁兒，倒像在散步。更關鍵的是，這撥人還趕著大群的馬和羊。對於蒙古人來說，那馬和羊就是所有的財產了，所以趕著馬和羊出來，除了放牧就是搬家了。

陶總兵皺著眉頭看了半天，正琢磨著，旁邊的小校湊過來嘀咕了一句：「大人，這不像是來攻城的，會不會是來投降的啊？」

陶成譽聽了這話，心裡咯噔一下，這要是來投降的，自己還殺個什麼勁兒啊？到手的軍功、煮熟的鴨子不就飛了嘛！所以他心一橫，掉過頭惡聲惡氣地對那小校說：「你懂個屁，這叫詐降，你一開關，他就殺過來了。你小子心一軟，腦袋就沒了。」說著，化掌為刀，在小校的脖子上砍了下。

小校嚇得脖子一出溜，心想，還是陶總兵深謀遠慮，要不然豈不被這幫韃子給騙了。

小校還沒緩過勁來，陶總兵已經拔出佩刀，大喊一聲：「兄弟們，隨我出擊。」

其實，這幫韃靼人確實是來歸降的，他們是個小部落，經常受土蠻的欺侮，實在撐不下去了，所以來投大明。這種事在邊關也常有，張居正為了分化蒙古人，一般對這些人都是收留的。這幫人拖兒帶女、趕著羊群以為來到了天堂，遠遠地已經看到了城牆，可突然間炮聲一響，殺出數千明軍鐵騎。為首一員大將，鎧甲分明，長刀揮舞，正是威風凜凜的陶大將軍。

這下這批蒙古人是真的去天堂了，根本就沒想到迎接他們的不是掌聲和鮮花，而是馬刀與喊殺。問題是拖家帶口的，逃也逃不快，所以除了一小部分逃掉外，大部分都被陶大將軍送去了天堂。

陶成譽所謂的長定堡一戰，殺敵獻首四百七十八人，而自己無一傷亡。陶成譽這個高興，你李成梁雖然了不起，但你劈山營大捷也沒說自己無一傷亡，你看我，殺了這麼多韃子，自己還無一傷亡，這簡直就是戰爭史上的奇蹟啊！所以他趕緊修書上報朝廷。

小萬曆在驚魂未定中讀到的這份遼東緊急戰報，就是這樣一個長定堡大捷。小萬曆高興的趕快召兵部和內閣的大臣們來見，問按規定該怎麼獎賞這些邊關將士。內閣次輔呂調陽說正在考慮怎麼獎賞各級將士，小萬曆聽了兩句就沒耐心了，說趕快快馬將消息告知張先生，請張先生審定你們的處理意見。

原來，張居正雖然走了，小萬曆和李太后根本不放心沒有張居正的內閣，讓內閣大臣每天把緊急事務都要快馬呈報正在路上的張居正，而張居正一邊趕路、一邊處理公務，再讓快馬把他的處理決定送回北京城來。這就是明代所謂的「馬背上的內閣」。

張居正雖然是回鄉葬父，但當他看到長定堡大捷的捷報時相當高興，卻也只高興了一下，張居正的眉頭就皺了起來。為什麼呢？張居正覺得不正常，蒙古人的戰鬥力那不是吹出來的，李成梁雖然夠狠，但也不能說是哪一仗可以沒有一兵一卒的傷亡。這個陶成譽，張居正還是知道的，雖然有本事，但好大喜功，怎麼可能把長定堡這一仗打得如此漂亮，以至於殲敵獻頭顱四百七十八個，而自己卻無一傷亡呢？張居正覺得：不合常理。

雖然不合常理，可你張居正無暇分身啊！內閣獎勵的決定還等著你點頭，從皇上開始，往下到陶成嚳，再到陶成嚳手下將士的心情那都充滿了期待的，這時候什麼證據也沒有，你能掃所有人的興嗎？所以張居正也沒辦法，只得在獎勵決定上簽字。但同時他寫了封信，讓自己的學生遼東巡按安成凱要祕查此事。

張居正還沒辦完喪事，安成凱有關長定堡大捷的真相調查報告就來了。張居正這個火啊，心想你陶成嚳殺降不算，竟然還敢謊報長定堡大捷！朝廷上下是人人歡喜，可這四百七十八個冤魂又該如何呢？

說老實話，要從朝廷大局出發的話，張居正應該隱忍不發。為什麼呢？道理很簡單。

第一、長定堡大捷已成朝廷定論，各級官員所授的封賞獎勵都已塵埃落定，就算是張居正自己，因為是百官之首，也在長定堡大捷後被小皇帝加了封賞。現在要揭出真相的話，從上到下、從小萬曆和他張居正開始都會弄個灰頭土臉。

第二、關鍵是所受封賞的這些人，除了陶成嚳，其他可都是張居正的親信。你看遼東總兵李成梁、薊遼總督梁夢龍、兵部尚書方逢時，這些主要受封的功臣都可謂是張居正的左膀右臂。你要翻案，不光是陶成嚳要倒楣，這幾位直接領導，也都有很大的責任。

第三、這些韃靼人是死得冤，可他們是韃靼人，是與大明世代為仇的韃靼人啊！你說你張居正為了這些韃靼人，讓自己和小皇帝灰頭土臉，讓自己的親信和功臣不僅無功還要受罰，這值當嗎？

還有，你張居正遠在千里之外給父親下葬，有必要為這件事搞得朝廷上下都不快嗎？所以按理說，張居正絕不應該因長定堡大捷事件再起波瀾。但你猜張居正會隱忍不發嗎？答案是：不會的。

他在回到湖北荊州後收到了安成凱有關真相的報告，他還是壓了下來，並未向小萬曆稟報。但他不放心，又寫信給自己的學生薊遼總督梁夢龍，讓他再查實。過了一段時間，梁夢龍的查證也來了，真相跟安成凱調查的一樣。但梁夢龍勸自己的老師，此事宜大事化小、小事化了。

要放在奪情事件以前，我估計張居正真的會聽梁夢龍的勸，把此事大事化小、小事化了，頂多暗地狠狠責罰陶成譽，也不能因這事影響朝廷上下的名聲、影響政治大局的穩定。

可現在的張居正已經不是那個謹小慎微的張居正，他的心中只有國家利益，除此之外，其他一切都可不做考慮。陶成譽殺降卒謊報長定堡大捷，雖然沒對哪個人造成傷害，但他對國家利益造成了傷害，就這一點，便足以讓張居正做出令所有人出乎意料的決定了。

張居正葬完父親回到北京後，受到皇帝、太后和朝廷上下官員的盛大歡迎。可才過了兩天，張居正就指派遼東巡按安成凱上書彈劾陶成譽謊報長定堡大捷，然後據實查處此事。最後陶成譽受到重罰，而內閣、兵部、遼東各級官員的封賞一律革除，這其中主要牽涉的都是張居正和他的親信部下們。

事後，很多人說張居正太「操切」了，就是說他的工作風格太極端、太過分、太難讓人理解。可張居正理直氣壯地說：「賞罰明當，乃足功懲，未有無功幸賞，而可以鼓舞人心者！」那意思就是說他講的是道理，不是情面，治國興邦，沒有規矩怎麼成呢？為了國家的利益，「操切」就「操切」吧！

雖然工作風格「操切」、極端，但張居正大權在握、強權在握，任別人非議，也奈何他不得。所以士大夫階層的非議和埋怨遇上張居正的「操切」也無可奈何。

但張居正的操切、極端碰到另外一個人就有麻煩了，這個麻煩事實上也成了張居正萬曆新政最大的、也是最後的隱憂。那麼，這個人到底是誰呢？他和「操切」的張居正又會碰撞出怎樣的「火花」呢？

第二十二章

成長中的煩惱

自奪情倫理風暴後，張居正的工作風格發生了巨大的變化，不僅對萬曆新政的反對派痛下狠手，甚至對自己的親信、部舊，張居正也鐵面無私。當時很多人都評論他的風格太「操切」了，也就是說他太極端了。

但是，以前很在乎朝臣評論的張居正，在經歷了奪情風波之後，尤其是在當眾下跪之後，對於這些議論，他根本不在乎了。操切就操切，只要對國家有利，只要對萬曆新政有利，隨你們怎麼說！

張居正不僅對親信、部舊操切，甚至對他的主人小萬曆和李太后都愈來愈操切了。

張居正對李太后的操切我們下一章再說，因為這雖然影響兩個人之間的感情，還不至於影響政治的大局。但張居正因為行為方式愈來愈嚴厲，從而導致他跟小萬曆之間關係的變化，那就非常關鍵了。可以說，這也是整個萬曆新政最大的隱憂。

因為張居正雖然是萬曆新政的總導演、總策畫，但那個身為皇帝的孩子小萬曆才是他名義上的主人；小萬曆雖然身為皇帝，卻又是改革家張居正最器重的學生和他唯一完全看中的改革的接班人。兩人間這種複雜的關係，使得他們的情感變化對萬曆新政完全起到牽一髮而動全身的作用。

親情

要說到兩人之間的感情，那就要回顧我們以前提到的內容了。我們在一開始就說過，張居正做為大明王朝最好的老師，教到了一個自己最喜歡的學生，也就是小萬曆，兩個人的關係從一開始就可說是相得益彰、相得甚歡。

從小萬曆的角度看，能遇上張居正這樣一位老師，那應該是不幸中的萬幸。為什麼這麼說呢？

小萬曆九歲時，父親隆慶帝就死了。小萬曆雖然說是皇位的繼承人，但同時，他也成了一個孤兒。他的母親李彩鳳雖然是個很聰明、也很強勢的女人，但此前畢竟未參政、預政，可以說沒有任何政治經驗。面對強大的文官集團與宦官集團，尤其是面對高拱與馮保之間你死我活的爭鬥，這對孤兒寡母那完全就是驚弓之鳥。

這時候，張居正出現在這對驚恐中的孤兒寡母面前，給了他們細心的安撫與呵護，這讓寡婦李彩鳳和孤兒小萬曆都一下找到了依靠。尤其是小萬曆，因為母親特別依賴這位張先生，所以做為兒童的小萬曆也自然特別依賴這位無所不能的張先生。

張居正知道，小萬曆就是李太后生活的重心與希望所在，所以他也把全副的精力和愛心傾注到小萬曆的身上。

做為小萬曆的老師，張居正對於小萬曆的生活及教育可謂是嘔心瀝血、夙興夜寐。每次給小萬曆上課時，張居正都要提前半個多時辰，也就是一個多小時到課堂上做準備。身為一國宰相，在日理萬機之餘，還要親自為小萬曆編寫教材。為了讓這個十歲的孩子對學習產生興趣，充其量只是一個語文老師的張居正，還在教材旁邊畫上連環畫，以增加內容的生動性、可讀性。所以我們說過，是張居正開了後代插圖本教材的先河。就憑這份心思，我們就可以看出，張居正在小萬曆身上傾注了怎樣的心血。

對於張居正的這片苦心，做為母親的李彩鳳能夠理解與感動也就罷了，但難能可貴的是，那個十歲的孩子小萬曆，居然也能有超出年齡的領悟與體會。

小萬曆就多次表示，說張先生對他的教導與愛護就像是父愛一樣真摯而無私，這讓他感到特別溫暖。這些在《神宗實錄》裡都有明確的記載。

其實，小萬曆這種超強的領悟能力也不難理解，因為父愛大概是人類社會乃至自然世界的一個永恆主題。

小萬曆沒了父親，面對這樣一位愛護、呵護他的張老師，自然在情感上有了一種替代；而張居正此時孤身一人在遠離家鄉的京城，妻兒老小多年不在身邊，自然也把小萬曆對他的依賴看成是一種類似於親情的感情。

我們用「親情」這個詞來定義完全是有證據的，這個證據就是生活中他們相互關愛的細節。

小萬曆十一、二歲時就懂得心疼人了。

張居正給小萬曆上課，只要到了夏天和冬天，小萬曆對於張老師上課的辛苦就分外不忍。他上課前都要到張居正站立的地方去站一會兒。為什麼呢？這倒不是像現在的小學生喜歡模仿老師站在講臺上，那純粹是體會一下當老師的威嚴。而小萬曆站在張老師講課的地方，是為了試一試張老師站的那個地兒冬天裡有多冷、夏天裡有多熱。這樣，小萬曆好讓人對那塊區域的溫度做適當的調節。

當然，那時沒空調，再調節也不過是微調，不過是夏天在張老師身邊放點冰塊，冬天在張老師腳下放塊毛氈。

雖然溫度上只是微調，但這種行為方式，對於一個十一、二歲的孩子來說，絕對不會是作秀，那絕對是出自真心的關愛了。

做為一個皇帝，小萬曆對於張居正的關心有時真的只能用「親情」這種感覺才能解釋。有一次張居正生病了，大概也就是感冒發燒、身上發寒。張居正拖著病體來上朝，一站上大殿，小萬曆隔著老遠就看出來了。他立刻停止朝議，親手為張老師熬了一碗薑湯，又親手端給他敬愛的張老師，讓張老師喝下去發發汗。

要知道再怎麼說小萬曆那也是皇帝，張居正再怎麼著也只是個大臣，皇帝給大臣端湯送藥，好像在史書裡我們很少讀到吧！就算是三國裡劉備對諸葛亮尊敬成那樣，也沒見他給孔明先生熬過藥啊！那後主劉禪口口聲聲把諸葛亮稱為相父，也就是明確地把諸葛亮稱作父親，但也沒見他對病中的諸葛亮有過這種實際行動上的關心啊！

所以說，小萬曆這種舉動完全就是發自一個孩子的真心，完全不是所謂皇帝關愛大臣的作秀。

所以，張居正是含著熱淚喝下了這碗薑湯。

後來，據《明神宗實錄》記載，張居正又生病的時候，要是在家休養，小萬曆都會親自為張老師抓藥，再讓御醫專程送到張老師家去。

所以我們套用「患難見真情」的話來說，那叫「生病見親情」！愈是在病中，愈是在一個人脆弱的時候，我們才愈能體會到親情的溫暖。

而當小萬曆生病時，張居正的表現也十分感人。

據說有一次小萬曆出疹子，張居正做為一個大臣當然不能守在宮裡服侍，他只能隔些天率領文武百官到宮門前問候。但等到小萬曆出完疹子結了疤重新上早朝，張居正竟然一直走到龍椅前，撲通跪在小萬曆的身前，仰著臉，盯著小萬曆細細地看。

小萬曆也不覺得奇怪，微微地俯下身對著已經兩鬢斑白的張老師說：「先生看朕容色如何？」

張居正也不答話，只在晨光裡又跪著向前挪了挪，當他看到小萬曆氣色紅潤，又聽到小萬曆聲音清亮，知道小萬曆已經大病痊癒了。張居正這時候開心地笑了，一邊笑，一邊滲出了滿眼的淚花。

這時候小萬曆俯下身拉著張居正的手說：「朕日進膳四次，每次兩碗，但不用葷。」也就是彙報一下，說自己的食欲也很好。

張居正聽完，抹了抹了眼淚說：「病後加餐，誠為可喜。但元氣初復，亦宜節調，過多恐傷脾胃。」也就是說大病初癒，胃口開了是好事，但不宜吃得過多，要一點一點地來。

你看這兩人在朝堂之上發自肺腑的關心與關切，哪有把其他人放在眼裡？又哪有把皇帝與大臣的名分放在眼裡？

這不是「親情」又是什麼呢？

所以後來張居正喪父之後，把母親接到北京來住，李太后、小萬曆接張老太太到宮裡吃飯、聚會，用的都是「家人禮」（《明史・張居正傳》），也就是皇上和太后對張老太太就像是自己家人一樣。

為什麼會把這個素不相識的湖北老太太當成家裡人呢？

那還不是因為他們把張居正當成了家裡人！

那如果李太后和小萬曆都把張居正當成了家裡人，那他們之間的感情不是親情又是什麼呢？

所以後來的史學家們都評論說，君臣之間能像小萬曆和張居正這樣感情真摯的，古今罕有。

教育

我們再從張居正的角度看，他和小萬曆之間情同父子的關係，讓他下了一個重要的判斷，那就是小萬曆是他教過的最出色的學生，這意謂著小萬曆長大後極有可能成為一個最出色的君王。

張居正做出這樣的判斷是有根據的，我們可以舉三個例證來看。

第一個例證，張居正教導小萬曆說，做皇帝的最根本任務和工作是什麼呢？是上朝。聽大臣們彙報工作、彙報思想、彙報朝廷各方面的情況。從根本上說，也就是要跟大臣們保持通暢的交流與接觸，這是保證大明王朝能夠順利運轉的先決條件。

事實上，張居正說的一點兒也不假，明代之所以宦官專權，甚至成為明代政治的最大弊病，一個最重要的原因就是皇帝與大臣不接觸，或者說接觸很少。像正德皇帝、嘉靖皇帝和隆慶皇帝都是典型的消極怠工不上朝的皇帝。這樣「君臣不相接久矣」，而日常能夠接觸皇帝的宦官自然就把持了皇權。

張居正認為要扼止這一情況，做皇帝的就不能偷懶，得忠於本職工作。皇帝的本職工作是什麼呢？就是上朝。

所以在張居正的教導下，小萬曆小小年紀，從十歲開始，一大早就不辭辛勞地爬起來參加朝會。

後來，張居正也心疼小萬曆，實在不忍心，折中了一下，每十天裡逢三、六、九日設為朝會，這樣小萬曆就能多睡兩天懶覺了。

這種早朝制度在張居正在世時，小萬曆始終認真地堅持。說實話，這對一個十歲開始君臨天下的孩子來說，確實是不容易的。

能夠堅持早朝，讓張居正認為小萬曆有了能夠治理天下的先決條件，那就是勤奮和不怕吃苦。要知道，要做個壞皇帝，那當然很輕鬆；但要做個好皇帝，那在中國古代，可是一件標準的苦差事。

不過，張居正不知道的是，在他死後五年，長大後的小萬曆就再也不堅持早朝了，他在位的四十多年裡，後面的三十多年，幾乎就再也不上朝了。

第二個例證，張居正教導小萬曆要節儉、要愛惜民力，這是做一個好皇帝的根本條件。

結果小萬曆小的時候就非常知道節約。萬曆元年，因為快到春節了，張居正在講課後就向小萬曆提出來，說先皇去世後才一年多，也就是小萬曆還在三年的服喪期內，所以春節期間宮中的宴會和元宵燈會最好就都取消了吧！

小萬曆聽了馬上就說：「昨天我就吩咐過他們了，讓焰火什麼的都不要辦了，能節省些就節省些。」

張居正聽了頻頻點頭。

可小萬曆畢竟還是個孩子，過了春節後實在想看焰火、想看燈會，就試探著問張老師說：「元宵鰲山的焰火燈會是不是祖制啊？」

這話也就是說張老師您不是最喜歡抬出祖宗成法嗎？這個鰲山的元宵燈會那可是祖宗的規矩，每年都辦的，要不張老師咱們今年還小小地辦一下，也好解解眼饞。

張居正當然知道小萬曆的鬼心事，馬上板著臉說：「這事兒嘉靖時偶一為之，主要是為了敬神，不是為了娛樂。咱們現在萬曆新政剛剛施行，應當以節省為要。」那話的意思就是這只要是花錢的事兒，就不能辦。

旁邊馮保看著小萬曆心癢得很，就替小萬曆求情說：「要不，咱們就辦一次，以後就不辦了？」

結果張居正一點都不讓步，說：「你知道搞一次要多少錢嗎？要十萬金，現在國庫空虛，百姓生活艱難，我看還是省省吧！」

馮保還要爭，小萬曆卻在聽了張居正的話後立刻回心轉意，說：「朕極知民窮，如先生

言。」（《明神宗實錄》）

張居正聽了這個十一歲孩子的這句回答，非常感動。心想：這樣一個愛惜民力不愛財的小皇帝，將來肯定是個明主啊！

張居正哪裡知道，在他死後，那個長大了的小萬曆卻是歷史上難得一見的貪財皇帝，不僅貪財，而且極不愛惜民力，終於把張居正苦心經營的萬曆新政的家底都賠了個精光。

第三個例證，張居正教導小萬曆要仁慈、要重視人才，這是做一個好皇帝的重要條件，而這一點小萬曆也做得非常不錯。

小萬曆小的時候就非常仁慈，隆慶帝的遺孀恭妃讓人把宮裡的金壺偷偷地拿回家去。守門太監舉報之後，小萬曆不僅沒有責罰她，還批示說：「她家貧，賜她一百金。但先帝賜她的器具，則不許拿出去。」

小萬曆既講規矩，又體諒人。

張居正有天給小萬曆講自編的插圖本教材《帝鑒圖說》，剛說到宋仁宗有個很奇特的習慣，就是不喜歡珠寶，這時十歲的小萬曆張口就說：「賢臣為寶，珠玉何益！」（談遷《國榷》卷六八）

那意思是說，仁宗這個習慣不奇怪啊！一個做皇帝的當然應該把賢臣當國家的寶貝，珍珠這些只能算普通人的寶貝，哪裡能算國家的寶貝呢？

張居正一聽大喜過望，說這就是明君的想法，明君就知道人才遠比珠寶要珍貴得多。

到了萬曆元年的十一月，在張居正辛辛苦苦教了小萬曆將近一年的治國之道後，這個還不滿十一歲的孩子突然有了一個驚人的舉動。他召見吏部尚書張瀚和都察院左都御史葛守禮，說要親自召見天下廉潔自律且有能力、有工作業績的官員，讓各地推薦這樣的優秀官員到京城來，他要親自接見並給予褒獎。

張居正對此十分欣慰，他感覺自己的心血沒白費，他的萬曆新政終於有了個萬中挑一的最佳接班人。這個孩子要是能好好地培養，大明王朝必將有一位中興的明主、振興的帝王。

後來不停地有人批評張居正雖然很好地執行了萬曆新政，雖然在萬曆新政的頭十年裡取得了巨大的成績，但他死前對於內閣的人事安排並未能體現出一個政治家的遠見，也就是在內閣裡沒有培養出能夠繼續其輝煌事業的改革接班人。

其實，張居正確實沒能像徐階培養他那樣在內閣裡培養出自己出色的接班人來，但張居正之所以沒在內閣裡培養出出色的接班人來，是因為他心中最為出色的改革接班人根本就不在內閣裡，而是在皇宮裡、在大內裡，這就是他那位最得意、最器重也是最看好的學生——小萬曆。

可惜，張居正看不到自己的身後事，他看不到小萬曆對張家極不仁慈的血腥報復，也看不到小萬曆怠政、荒政、幾乎毀滅了所有政治後備人才的後半生。

逆反

那麼，我們不禁要問了，為什麼目光如炬的張居正會看走了眼？

難道小萬曆小時候的這些優良表現都只是作秀嗎？

如果只是表演，一個孩子又怎麼可能表演成這樣呢？

如果不是，那麼年少時有望成為棟梁之才的小萬曆，為什麼長大後又會成為一個「朽木不可雕也」的極端呢？

個人認為，這既是一個教育問題，也是一個人生的成長問題。

這首先是一個教育問題。中國傳統教育最大的問題在於三個字——家長制——或者叫「家長式」教育。《三字經》不是說「養不教，父之過。教不嚴，師之惰」，原意是說教育是家長和老師的責任，可這種責任心在中國傳統文化中異常膨脹，最終在家長與老師看來，教育的責任變成了教育的權利。

注意，責任是種義務，從責任到權利，教育者的教育心態就完全發生了扭曲。既然教育者有家長式教育的心態，被教育者的教育環境也就可想而知了。張居正和李太后對小萬曆奉行的正是這種「家長式」的嚴格教育。

《明史·張居正傳》有一段記載說：「帝初即位，馮保朝夕視起居，擁護提抱有力，小扞格，即以聞慈聖。慈聖訓帝嚴，每切責之，且曰：『使張先生聞，奈何！』於是帝甚憚居正。及帝漸長，心厭之。」

這段話是什麼意思呢？

這段話是說，萬曆小的時候，都是馮保在看護他。等他以十歲之齡坐上皇位，馮保還是從早到晚看護著他。小萬曆要是有什麼小錯誤，馮保就嚇唬他說：「你再這樣，我就告訴你媽！」一聽這話，小萬曆就老實了。

但如果有些錯實在掩不住，被李太后知道了，李太后就嚇唬小萬曆說：「你再這樣，就告訴你張老師！」

經過這兩級恐嚇，小萬曆就徹底老實了。

這說明，到李太后那兒，還只是啟動「黃色預警」，頂多算是「橙色預警」。但到張居正這兒，便是啟動「紅色警報」了。你說這小萬曆對張老師害怕成什麼樣！

當然，張居正做為大臣，雖然他是小萬曆的老師，但他倒也不敢打罵自己的皇帝學生。可即使沒有打罵，小萬曆也對他怕成這樣，就更能說明這種家長式教育環境下學生所承受的心理壓力了。所以張居正說不許辦燈會，就是不能辦燈會；說不能看焰火，就是不能看焰火。雖然張居正的出發點沒錯，但他完全忽視一個孩子在心靈上的渴望與要求。

說實話，張居正並不知道他這個最得意的學生想要什麼，他跟絕大多數家長一樣，一廂情願地認為，自己教給他的就應該是他最需要的。

可惜，大人的「應該」和孩子心目中的「應該」永遠不是一回事。

這就要說到一個孩子成長的問題了。據心理學家分析，男孩子最容易在十一歲到十三歲產生逆反心理，而在十六歲到十八歲這種逆反心理往往表現得最為強烈。大概小萬曆的成長環境更為惡劣些，十一歲到十三歲的時候我們還看不到他的逆反表現，但到了十六歲後，這種表現突然就強烈了起來。

當然，公允地說，這種情緒的滋長也與張居正有關。

張居正在經歷過奪情倫理風暴之後，不論是性情上或工作風格上都有很大程度的變化，時人評論是變得更「操切」，也就是更極端了。遺憾的是，因為小萬曆在張居正心中具有「接班人」的重要位置，他對小萬曆的期望也隨著這種「操切」變得極端起來。而在這種期望下，愈是跟張居正有著類似於父子之情的小萬曆也就表現得愈逆反。

比如說過了十六歲的小萬曆，結了婚，已是個大人，思路和習慣也不再跟敬愛的張老師合拍了。而面對這種不合拍，張居正的態度則是加大力度，一定要把它扭合拍，所謂「強扭的瓜」就是這麼產生的。

一次，小萬曆覺得自己大內的錢不夠花，就跟戶部多要五十萬兩。戶部說年初的財政計畫裡沒有這筆錢，所以國庫裡也拿不出這筆錢。

小萬曆一聽就說那就不走財政計畫好了，省得耽誤其他方面的費用。他轉頭命令工部，說你們不是可以鑄錢嗎？你們就另外給我鑄五十萬兩，這樣就無需更動原來的財政計畫，而我也有了多餘可用的錢。

說實話，小萬曆完全沒學過經濟學，這不怪他。可張居正聽到戶部的彙報後非常生氣，讓工部不要理會這道命令，自己則苦口婆心地去找小萬曆說理。

小萬曆一見張居正就用質問的語氣問：「先生為什麼不讓鑄錢？我不用戶部的錢，讓工部鑄錢也不行嗎？」

張居正費神地解釋說：「天下有一兩銀錢，必有相應的一兩貨物，這叫物有所值。現在貨物不增加，而銀錢的總數要是增加了，那不就物無所值了嗎？」

小萬曆說物無所值有什麼關係，只要有錢在，物不就有所值嗎？那意思是只要錢能買東西，錢就是值錢的，東西也是值錢的。

你別說，他這個靜態的邏輯也是成立的。所以張居正費盡唇舌跟他解釋，只差沒把「通貨膨脹」這個詞說出來。但就算張居正能洩露天機把這個現代經濟學詞彙說出來，小萬曆還是不能接受，因為他不能接受的是：他是皇帝，江山都是他的，天下也是他的，為什麼天下的錢卻不是他的。張居正解釋得了通貨膨脹，卻解釋不了至高無上的皇權為什麼在現實中有那麼多束縛與限制。

所以，最後雖然小萬曆在這場有關鑄錢的辯論賽輸給了他博學的張老師、雖然鑄錢最終還是被張先生否掉了，但小萬曆心中的忿忿不平卻是張居正撫平不了的。

在這場鑄錢辯論賽完敗後不久，小萬曆又精心準備了第二場與張老師的辯論賽，這一次他的準備就充分多了。

萬曆七年的五月，張居正擬旨，封遼東總兵李成梁為甯遠伯，並准許世襲爵位。

李成梁是邊關大將，是張居正穩固國防的左膀右臂，再加上他累積功勞無數，最近又新獲戰功，所以張居正給李成梁封爵，這點誰也沒意見。

小萬曆也沒意見，而且他很高興地同意了張居正對李成梁的封爵。第二天，他就讓太監到內閣傳口諭，要張居正擬旨，擬封自己的岳父王偉為永年伯。

張居正一聽眉頭就皺起來了，憑啥封李成梁就要封你岳父啊？李成梁是因功封爵，你老丈人憑什麼莫名其妙地封爵啊？所以他不同意，回覆小萬曆說李成梁因功封爵是實至名歸，你老丈人這時候跟著湊熱鬧恐怕不太合適。

哪知小萬曆早有準備，讓太監把查好的典章送過來。張居正一看，上面寫著正德二年武宗為岳父封爵、嘉靖二年世宗為岳父封爵，這都是史有前例的事，也就是祖宗成法，你張居正憑什麼不讓我封自己的老丈人呢？

張居正一看，也徹底沒脾氣了，看來這個學生沒白教，知道引經據典地跟老師爭。於是張居正只得擬旨封了王偉的永年伯，但沒給「世襲」。小萬曆上朝時見到張居正就問：「王偉封爵，為何不給世襲？」

張居正也是有準備的，他微微一笑說：「老臣查了祖宗定制，嘉靖八年曾有旨說此後外戚封爵，都不准世襲。」

小萬曆顯然對典故的熟悉程度不如他的張老師，但他也不示弱，說：「正德、嘉靖兩次外戚封爵均有世襲，先生可知道嗎？」那意思是說，你有根據，我也有根據啊！

張居正一聽又開始宏論與說教了，他從明太祖朱元璋說起，說了一大堆滔滔不絕的道理，總的意思是太祖皇帝規定的，非有軍功，不得濫封爵位，後來的做法雖然有很多既成事實，但都不合乎我大明朝封賞的規矩。

小萬曆聽他長篇大論從太祖皇帝說起，一會兒就糊塗了。他知道說理說不過張老師，所以把殺手鐧扔出來，「憑什麼李成梁可以世襲，我皇帝的老丈人卻不可以？」

張居正一聽這話火了，說：「李成梁是什麼人，我大明的半壁江山都靠李成梁這樣的人守著呢！封爵的本意就是為了獎勵賢能的，李成梁這樣的人不封，你封誰呢？你老丈人沒為國家立下半分功勞，但不是也封了嗎？不過就是少了個世襲，況且這也是祖宗規定的，你幹嘛要較這個勁呢？」

小萬曆聽了這通道理也火了，道理上他說不過張居正，最後只好怒氣沖沖地問：「難道皇上的岳父還不如一個總兵重要嗎？」

張居正聽了這話突然不說話了，死死地盯著坐在龍椅上的小萬曆，那意思就是用沉默代替回答——沒錯！在我眼裡，你老丈人就是不如李成梁這個總兵官重要。

小萬曆見張居正不說話，自己也不說話。他倆不說話，旁邊誰也不敢說話。兩個人就大眼瞪小眼地對看了半天。

最後，張居正還是沒給王偉的爵位加上世襲。小萬曆最終像一隻鬥敗的小公雞蔫下去了。

如果說前面的鑄錢還是小萬曆因實際需要而與張居正爭執，後面的封爵就有點蓄意找碴的味道了。

那麼，這個十六、七歲的少年為什麼要對自己一直敬愛的張老師找碴呢？

除了青春期的逆反心理，小萬曆的心底還有哪些不為人知的奇特情結？在小萬曆成長的煩惱中，張居正又會面臨怎樣的煩惱？這些煩惱又會給張居正帶來怎樣不可預料的後果呢？

第二十三章

誤判去留間

還是在萬曆六年，也就是張居正回湖北老家安葬父親的時候，小萬曆和李太后則在北京城翹首以待，就盼著這位張首輔、張先生能早點回來。

所以，在張居正安葬父親期間，小萬曆一連發了三道詔書，問安葬情況怎麼樣、安葬的事結束沒有、安葬結束了你張先生何時能動身回京……總之，那意思很明確——

「你快回來，我一人承受不來！」

當今皇上和太后如此依賴張居正，這讓湖北當地的大小官員都很震動，也感到無上光榮，於是當地官員就有了一個拍馬屁的舉動——為張居正在荊州城外建了一座「三詔亭」，以資紀念。

建成之後，當地官員請張居正出席落成典禮，結果張居正當場就給這幫人澆了一盆冷水。他說，你們為我建這座亭子，現在看，好像風光得很。可過不了幾年，等時局變化、形勢變化了，誰還會記得這亭子是因三道詔書而起的呢？它終將只不過是五里舖上一個迎來送往、讓人駐足歇腳的普通亭子罷了。

說罷，張居正拂袖而去，只留下一幫拍馬屁的官員面面相覷地愣在當場。

我們不禁想知道，萬曆六年，剛剛經歷了奪情倫理風暴，剛剛堅定了奪情決心，要以鐵腕把萬曆新政推行下去的張居正，為什麼在這時候會有這麼消極的認識呢？

或者，我們不應該用「消極」這個詞，更準確點說，這應該是個極為「清醒」的認識。

那麼，在皇帝與太后全力依賴張居正、在整個萬曆新政完全依賴張居正、在整個大明王朝完全依賴張居正的時候，在他可以權傾天下、無所不能的時候，他張居正怎麼會有這麼清醒的認識呢？

我覺得，這就要說到張居正的政治智慧了。

我們以前提過，國學大師梁啟超先生認為張居正是「明代唯一一個真正的政治家」。我個人是非常贊同這個觀點的。做為一個「真正的政治家」，而且是「明代唯一一個」，張居正肯定有極為出色的政治智慧。

那麼，張居正的政治智慧到底表現在哪些方面呢？

我認為主要有四個方面。

第一、他做為一個改革家，根據形勢，適時地施行了名為萬曆新政的這場明代最大的改革運動。這也是張居正一生最大的歷史功績所在，所以當然能體現出他的政治智慧來。這一點，我想我們已經講很多了，這裡不用贅述。

第二、他敢於選擇奪情的勇氣和決心。或者說，敢於把改革推行下去、堅持下去的勇氣和決心。

要知道，張居正自己也是封建時代的讀書人，是一個以孔孟之道、宋明理學為思想根本的知識分子。奪情在名義上就是不守孝道，這算是動了孔孟之道、宋明理學和封建倫理綱常的根本。但為了改革的大業和自己的政治理想，張居正能與自己所奉行的這套倫理規範、思想信念為敵，繼而發展到與天下士大夫階層為敵，這從政治的角度來說，光這種大無畏的勇氣，我以為就可算是一種大智慧了。

第三、他以相權箝制皇權的政治手法。

在封建時代，皇權實際上是凌駕於一切之上的。你看歷史所有的治世、盛世，哪有光靠一兩個宰相、四五個大臣能整出來的呢？不論是文景之治、貞觀之治，還是開元盛世、康乾盛世，只要是治世，背後都必須有強大的皇權支持。所以諸葛亮再有本事，也整不出一個治世來，根本原因在於他的相權本質上還是完全受劉禪的皇權控制。而控制他的皇權正好是個昏庸的皇權，諸葛亮再有本事也沒轍。

歷史上唯一一個特例，就是張居正的時代。他背後的皇權應該也不算英明，這從萬曆皇帝完全主政後極為昏庸的表現就可看出。但張居正不同於諸葛亮，他的相權不像諸葛亮那樣絕對服從於皇權，而是採取與皇權合作並適度箝制的策略，這才使得他的改革得以徹底推行，使得張居正在世時的萬曆新政成為中國封建政治史上的一個奇蹟。

第四、就要說到張居正對箝制皇權後果的清醒認識。

當時及日後，經常有人評價張居正，說他不知自己已經功高震主、也位高震主了，說這是張居正後來得禍的根本原因。比如明代《定陵注略》這本書裡就評價說：「人知江陵威福自恣，不覺聲色卒震於幼主之前。後來之禍，宜其及矣。」這話就是說，張居正已經位高震主了，將來必將因此而得禍，可惜他還不自覺。

事實上，個人覺得這些評價也對也不對。對張居正用相權來箝制皇權，甚至多少有點兒凌駕於皇權之上的事實認識還是比較準確的，但他們認為張居正身在局中，當局者迷，並沒認識到這一點，那就大錯特錯了。

其實，張居正對這點認識得相當清楚，他曾經有一句特別有名的政治名言，叫「高位不可久竊，大權不可久居」（《張太岳集・歸政乞休疏》）。也就是說一個人在政治上獨掌大權久了，雖然風光，但高處不勝寒，總有樂極生悲的那一天。所以一個聰明的政治家應該在政治生涯的高潮處要知道全身而退，像漢初急流勇退的張良就是這樣的人，只有這樣才是聰明的保全之道，否則，最終等待你的，一定不是什麼好下場。

所以，張居正在面對為他而建的三詔亭時，才出乎所有人意料地拒絕了當地官員的拍馬屁行為，當時就說出自己對將來的隱憂。

但問題是，這個拒絕「三詔亭」的時間實在太早了，此時不過是萬曆六年，也就是說萬曆新政才剛進行到一半，像「一條鞭法」都尚未施行，清丈田畝也還未見成效，一切還談不上大功告成，張居正怎麼這麼早就有了功成身退的想法呢？

也就是說，他還沒有功成，怎麼就想到身退了呢？

我個人的理解是，這和我們這前幾章所說的張居正工作風格的轉變有關。

操切風格

我們知道，張居正在經歷了奪情倫理風暴之後，不僅個人的生活作風發生了明顯的變化，變得愈來愈奢華、愈來愈鋪張，而且工作風格也發生了極大的變化。以前是「沉毅淵重」，也就是非常沉穩，現在卻愈來愈「操切」了，也就是不留情面，很極端。

比如說，我們前面說到的長定堡大捷的疑案中，張居正心中一句「國家利益至上」，置整個朝廷的臉面於不顧，從上到下，從萬曆皇帝開始到他手下的親信、部舊，甚至是左膀右臂，都兜頭澆了盆冷水。連他自己都未能倖免，他和他手下的親信因長定堡大捷所受的封賞全部革除，好些人還因此受到處罰。

所以說張居正太「操切」了，並不是改革的反對派提出來的，恰好是張居正這邊兒的人提出來的。

再說，張居正在奪情事件後，面對士大夫階層的啕啕之口，他心裡也非常生氣，甚至是非常反感。但除了個人情緒，張居正更認識到這種對他個人的非議，極有可能演變成對整個萬曆新政的非議。於是，張居正於萬曆七年詔毀天下書院。

當時的書院相當於現在的大學，是知識分子聚集的地方。當時的書院既有公立的，也有私立的，在管理上並不能做到統一的行政管理。而且就算是公立的書院，因為明代士大夫階層崇尚演說與爭論，所以也是培養各種對立意見的沃土。明代文學史和思想史上一個最典型的特點就是流派之爭特別激烈，流派也特別多，這都說明明代知識分子崇尚「君子動口不動手」的習氣。

張居正要把改革順利推行下去，最忌諱的就是士大夫之間的口舌之爭，而愛吵架又剛好是明代知識分子最鮮明的職業特點，所以張居正為了維護改革思想的統一，也為了封住別人議論的嘴巴，他開始大規模地關閉書院。

私立書院基本上不讓開，公立書院的規模也大幅縮小。而且是強制性的，沒有任何可以商量的餘地。這為張居正留下了文化專制的惡名。

客觀地說，這確實算是「文化專制」。但張居正做為一個改革的執行者，這樣做多少有他自己的道理。但接下來他為了平息天下士人的議論，以異端邪說的名義對各思想流派進行打擊，甚至為此祕密殺害了他的同學，明代有名的思想家何心隱，這就絕對是標準的「文化專制」了。

何心隱當年與張居正同年考進士，兩人算是同學。後來張居正考上了，何心隱落榜。有次，何心隱在朋友家碰到張居正，對於這位已經飛黃騰達的同學，何心隱上來就挑釁地問：「你可知太學之道乎？」

儒家說「大學之道，在明明德」，何心隱不談「大學之道」，別出心裁，來了個「太學之道」。張居正少年時就特別沉穩，他最反感的便是這些故弄玄虛的忽悠，所以他根本沒搭理，只是略帶諷刺地回了何心隱一句說：「你是想飛卻飛不起來吧！」說完，掉頭就走了。

據說，何心隱當時大驚失色，對朋友說：「你記著，將來此人必掌天下之權柄，而將來能殺我的人，也肯定是張居正這個傢伙！」

我就想，何心隱只是被張居正稍稍諷刺，又何至於推理到幾十年後張居正一定會殺他呢？

後來我明白了，何心隱知道自己必將是個思想家，思想家可以沒飯吃，但一定得有話說，或者說思想家的嘴巴首先不是用來吃飯的，而是用來說話、用來批評、用來議論的。而張居正必將是個政治家，政治家可以沒話說，但一定要有事做，或者說政治家寧可多做事，而不願多說話。要是你的說話，妨礙了他的做事，那麼他就一定會做一件事——就是讓你閉嘴！

所以，做為動嘴的何心隱早晚要死在動手的張居正的手裡，這也就是一條可以說得通的邏輯了。

連何心隱在幾十年前就料到張居正掌權後會對天下動嘴的人下手，那麼現在張居正詔毀天下書院、進行文化專制，也就不是什麼出人意料的事了。就是說，他這時候的「操切」表現，也並不完全是突發的。

能證明這一點的更有力證據是，張居正的操切，並不只是針對下級與改革的反對力量，他甚至對他的主人、與他情同家人的小萬曆和李太后也是操切的。

對小萬曆就不用說了，我們上一章已經詳細分析過，小萬曆在成長過程中表現出強烈的逆反心理，可謂是張居正與李太后的「家長式」教育造成的。

張居正對小萬曆的操切那還好說，畢竟小萬曆是他的學生，也是他心目中要著力培養的改革接班人。但李太后是他的主人，雖然她非常倚賴張居正，且在情感上還跟張居正有著些「說不清、理還亂」的關係，但不管如何，張居正總是他兒子底下的一個大臣，他怎敢對向來強勢的李太后也「操切」呢？

但，張居正就是有這個膽兒。

有一次，張居正最為親信的邊關大將戚繼光飛馬奔回北京城，深夜直衝張府，拿了件棉衣給張居正看。原來，戚繼光拿來的是邊關將士過冬穿的棉衣。戚繼光撕開棉衣，裡頭根本沒有棉花，全是些敗絮和草屑，比那黑心棉的品質還差。張居正知道戚繼光為何會激動成這樣，戚繼光是個愛兵如子的人，他打仗一向跟士兵共進退，連吃住都在一起。他這麼一個疼愛士兵的人，見士兵過冬的棉衣居然是這種次級品，他焉能不生氣、不激動？

當時張居正也很生氣、也很激動。但換了別人，生氣歸生氣，激動歸激動，這事還不好明目張膽地查，因為負責軍需後勤物資這個肥差是李太后的親爹武清伯李偉。那可是太后的爹、皇帝的姥爺，不看僧面看佛面，張居正、戚繼光再有本事，到底也只是給人家打工的，總不能去查皇帝的姥爺、太后的爹吧！

可張居正不一樣，他不僅查清了李偉貪污的事實，還把難題直接交給李太后，讓李太后自己看著辦。

李太后當時也是羞愧難當，既不能真的把自己的爹繩之以法，畢竟這在封建社會那是大不孝，最後只好把李偉叫進宮裡，當面狠罵一頓，然後讓她爹在大雪天裡罰站，罰站完剝奪公職，在家好好待著，別再管什麼後勤了。

我們說李太后還是不簡單的，她並沒有護著她爹，對張居正的苦心也很理解。可我們說李太后這樣做是為了她兒子的江山考慮，並不是迫於張居正的壓力，而是迫於穩固皇權、穩固江山的考慮，再加上她不是一個糊塗的女人，所以她在「操切」的張居正面前屈服了。

張居正死後，小萬曆對張居正反攻清算，當時有人請李太后出面為張居正說情，李太后最終沒有為張居正說半句話，只說：「當初我爹站在大雪裡，誰又為他說情來著？」

所以，李太后對張居正不是完全沒有怨氣，也就是說她也感受到了張居正的「操切」。

那麼，從李太后和萬曆皇帝開始，到張居正的親信、手下，到萬曆新政的反對派，都感受到了張居正的「操切」風格，難道張居正自己就沒感受到嗎？他要是自己也感受到了，那為什麼還要這麼「操切」、這麼極端呢？

我們說，造成張居正工作風格愈來愈「操切」，當然首先有兩個客觀的原因。

一是奪情事件確實激怒了張居正，尤其是在士大夫階層反奪情的過程中，大家對他的指責及所受的屈辱，都使得張居正在性情上產生了一定程度的變化，這是毋庸置疑的。這種變化是愈來愈偏激的，所導致的工作風格也就是愈來愈「操切」的。

二是隨著年齡與權勢的增長，張居正的心態也有了一定程度的惡性膨脹，這是毋庸置疑，更是人之常情。你看曹操，我們說他殺楊修有這樣那樣的原因，其實最重要的原因是他老了，隨著他稱魏王、加九錫，生前的權勢達到極致之後，他再也不像年輕時那樣可以唯才是舉、禮賢下士了，他變得愈來愈不能容人，連荀彧這個他曾經最為倚重的大謀士，不過在他晚年時勸了幾句，也被迫自殺。更不用說楊修這種好議論是非、嘴巴上沒有把門兒的人了。

所以但凡權勢顯赫的，到了晚年沒有幾個不操切的，這也是種規律。

但我們說張居正晚年的「操切」，還有幾個「具體情況、具體分析」的地方。

一是張居正不是不知道自己變得愈來愈操切了。二是張居正變得愈來愈操切也是一種不得已的選擇。

張居正在奪情事件後曾經在給好朋友的信裡坦露心聲說：「浮言私議，人情必不能免……不轂棄家忘軀，以徇國家之事，而議者猶或非之，然不轂持之愈力，略不少回，故得少有建立。得失毀譽關頭，若打不破，天下事無一可為者。」（書牘十二《答南學院李公言得失毀譽》）

這段話主要說了三點：

一是張居正為國家利益，不顧個人聲譽，受到很多人的議論和批評，但批評的人愈多，張居正就愈嚴格、愈認真，絲毫不讓步，這就叫「持之愈力，略不少回」。

二是正是出於張居正這種認真和嚴格，他自認為才能取得一些建樹，這叫「故得少有建立」。

三是張居正這種操切、嚴厲，對個人聲譽雖有傷害，但對國家卻是有利的，這叫「棄家忘軀，以徇國家之事」，要想真的做出番事業，要想真的讓萬曆新政得出巨大的成績來，恐怕在個人聲譽與國家利益的取捨間必須做一個明確的選擇，這個選擇做不好，那就意謂著一事無成、意謂著萬曆新政半途而廢，所以說「得失毀譽關頭，若打不破，天下事無一可為者」，也就是說只要能對萬曆新政有利、只要能對改革有利、只要能對國家有利，哪怕全天下的人都罵他奪情、怨他操切，他也在所不惜！

所以我常說，張居正不僅是個有理想的人，而且是個能夠實現理想的人。他在奪情倫理風暴之後已經意識到輿論對他的不利，也意識到整個社會氛圍有可能對萬曆新政造成的不利，而萬曆新政在這個時期又剛好到了轉折，還是繼續、生存或毀滅的關口，所以他選擇「操切」，是要以一人之力把他的理想——萬曆新政的改革完成。因為古代的中國社會，畢竟是一個徹頭徹尾的靠「人治」而非靠「法制」的社會！

堅決求退

可我們說政治家也是人，雖然張居正為了他的萬曆新政不惜「棄家忘軀」，甚至「破家沉族」（遺憾的是，他這句話後來真的應驗了），但當萬曆新政在萬曆八年之後開始全方位地表現出巨大成果，張居正卻開始猶豫。

他開始想為自己留條後路了。這九年來外除邊患、內平叛亂，考成法肅清了官僚隊伍，清丈田畝基本完成，國家賦稅大幅增加，黃河水患也得到徹底治理，大明王朝一派國富民強的中興姿態，這正是他萬曆新政的夢想。如今夢想實現，只需維持下去就行了。而他，這時也就可以選擇全身而退了。

況且，在經歷了幾十年的政治風雨之後，張居正殫精竭慮，身體狀況愈來愈差。所以，他開始著手讓已經十七、八歲的萬曆來親自處理大量關鍵性政務，並提出自己要退休養病。

不料這個名叫朱翊鈞的萬曆皇帝，不僅有著強烈的逆反心理，而且還有著不為人知的約拿情結。

那麼，什麼叫約拿情結呢？

約拿是《聖經》裡面的一個人，他是個虔誠的基督徒，並且一直渴望能得到上帝的差遣。可等到上帝終於給了他一個光榮的任務，讓他去宣布赦免一座本來要被毀滅的城市時，約拿卻出人意料地抗拒了這個任務。不僅抗拒，他還逃跑，躲著他所信仰的上帝。上帝要約拿做這件事，本是一種很崇高、很榮耀的使命，也是約拿始終嚮往的，可一旦理想要成為現實，約拿反而感到一種畏懼，進而覺得自己不行，完成不了這個使命。這種面對成功、面對理想反而產生畏懼與懷疑的心理，就叫約拿情結。

明神宗萬曆皇帝就具有典型的約拿情結。

他和宋神宗不一樣，宋神宗遇到王安石的時候已經二十歲，是個成年人了，心智已然成熟，所以他需要王安石來變法，不論成功與否，他對王安石除了信賴與感激，沒有什麼過多的心理糾結。

可明神宗和張居正的關係就不同了，他從小就在母親與張老師的家長式教育環境下成長，尤其是十到二十歲這由少年到青年的關鍵十年，他可說是完全按張老師期望的模式在成長。而這十年又是人生中發展最快、思想與情感最飄忽不定的十年。他先是對張老師絕對服從，後來隨著年紀的增長，又產生了懷疑與逆反，他逐漸認識到天下是自己的天下，並不是張居正的天下，為什麼任何事都要由張居正來決定呢？所以他才會逆反，才會在有些甚至是雞毛蒜皮的事上跟張居正辯論、叫板。

現在張居正意識到了這一點，開始放手讓他來做，並提出自己要請假養病，可萬曆卻堅決不肯。他又想起張老師的好來了，有張老師在，他只要每天玩樂享清福就行了；要是張老師不在，那麼多國家大事，找誰去做，又怎麼做啊？萬曆想起來就犯愁，所以他反覆下旨慰留張居正，堅決不肯讓他退休。

到了萬曆八年的年初，小萬曆在張居正的安排下完成了「耕籍禮」與「謁陵禮」，兩大標誌皇帝成年的重大禮儀。

「耕籍」就是以皇帝的身分，下田耕種，這在遠古農業社會是男子成年的重要禮儀，後來的帝王為了表示以農為本的思想，都繼承了這種「耕籍禮」。「謁陵禮」就是首次以皇帝的身分，前往北京城郊的天壽山，也就是現在明十三陵的地方，去拜謁、祭祀祖先的陵墓。「耕籍禮」和「謁陵禮」結束後，就標誌著十八歲的萬曆皇帝朱翊鈞正式成年了。

在這兩大儀式結束後的第十天，張居正正式上了一篇《歸政乞休疏》。

這篇奏疏裡有一段話很有意思，是這樣寫的：「臣受事以來，夙夜兢懼，恆恐付託不效，有累先帝之明。又不自意特荷聖慈眷禮優崇，信任專篤，臣亦遂忘其愚陋，畢智竭力，圖報國恩。嫌怨有所弗避，勞瘁有所弗辭，蓋九年於茲矣。」

注意，這段話的一開始有抄襲之嫌。

這句「臣受事以來，夙夜兢懼，恒恐付託不效，有累先帝之明」，跟諸葛亮《出師表》中的一句「受命以來，夙夜憂歎，恐託付不效，以傷先帝之明」幾乎完全是一樣的，都是說受先帝託付之恩，所以努力盡忠為國，不敢稍有懈怠。這也說明張居正一直是以諸葛亮為榜樣的。

但諸葛亮接下來說，正因為不敢稍有懈怠，所以我才要更加努力，所以現在我準備親率大軍出師征討。可張居正接下來卻說正是由於自己為國之心不敢懈怠，因此九年以來，惹下不少非議，也惹下一身疾病，所以我現在要正式跟皇帝辭職！

到這個時候，張居正並沒有以功成可以身退做為辭職的理由，而是以「非議」和疾病做為辭職的理由，所以說他怎麼會對自己的操切及操切的結果不清楚呢？他在這篇上疏裡甚至很動情地對自己的學生萬曆交代了這些年來執政的心態——「惴惴之心無一日不臨於淵谷」！那是說執政的這九年，每天都是戰戰兢兢、如臨深淵、如履薄冰啊！

誰又能想到，權傾天下、勢壓朝野、可謂立下豐功偉績的張居正，這九年來竟是這樣一種心態呢！

所以，這就是張居正的政治智慧：功未成時，為了國家，他並不考慮自己的後路問題；可功已成時，為了自己，他也想功成身退。

誤判去留

可張居正為什麼最終沒能功成身退呢？

我認為主要有三個原因。

第一、當然是小萬曆和李太后一如既往的強烈挽留。

要知道依賴是有慣性的。從萬曆新政開始，小萬曆和李太后就嚴重依賴張居正，這麼多年來，這種依賴都養成習慣了。而且小萬曆和李太后兩個人，一個是孩子，一個是女人，那是依賴性最重的兩類人啊！而張居正一直都是拿出寬厚的胸膛「讓你依賴、讓你靠」，現在突然要抽身而退，這兩人豈能答應啊？所以小萬曆這時表現出強烈的約拿情結來，就是因為覺得要失去張居正這個依賴慣了的依靠了。

所以小萬曆和李太后又像在奪情事件中一樣，不停地下旨不許張居正退休。李太后甚至對小萬曆說：「讓張先生輔政到你三十歲，你再親政吧！」

後人都認為這句話大大刺激了小萬曆，喚醒了他心底對張居正的仇恨與恐懼。

但我認為，這讓小萬曆對張居正的輔政時間產生恐懼固然不假，但對於李太后的這個提議，十八歲的小萬曆當時也沒有提出任何異議，這說明母子倆對於國家大事終歸要依靠張居正這個事實的認識是一致的。

既然小萬曆和李太后態度如此堅決、認識如此一致，張居正想要抽身而退也就不是件容易的事了。

第二、原因就在於張居正自己了。

一則權力場待久了，厭惡固然厭惡，但對權勢的留戀多少在張居正心頭還是發揮相當作用的。另外，更重要的一點是，雖然政治改革與增強國防力量的目標已經全部完成，雖然經濟改革中的清丈田畝工作也基本完成，但張居正試驗了多年的一條鞭法畢竟還沒完全施行。

我們以前說過，張居正的萬曆新政基本上是以清丈田畝、一條鞭法的經濟改革為中心的，另外以考成法的政治改革與穩固國防力量為兩個基本點。現在眼見著清丈田畝基本成功，而一條鞭法也因此可以提上推行的議事日程，要在這時候離開的話，張居正的萬曆新政畢竟還是有遺憾的，他也會心有不甘。

雖然他功成身退是為自己的後路考慮，但在先為國或先為己上，張居正向來是以國家利益至上的，所以他對於一條鞭法、對於經濟改革的最後藍圖，還是很難做到置身事外的。

當然，張居正要退休，那是深思熟慮的結果，並不是一時衝動。若只是上面兩個原因，我想張居正未必事先考慮不到。也就是說，即使有以上兩點原因，張居正既然下了要退休的決心，那就不會輕易放棄。可在他提了三次請求退休的上疏後，突然打消了退休的念頭。導致此一變化的，是一個突發事件，也就是我們要說的第三個原因。

第三、原因只有兩個字：擔憂，或者叫不放心。

對誰不放心呢？對他心目中的改革接班人——小萬曆。

萬曆八年，因為一切有張居正罩著，所以十八歲的小萬曆日子過得很清閒。有天晚上，他閒來沒事就帶著兩個喜歡的太監溜到西城去混。這兩個太監，一個叫孫海，一個叫客用，兩個人都不是什麼好東西，整天就琢磨著怎麼帶小萬曆玩出花樣來。這兩人先陪著小萬曆喝得酩酊大醉，然後又帶著小萬曆仗劍夜遊。

在這兩傢伙的唆使下，小萬曆醉酒之後耍酒瘋，逮著兩個小內監讓他們唱小曲兒，小內監不會唱，因小萬曆是仗劍夜遊的，竟用劍割了兩個小內監的頭髮，還說這叫以髮代首，就當是砍了兩個小內監的頭。

這事兒被馮保知道了，立即打小報告告訴李太后。李太后一聽大為震怒，想不到自己滿懷期望培養的兒子，竟是這樣一個紈袴子弟，所以她立即請張居正進宮。

張居正一聽也極為生氣，想不到自己滿腔心血栽培的學生、改革的接班人，竟是這樣一個紈袴子弟。所以他趕快進宮。

一進宮，張居正就看到小萬曆跪在李太后的面前，不住地流淚、磕頭、認錯，而馮保一臉得意地就站在旁邊。

李太后看到張居正來了，拿出一本書，啪地扔在小萬曆的面前，讓他翻到某一卷大聲念。張居正一看李太后扔出的是《漢書》，就知道問題嚴重。只見小萬曆翻到《漢書・霍光傳》一把鼻涕一把淚地念起來，當他念到漢代的昌邑王紈袴腐化，不配當皇帝，而執政大臣霍光在稟明太后的情況下廢除了他的皇位。小萬曆知道大事不妙，母親這意思是要仿照漢代舊例，請執政大臣張居正來做霍光，這是要廢他的皇位。

小萬曆念到這兒念不下去了，張居正也趕快跪下為小萬曆求情，這錯就是再嚴重，也不到廢除帝位的地步啊！

後來在張居正的反覆哀求下，李太后才算是原諒了小萬曆。

其實李太后怎麼可能廢了自己兒子的帝位，她跟張居正這是在演戲，要給小萬曆一個教訓。

可這種教訓的方式對於小萬曆來說太恐怖了。從此以後，他雖然不亂搞，卻更消極。他開始寵愛一位姓鄭的十四歲女孩，這位女孩就是後來萬曆王朝中特別有名的鄭貴妃。從這時起，鄭貴妃開始逐漸取代了母親和張老師在小萬曆心中的情感地位。

從張居正的角度，他雖然是幫小萬曆求情，但小萬曆這種類似昏君的聲色犬馬舉動，也實在讓張居正大出意料，想不到他費盡心血培養出來的小萬曆，為什麼會有這樣的表現。

張居正開始自我檢討，他替小萬曆就這事擬了一篇《罪己詔》，是以小萬曆名義發表的檢查書。在這篇檢查裡，張居正其實是為自己對小萬曆的教育做出了檢查與反省。

可惜，他的反省並不是認為自己的家長式教育未能給小萬曆以自由的心靈成長空間，反而是認為自己的教育還是不夠嚴格、不夠細緻，才導致這樣的結局。所以他痛定思痛，決定不再請求退休，決定要盡自己最後的努力，在小萬曆的教育上再下些工夫。

可惜，張居正並不知道，在他做出這個決定的時候，他那個寄予全部期望的學生、可以做為改革事業的接班人，已徹底與他決裂。他愈要留下來看著小萬曆，小萬曆和他決裂的程度就愈深；他愈想把小萬曆扶上馬最後還要送一程，小萬曆就愈想擺脫他的束縛，甚至不騎他的馬、不走他的路！

所以，我常想什麼是悲劇呢？像張居正這樣，因為善良，而最終卻成就了難以預料的災難，這就是悲劇啊！

在張居正誤判去留後，張居正本人和他嘔心瀝血打造的萬曆新政的悲劇，終於不可避免地要到來了。

那麼，屬於張居正的這個時代，最後又會有怎樣沉重的一聲歎息呢？

第二十四章 人亡政息之歎

什麼是悲劇？魯迅先生認為，悲劇是將有價值的東西毀滅給人看。這是文學中的悲劇。而我以為，因為善良，成就了災難，這才是生活中的悲劇。

張居正在去留之間，為自己考慮，為他的萬曆新政考慮，都應該功成身退了。事實上，他本來也是這樣打算的。可是小萬曆十八歲時荒唐的西城夜宴，卻讓張居正對自己這個最鍾愛的學生、最期待的改革接班人難以放心。

善良且強勢的張居正終於做出了一個錯誤的判斷，他認為小萬曆還離不開自己，於是他留了下來。而這一留，也在事實上促成了他與他那位繼承人之間的徹底決裂。

病逝

在張居正去世前的兩年裡，小萬曆基本上形成了不作為的行政風格。這一點張居正忽視了，他以為小萬曆只是還需要自己的引導和教育。於是張居正一如既往，把事無巨細的國家擔子全部扛起。但他卻愈來愈心有餘而力不足，因為他病了，而且病得很厲害。這一病，甚至病入膏肓，直到送了性命。

有關張居正的病，也是明史上的一個謎團。

很多野史關於這點有各種各樣的傳說，但《明史》等正史及張居正自己的文集裡有關病情的記載都很明確，那就是痔瘡。

但我們知道，民間有句俗話說「十人九痔」，說明痔瘡這種病很普遍，況且也不是什麼要命的大病，怎麼就送了張居正的性命呢？

關於這一點，張居正曾經有過解釋。他在臨終前給自己老師徐階的信裡說：「賤恙實痔也，一向不以痔治之，蹉跎至今。近得貴府醫官趙裕治之，果拔其根。但衰老之人，痔根雖去，元氣大損，脾胃虛弱，不能飲食，幾於不起。日來漸次平復，今秋定為乞骸計也。」（《張太岳集・書牘十四・答上師相徐存齋》）

這封信寫於萬曆十年的三月，離張居正萬曆十年六月病逝，不到三個月的時間。這封信既是張居正向老師徐階彙報自己的身體狀況，也是對自己病情的一個回顧。

那麼，張居正為什麼要對徐階寫信彙報呢？原因是他剛動完手術，而動手術的醫生就是徐階為他請來的名醫。

張居正說：「賤恙實痔也，一向不以痔治之，蹉跎至今。」這話是說他早就得病了，但一直沒診斷為痔瘡，也就始終沒當成痔瘡來治，所以之前的治療根本就沒對症下藥。也就是說，之前一直誤診了。

但就算張居正得的是痔瘡中比較嚴重的內痔，也不致難於診斷，為什麼醫生給當朝的內閣首輔張居正看病都會誤診呢？

我覺得原因出在張居正自己身上。

張居正病倒前在給小萬曆的一篇請假報告裡輕描淡寫地說：「臣自去秋，患下部熱病，仰荷聖慈垂憫，賜假調理，雖標症少減，而病根未除，纏綿至今。」（《張太岳集・奏疏十一・給假治疾疏》）

這話是說，我自去年秋天患病，病狀為熱毒之症，當時承蒙皇上和太后關心，讓他調理了一段時間，雖然好多了，但沒徹底痊癒，所以現在還不太行。

為什麼說張居正是輕描淡寫地說這段話的呢？

一是因為他這病其實早就有了，他在萬曆八年的辭職報告裡就提過，而這裡張居正卻說是萬曆九年秋天才開始的，說明他自己並沒把以前的身體虛弱、頭疼腦熱當作疾病來看待。

二是張居正就算是把它當成病來看，也只是請假調理了一段時間，並沒有認真地治病，所以雖然症狀減輕了些，卻「病根未除，纏綿至今」。也就是說，張居正此前並沒有很重視自己的病情，因為他是一人之下、萬人之上的內閣首輔，他覺得自己沒什麼病，估計醫生也不敢說他有什麼病了。

那麼張居正自己為什麼這麼不當心呢？

野史有野史的說法，但我認為張居正諱疾忌醫肯定有一個重要的原因，那就是他常說的那句話——有關萬曆新政的國家重擔，「宜及僕在位，務為一了百當。」（《張太岳集・書牘十二・答山東巡撫何來山》）——也就是說，要趁我還活著，把所有該做的工作、麻煩的工作和艱難的工作都給完成，這就是「國家利益至上」的張居正。

但我們知道，工作永遠也做不完的，可張居正非要跟命運一搏、非要人定勝天，這也是他後來急切、甚至操切的原因。他因為要把所有的事做個「一了百當」，所以他就不能生病、不能休息，有病也不當病看。而庸醫們面對這樣一個權勢熏天且又急切、操切的病人，誤診也就不難想像了。

其實，就算是最後確診為痔瘡，我覺得還是誤診。

張居正給徐階的信裡說，幸虧你推薦的這位叫趙裕的名醫給我確診，而且還為我動了外科手術，徹底切除痔瘡的根子，才算是完全治好，但傷了元氣，到現在也無法完全恢復。趁這個機會，我真的是要向皇上請求退休了。

從這話可以看出，那位叫趙裕的名醫確定張居正就是痔瘡，而且還動了外科手術，張居正對此也深信不疑。但我們知道，引發痔瘡這種疾病的病因有好多種，可能是久坐導致，也可以是久站導致；可能是勞累導致，也可能是腫瘤導致。趙裕只看到了痔瘡的症狀，張居正也以為割了痔瘡就可以了，卻不知道這充其量只是治標，卻未必是治本。

為什麼這麼說呢？我們來看看張居正發病的時間和發病時的狀況就知道了。張居正發病病倒是在萬曆十年的二月，這之前剛剛發生了三件大事。一是河套地區的俺答死了，這一族的蒙古部落發生了分裂，原與明朝的良好關係一下子變得不可測；二是浙江發生兵變，繼而發生民變，而且有星火燎原之勢；三是遼東泰甯部的頭子速把亥聯合土蠻部糾集十萬大軍來犯。

張居正可謂是夙興夜寐、日夜煎熬，他坐鎮京城，同時要解決眼前這三件難題。

他首先遠程遙控宣大總督鄭洛，勸服我們以前提過的那位蒙古族的女強人三娘子，讓她再嫁俺答的兒子黃台吉，然後讓黃台吉繼承俺答大明順義王的封號，從而徹底穩住了西部混亂的局勢。

其次，他重用張佳胤，讓他用鐵腕手段，迅速趕往浙江平定兵變與民變。他對張佳胤說，對於叛亂，務必下手要狠。這是張居正對內的一貫手段，他曾經說過一句名言：「爝火之方微也，一指之所能息也。及其燎原，雖江河之水，弗能救矣。」《張太岳集・文牘卷六・人主保身以保民論》

這什麼意思呢？是說叛亂就像星火可以燎原，一定要把它消滅在萌芽狀態裡。歷史上著名的「星星之火可以燎原」的理論，最早就是從他這句話來的。結果，張佳胤完全參透張居正的精神，在一片刀光血影中平定了兵變與民變。

而遼東的局勢，張居正就放心多了，他寫信給遼東總兵李成梁，囑咐他不要輕敵，說蒙古人好久不敢來犯，這一來必定有所準備，要打就要打他個落花流水，給他個迎頭痛擊。

李成梁聽了張居正的話果然不敢輕敵，設下埋伏，在鎮夷堡不僅大破敵軍，還幸運地把泰甯部的頭子速把亥給射死了。

張居正支撐著疲憊的身體在內閣裡先後收到西部黃台吉接受冊封、江南張佳胤平定叛亂、遼東李成梁鎮夷堡大捷的消息後，懸著的心完全放鬆。而當巨大的壓力消失後，張居正再也撐不住，一下就病倒了。

他從萬曆八年以來，完成清丈田畝的工作；萬曆九年開始一條鞭法的艱辛，及萬曆九年還大規模裁減政府公務員這些難度巨大的工作來看，就知道張居正這最後的兩年，是如何辛勞、如何透支的了。

所以他以為自己只是得了痔瘡，以為動了手術、去了痔根就可以一勞永逸，他哪裡知道，自己已經要油盡燈枯了。

因為誤診，再加上手術過後，脾胃受損，不易進食，張居正的身體迅速惡化。三個月之後，也就是萬曆十年的六月，這位一手開創了萬曆新政的明代大政治家，終於在病榻永遠閉上了雙眼。

在張居正動完手術到去世這三個月的時間裡，雖然張居正因為病情一再請求退休回鄉療養，小萬曆就是不答應，最後還只是允許張居正躺在病床上辦公。所以直到死前，他的床頭仍堆滿了來自全國各地的公文和奏章。

在這三個月裡，小萬曆為了表示對這位病入膏肓的張老師的深情與依戀，不僅讓京城的大小官員為張首輔齋醮祈禱，還在張居正臨死前九天，最後一次封賞張居正，賜太師的封號，這在大明王朝絕無僅有，張居正成了大明朝唯一一個活著的時候得到「太師」官銜的人！

大概小萬曆覺得實在無法報答他敬愛的張老師，所以才在最後用這種純粹的形式來尊崇他。這心情就像他在三年前說過的一句話，有一次課上小萬曆對張居正說：「先生功大，朕無可為酬，只是看顧先生的子孫便了！」（《明神宗實錄》）

那意思是說，張老師您對我、對國家的功勞大到無法計算的地步，我實在想不出怎麼才能報答您，您活著的時候看來我是報答不了了，您死後，我要好好照顧您的子孫，這就算是我對您的報答了！

小萬曆在張居正臨死前封他為太師，和希望在張居正死後照顧他的子孫一樣，都是想表現一下自己對張老師的尊崇、敬佩和感激。

可惜，這種行為與這句話，最後都成了莫大的諷刺！

因為就在張居正死後不久，小萬曆就開始對張居正反攻清算，不僅抹去了張居正生前所有的官銜和榮譽，還對張居正的家人、子孫痛下狠手，從抄家開始，演繹了一齣讓人難以想像的人間慘劇。

抄家

說實話，造成小萬曆把感激最後變成諷刺的主要因素，個人覺得並不是後人所分析的什麼政治因素，而是生理因素，或者說，是「遺傳基因」決定的！

小萬曆的祖父是嘉靖皇帝，可說是明代歷史上最為偏執的皇帝。他是半路出道當上皇帝的，因為他的堂兄武宗皇帝沒兒子，所以武宗死後，他在大臣們的共同推舉下當上了皇帝。一當上皇帝，嘉靖就跟擁立他的大臣們鬧翻了，而且一鬧就是好幾十年，但事情不過就是嘉靖非要給自己的親爹上個太上皇的封號，大臣們就非不給他爹這個名號。最後還是固執的嘉靖取得了徹底的勝利，卻也把大明的國力給折騰得差不多，所以從這個意義上說，嘉靖是個徹底的失敗者。但他不管，任國力怎麼衰落，任朝政怎麼腐敗，他一個人都緊握大權不放，甚至他可以長時間不上朝、不理朝政，但終嘉靖一朝，他手中至高無上的權力從未旁落。

偏執、固執，還有怠政、弄權，可謂是嘉靖帝一生的關鍵字。

毫無疑問，小萬曆的血管裡肯定流淌著他爺爺嘉靖的血液，所以大概也繼承了這種偏執、固執和對權力的嚮往。在他坐上皇位後的前十年裡，因為他小，所以他的皇權不得不受張居正相權的箝制。等到張居正一死，小萬曆就跟他爺爺一樣，再也沒有讓皇權旁落過，而且他比嘉靖更狠的是，他可以幾十年不上朝，怠政的時間遠超過嘉靖，可權力還是握得死死的。

小萬曆的外祖父，也就是李太后的爹李偉，我們以前說過，是個河北的農民，是個落魄的泥瓦匠。他把女兒賣到王府純粹是為了圖兩個錢，卻意外地使李家飛黃騰達，成了皇親國戚，這也讓這個農民出身的小泥瓦匠看到了投機的價值。所以他後來別的官不願做，專門討了個後勤部長的位置，在這個位置上大貪特貪，以至於戚繼光因為他貪了軍餉和軍需物資，鬧到張居正的面前來。

這個人一生的關鍵字也就兩個詞：投機、貪財。

毫無疑問，小萬曆的血管裡肯定流淌著他姥爺李偉的血液，所以也繼承了這種投機與貪財的性格。

尤其是貪財這一點，在整個大明王朝裡，萬曆帝的貪財可說是無與倫比。他後來貪到都不放心讓戶部，也就是讓財政和稅務部門去負責全國的稅收，而是親自派出太監到全國各地收稅。這看來像是太監向戶部搶銀子，實際上是小萬曆自個兒跟自個兒搶銀子，因為江山都是他的，戶部也是為他收稅，所以這孩子搶錢大概都搶瘋了。

一是權，二是錢，這兩樣看來是小萬曆從遺傳基因裡就帶來的巨大誘惑。在張居正活著的時候，這兩樣都被強有力地壓制，而張居正就是那強大的壓制力量的象徵。

但是等到張居正一死，小萬曆弄權與貪財的潛能就被完全釋放了。而在這個釋放的過程中，做為原來壓制力量象徵的張居正，自然首當其衝，成為小萬曆重塑自我、拋棄過去的第一道關口。

當然，也不能老師剛死就翻臉。小萬曆畢竟受張居正教育多年，循序漸進的方法還是懂的。

他先找馮保開刀，反正舉朝上下，士大夫們沒一個會覺得馮保這個太監是什麼好人。況且，你不總喜歡打我的小報告嗎？以前張老師罩著你，現在罩你的人沒了，看你的小人樣，不信我收拾不了你了！

果然，張居正一死，就有人開始彈劾馮保。小萬曆一開始還不怎麼敢動馮保，畢竟馮保看著他看了十幾年，他還是有點心有餘悸。但當有太監在小萬曆面前說馮保家財萬貫、富可敵國時，小萬曆不再擔心、不再害怕了，下令徹查馮保的案子。

結果一抄家，從馮保那兒抄出金銀一百多萬兩，珠寶玉器更是不計其數。小萬曆那個高興，他算是領略到抄家帶來的樂趣了。

因為他從馮保那兒意外地抄到了這麼多錢，而且他並不恨馮保，最終沒殺了他，只是讓他到南京去閒住。

馮保直到臨走時，李太后仍不知這個貼身太監出了什麼事。她來質問自己這個已經長大的兒子，但這個長大了的小萬曆再也不是當年跪在她面前求饒的那個小萬曆了。小萬曆很隨意地搪塞母親說：「噢，沒什麼，馮保這老奴受了張居正的蠱惑，犯了點錯，我過不久自然會把他召回來的，您就放心吧！」

你看，他跟他媽說話的語氣也從謹小慎微變得有恃無恐了。

李太后這時早沒了垂簾聽政、控制兒子的能力，能幫她箝制兒子的張居正也已去世，所以她拿這個兒子再也沒辦法了。從這以後，對於國事一律不再過問，甚至張居正被兒子反攻清算她也不管，因為聰明的李太后知道，她再也管不了這個兒子了。

要知道，小萬曆說這話的時候，張居正還沒被反攻清算，張居正在國家行政層面還是已故的太師和首輔、還是萬曆新政的總導演與總策畫、還是大明王朝最大的功臣，而小萬曆已經能隨意地說出馮保是受了張居正的蠱惑，可見他已經不想再掩飾他心底對張居正的厭惡與仇視了。

所謂「上有所好，下必甚焉」，官場上的奴才最擅長的就是揣摩主子的心思。小萬曆既然有這個心思，立刻就有人投其所好，在馮保案後不久，便把攻擊的矛頭指向屍骨未寒的張居正。

導致小萬曆下決心清算張居正的導火線，主要是遼王府舊案。

先是有人投小萬曆所好誣陷張居正弄權、貪污，但都是空說，也拿不出什麼具體事證來，所以小萬曆也不敢真的下手，畢竟張居正為國家的貢獻擺在那兒，你不能空口說白話。所謂公道自在人心，小萬曆要對張居正來個莫須有，看來他還沒這膽量。

但「莫須有」只是誣陷中最無恥的境界，它要誣陷你卻不需要任何證據。它往下還有多種境界，弄點證據何難之有呢？法庭上的偽證我們還見得少嘛！更何況「朝廷」遠比「法庭」要黑暗得多。所以很快，有關張居正弄權、貪污的證據就出現了，這便是張居正陷害遼王並侵占遼王府財產案。

在某些神祕人士的唆使下，張居正那位小時候的玩伴遼王朱憲㸅的遺孀王氏不知從哪裡蹦了出來告御狀。說張居正因為遼王朱憲㸅誤殺了張居正的爺爺，張居正就一直圖謀陷害、報復遼王。所以後來所謂遼王生活腐化且準備謀反一案，都是張居正一手捏造的，遼王因此被終生禁閉，最後淒慘死去，全拜張居正陷害所致。

另外，還說張居正在遼王死後，就霸占了荊州當地的遼王府做為自己的府第，因此，遼王府當初的無數珍寶，都被張居正占為私有，用御狀上的原話說，叫「金寶萬計，盡入張府」。

我估計小萬曆讀到這句「金寶萬計，盡入張府」的時候，眼睛為之一亮。那種從他姥爺李偉遺傳下來的貪財基因大概也開始發光了。剛剛因為抄了馮保的家而嘗到甜頭的小萬曆就像一條貪吃蛇，只要能吃到錢，管他這個人當初是自己的先生還是老師！

再加上張居正誣陷的是遼王，是我們朱家的親戚，這還得了！從他爺爺嘉靖那兒繼承下來的護短、偏執的基因大概也同時發光，尤其是當小萬曆意識到這麼多年來，本來應該在他手裡的最高權力都在張居正手上時，這種報復的欲望就更強烈了。

既有權力的刺激，又有金錢的誘惑，小萬曆不聽很多大臣的勸告，開始對張家下刀。

第一件事，就是抄家。

要知道按明朝的法律，只有謀反、叛逆及奸黨三類大罪才可以抄家的，現在張居正還沒這樣的罪名，小萬曆就要抄他的家，可見實在等不及了。

結果在北京的張府裡並沒抄出多少錢來，小萬曆很失望。但這時候有人說，張居正在湖北老家聚斂的財富不下兩百萬兩白銀。小萬曆一聽，兩眼又放光了，立刻派御史丘橓和太監張誠火速趕往湖北荊州，去張居正老家查抄財產。

丘橓這個人比較極端，《明史》裡說張居正對他是「惡之，不召」，就是一直都不喜歡他、不肯用他，現在丘橓報復的機會總算來了。據說他臨走前對小萬曆保證說，絕不辜負使命，一定要把張家巨大的財富完整地帶回給皇上。太監張誠就更不用說了，他跟馮保是死敵，自然跟張居正也是死敵，小萬曆找這兩人去抄家，那就是存心的。

所以，雖然一路上有很多正直的官員都寫信給丘橓，叫他不要把事做得太絕，可丘橓根本不聽。這其中最典型的就數晚明的大學者于慎行，他曾經在奪情倫理風暴裡也反對過張居正，也因此受過張居正的打擊，但他這時候寫信給丘橓說了一句公道話，他說：「江陵當其柄政，舉朝爭頌其功，不敢言其過；今日既敗，舉朝爭索其罪，不敢言其功。皆非實情也。」（談遷《國權》）

那意思是說，當初張居正在位的時候，大家都稱頌他，那是拍馬屁；現在張居正失勢了，大家紛紛誣陷他，說他怎麼貪污、怎麼弄權，這也不是實事求事。你丘御史知道這一點，應該勸皇上冷靜點，怎麼能趕著去湖北落井下石呢？

事實上，于慎行說的一點也不假，從于慎行的話也可以看出，所謂張家侵占遼王府巨額財產的說法，在當時很多人就知道這純屬誣陷。對於這一點，後來也不斷有學者進行過考證與分析，現在學術界基本上可以斷定張居正在湖北荊州老家的張府並非原來的遼王府，也就是說張居正根本沒在遼王朱憲㸅死後侵占過遼府與遼府的財產。

可是丘橓與張誠已經鐵了心，這可是向小皇上邀功的好機會。所以他們急急地往湖北趕。但在那時，再趕也要花十多天的時間，等趕到湖北荊州的張家，連丘橓也傻眼，張家的人居然已經餓死了十幾口！

我們說世態炎涼，牆倒眾人推，那真是一點兒也不假。北京那邊才要清算張居正，湖北這邊就聽到消息，原來天天到張家拍馬屁的府縣衙門官員，第一時間紛紛趕到張宅來封門，說是不許一個走脫、不許一分錢走脫，以顯示對小萬曆的忠心。張家老老小小幾十口，被禁閉在孤零零的空房裡，沒吃沒喝，等丘橓他們趕到時，已經餓死了十幾個。

但丘橓和張誠不管這些，立即查抄張家的財產。可抄來抄去，只抄出十萬兩白銀。這下，丘橓也傻眼了。

還是不算男人的太監張誠有辦法，他把張居正的幾個兒子抓起來嚴刑拷打，逼著張家招認寄存在別的地方還有兩百萬兩白銀，最後他們把張居正的幾個親家、親戚的家全都抄了，也不過又多得了幾萬兩。

在拷打的過程中，張居正的大兒子張敬修懸梁自盡，臨死前寫了一封血書，把張家的悲劇訴說得聲淚俱下。張居正的二兒子張懋修也投井自殺，幸虧被人救起。這下，張家的慘禍可謂是震驚了朝野上下，大概泉下有知的張居正也沒料到，小萬曆當年說：「無法報答先生，只是看顧先生子孫便了。」竟然是這樣看顧、照顧的。

張家至此是徹底的家破人亡，甚至張居正自己也被小萬曆下旨奪去一切生前的功名榮譽。小萬曆因為從張家沒抄到什麼油水，後來甚至想把張居正開棺戮屍，在大家的紛紛反對下，最終才作罷。

我想，要是他打開張居正的棺材，看到裡面只有一條一品官員戴的玉帶，還有一方文人用的硯臺，不知他做何感想！

政息

張居正被翻盤，一切和張居正有關的事也都被翻盤了。

張家家破人亡，這還只是一家一戶的悲劇，張居正一手策畫的萬曆新政也被徹底否定，這才是一個國家悲劇的開始。正是張居正培養出來的改革接班人小萬曆，親手顛覆了張居正的一切措施。

首先是考成法被廢除，那些被考成法淘汰的沒用的、腐敗的官吏又都官復原職，而張居正親手提拔的人才則靠邊站。張居正越級提拔的治理黃河能手潘季馴因為替張居正說話被勒令離職；張居正重用的兵部尚書方逢時被構陷問罪；甚至連支撐起大明半壁江山的名將戚繼光，因為與張居正的關係不一般，也被從北部前線調到了廣東去，最後在窮困潦倒中孤獨去世。

考成法廢除了，一條鞭法不久也被廢除，甚至連清丈田畝已經清丈出來的成果也一併被推翻，拒不承認。這下被萬曆新政壓制的大地主的土地兼併就像按下的彈簧，反彈得就更厲害了。

很多明史學家都認為，終萬曆一朝，從小萬曆否定張居正的萬曆新政開始，算是真正埋下了大明王朝覆滅的種子！

所以，後來不斷有人悲歎，在萬曆十年後，「世間再無張居正」！這其實不是對張居正個人命運的悲歎，而是對一個國家、一個王朝命運的悲歎！這種人亡政息之歎，在我來看，是對中國幾千年來封建社會人治大於法治的諷刺！

在張居正死後的四年，在考成法被徹底否定之後的兩年，遼東巡撫周詠注意到一個女真部落的首領正在遼東以外的建州地區擴張勢力，周詠就上疏朝廷，主張予以痛擊，以免養虎為患。

但是，在沒有考成法督促的環境下，從北京到遼東的地方官僚，誰也不認真地執行這件事。將領可以擅自把征剿改成招安、把招安改成安撫。而北京的高層拿了賄賂後也不管不問，大事化小，小事化了。致使這位建州女真族的首領得以從容坐大、開疆拓土，最後成為大明王朝的掘墓人。

這個本來應該被消滅在萌芽裡的首領，就是清太祖努爾哈赤。

我常想，要是張居正在，要是考成法在，要是戚繼光還在，努爾哈赤還會是後來的努爾哈赤嗎？可惜，歷史不相信假如，張居正也不相信假如，他只相信千秋功罪自有後人評說。

那麼，後人又會如何來評價張居正呢？在張居正死後的六十年，以及在他死後的三百六十年，又會有哪些人念念不忘地提起張居正來？而他們念念不忘的原因又會是什麼呢？

第二十五章

尋找張居正

兩個疑問

我講張居正的過程中，參看了許多資料，這其中既有像《明史》、《明史紀事本末》、《國榷》和《明神宗實錄》這樣的史料，也有現代人有關張居正的一些著作。

這其中對我幫助尤其巨大的當數現代學者寫的一些有關張居正的傳記。比如說著名學者朱東潤先生寫的有關張居正的最為權威的一本傳記《張居正大傳》、中國社科院劉志琴老師寫的《中國思想家評傳》系列中的《張居正評傳》，還有像馮藝遠、戴潔茹兩位學者寫的《張居正傳》等。在此，我想特別對這些前輩學者表達個人的敬意與謝意。

這其中，個人最為欽佩的，也是學術界有關張居正研究最為推崇的，當屬已故知名學者朱東潤先生寫的《張居正大傳》。

對於這本書，一方面，個人非常喜歡；另外一方面，也非常奇怪。

奇怪主要有兩個方面：

一是他為什麼要給張居正的傳起名叫「大傳」呢？

他寫過《陸游傳》、《梅堯臣傳》、《元好問傳》，甚至還寫過一本《朱東潤自傳》，但這些他只起名叫「傳」，為什麼寫張居正就要叫「大傳」呢？

二是這部《張居正大傳》的寫作時間也讓我感到奇怪。

這部《張居正大傳》是朱東潤先生四十六歲時，也就是一九四一年，於四川樂山寫的。

當時，朱東潤先生在樂山的武漢大學任教，而武漢大學是因為抗日戰爭才臨時流亡遷徙到樂山的。連學校都是流亡學校，所以朱東潤當時過得也是流亡生活。據朱東潤先生自己回憶說，就是在這種流亡生活中，他於一九四一年的一月三日開始動筆，僅用了七個月的時間，到了八月六日，這部三十萬字的皇皇巨著《張居正大傳》就全部完成。

那麼，朱東潤先生為什麼在生活極不穩定的情況下，要如此急匆匆地完成這部《張居正大傳》呢？

對比他的其他傳記作品來看，這本《張居正大傳》字數最多，用時卻是最短，加上當時惡劣的創作環境，我們尤其想知道，是什麼讓朱東潤先生在種種不利條件下產生如此巨大的創作熱情？

對於第一個問題，也就是為什麼要給這本書起名叫《張居正大傳》，朱東潤先生在這本書的序言裡倒有過一個簡單的解釋。

他說：「也許有人看到大傳的名稱，感覺一點詫異。傳記文學裡用這兩個字，委實是一個創舉。」可見朱東潤先生自己也意識到這點會讓後人產生疑問。那麼他是怎麼解釋的呢？

朱東潤先生說「大傳」本來是經學中的一個詞，尚書就有《尚書大傳》。而傳記的「傳」最早原也是從經學裡過渡後才使用到史學裡的。既然「傳記」的「傳」可以從經學中借用到史學裡來，那麼經學中「大傳」這個詞為什麼不可以借用到史學裡來呢？所以，他就起名叫《張居正大傳》了。

朱東潤先生的這個解釋非常學術，他的意思是說自己是跨學科領域，從經學裡借用了「大傳」這個詞，但為什麼要突破常規如此借用，他並沒說。所以，朱東潤先生只說了「是什麼」，卻沒說「為什麼」。

至於時間上的疑點，也就是他為什麼在一九四一年的流亡歲月裡，短短的七個月的時間，要趕出這樣一部三十萬字的巨著，朱東潤先生就更沒有提及過了。

帶著這兩個疑問，還有在講述「萬曆首輔張居正」的過程中所積澱下來種種難以釋懷的情感與情緒，我在一個冬天的夜晚，踏上北去的列車，去那片生養張居正的荊楚大地，尋找我自己的答案。

身後名

來到荊州古城的時候，正是傍晚時分。記得相當清楚，當時，遠處的天邊有一道血色殘陽，把古城籠罩在一種巨大的歷史滄桑感中。

走在荊州城東門外草市的大街上，想起四百八十多年前，那個因為爺爺夢到了一隻白烏龜而取名叫張白圭的小朋友，就是在這條大街旁的某個房屋裡呱呱落地的。想到那個叫張白圭的少年神童就是在這裡改了一個張居正的名字，從而走向天下，也從而開始名滿天下，心中對這種歷史的偶然充滿了一種敬畏和歎息。

荊州人無疑非常愛戴他們這位建立了豐功偉績的神奇先人，荊州的張居正故居修得非常漂亮，也非常有氣勢，說老實話，絕對出乎我的意料。

本以為，經過了四百年的歲月滄桑，沒有多少人會去在乎自己的某位祖先到底做了些什麼；本以為，四百年的歲月變遷早就把這樣一個普通的文化景點「壓榨」成了一個不為人注意的微縮景觀。

可事實是，無論從占地規模和修繕程度來看，張居正故居都是我所見過的名人故居景點中非常突出的。

在跟當地人聊天時，說起張居正故居非常有氣勢，有人說：「這算什麼，張居正那是一代名相啊！中國古代雖然有很多名相，但誰能跟他比啊！」

這話聽起來特牛，但牛得讓人服氣。

當時我聽了這話，豎起大拇指，只說了四個字：「名至實歸！」

在張居正故居裡流連了大半天，首先產生的一個感慨就是：一個人的生前身後、得失毀譽，都不是自己可以決定的，更不可預料，所以只要無愧於心，就應該像張居正那樣，無所顧忌，奔著自己的理想，勇敢前行。

張居正生前，權勢達到極點，聲譽也達到頂點，甚至他還活著的時候，就有人為了表彰他為國家做出的貢獻，幫他建祠堂，這叫生祠。當然，這其中不乏拍馬屁之舉。可是張居正對於這些，就像當初面對荊州的官員為他建三詔亭一樣，表現得極為冷靜，說我死之後，恐怕連找塊安葬的地都困難，誰又會在乎你生前的顯赫呢！

我們曾經分析過，張居正在建下豐功偉業、在權勢達到頂峰的時候能說出這樣的話來，也太有政治遠見了。果然，張居正一死，小萬曆開始對他口口聲聲要報答的恩師反攻清算。因為在張家沒抄出預期的兩百萬兩白銀，甚至想將張居正開棺戮屍。果真如張居正生前預料的，他連塊安葬的地都無法保全。

終萬曆一朝，張居正被定調為萬曆皇帝碰到過的最大奸臣，小萬曆不許任何人為張居正翻案，大明萬曆朝的政治口徑非常統一，不再提張居正的貢獻，最好把張居正這個人徹底忘掉。

可是，公道自在人心，歷史畢竟不是人為可以抹殺的。

其實在萬曆朝，當時就有不少人為張居正鳴冤報屈。要說像潘季馴這樣被張居正破格提拔的人才為張居正叫屈尚可理解，但就連張居正活著的時候反對他的人也為他叫屈，這就更具說服力了。

明代的大思想家李贄，曾經在張居正詔毀天下書院的文化專制過程中飽受打擊，他也是張居正生前少數敢於痛批他的人。可當張居正死後，他目睹了朝廷對張居正的誣陷，以及對張家後人無情的迫害後，他不僅指責那些不能為張居正辯護的官員，還把張居正與當時人們都特別愛戴的清官海瑞做對比，說海瑞只是「萬年青草」，可以「傲霜雪」，卻不可以「任棟梁」，但張居正雖然執政時「膽大如天」，卻可以稱得上是古今「宰相之傑」！

李贄是思想家，所以看得遠、看得深。可一般人並沒有他這麼洞燭觀火的認識，所以終萬曆一朝，雖有李贄這樣的人為張居正說話，但畢竟身微言輕，並不為人所重視。因此到了萬曆朝後期，張居正真的漸漸被人淡忘。

可就在我們以為張居正真的要被所有人淡忘時，就在張居正死後的六十年左右，也就是明代崇禎年間，不論是廟堂之上，還是鄉野之間，竟有很多人想起了張居正。

為什麼呢？道理很簡單，一句老話——「家貧思賢妻，國難思良相」！上至崇禎皇帝，下到文人士大夫，在農民起義和異族入侵的歷史洪流面前，都意識到大明王朝到了生死存亡的關頭。誰能挽狂瀾於既倒？誰能扶大廈於將傾？誰能為大明王朝再降生一個張居正來呢？

第一個跳出來如此呼喊的人，大家絕對想不到，我估計泉下有知的張居正也絕對想不到。他就是在奪情倫理風暴中號稱反奪情五君子之一，而且是五個人中把張居正和萬曆新政罵得最凶、最狠的鄒元標。

鄒元標因為反奪情，在廷杖中被打斷了雙腿，落下了終生殘疾。過後又被流放到雲貴邊遠山區，弄得渾身是病。他晚年曾說，每到陰雨天，那叫一個「天陰雨溼聲啾啾」啊！渾身的骨頭縫裡都疼痛異常，有時痛得竟忍不住要哼出聲來。這可說，全拜張居正所賜。

鄒元標後來成為東林黨的領袖，在國破家亡的嚴峻形勢下，他開始反思張居正的萬曆新政，最終並認為只有張居正的改革才是救國的良方。他上疏崇禎皇帝，主張為張居正平反昭雪，結果得到朝廷上下的一致贊同。到了崇禎三年，張居正生前的名譽才得到完全的恢復。

張居正當年孤身一人誓把改革推行到底的時候，曾經說過：「知我罪我，在所不計！」他的兒子張懋修在窮盡餘生編定《張太岳集》之後也說：「留此一段精誠在天壤間，古人所謂知我罪我，先公意在是乎。」

這個「知我罪我」的典故出自孔子。孔子編寫完《春秋》說：「知我者，其惟《春秋》乎！罪我者，其惟《春秋》乎！」

那意思是說我做的這些事、寫的這本書，後人一定會毀譽不一、褒貶不一的，但只要我認為這是對的、是有價值的，不論別人如何評說，我都會堅定地做下去。

張居正引用孔子的這句話，是說他不會在乎那些生前身後之名，他看重的是他的理想、他的改革大業，哪怕為此擔上千古罵名，他也會昂首前行。

而他的兒子張懋修在抄家時自殺不成，後來忍辱偷生，為父親編寫文集，也是要把父親的這種精神宣揚下去，這就叫「留此一段精誠在天壤間」！

宋代的辛棄疾在他的名作《破陣子》裡說：「了卻君王天下事，贏得生前身後名，可憐白髮生。」張居正「了卻」了「君王」的「天下事」，可是當時並沒能「贏得生前身後名」，但即使這樣，他留在天地間的那種精神卻也是永遠不朽的。

那麼，這到底是一種什麼樣的精神呢？

這就要說到我在張居正故居流連忘返時所產生的第二個強烈感慨。

精誠

張懋修說他爹「留此一段精誠在天壤間」，那麼，張居正留下的這一段「精誠」，或者說這一種精神，到底具有怎樣的內涵呢？

個人認為，精神這種東西是可以遺傳的，尤其是對於一個家族，甚至是對於一個民族而言。要想知道張居正到底留下的是何種精神，我們不妨來看看張居正的後人——他子孫的表現。

在亡國的崇禎皇帝當政的十七年裡，他雖然也想勵精圖治，他雖然為國事操心到二十多歲就白了少年頭，只可惜，天下已再無張居正。天下多得是亂世之梟雄，朝廷卻沒有一位治世之能臣。崇禎皇帝也只能望洋興嘆。他於崇禎十三年下旨讓張居正死去的長子張敬修世襲張居正生前的榮譽，並任用張敬修的長孫，也就是張居正的長曾孫張同敞，希望他能夠繼承祖先的光榮傳統，救大明於水火之中。

張同敞一介書生，從此便投身到戰火燃燒的歲月裡。

到了崇禎十七年，北有清兵叩關，南有李自成的起義大軍直逼京師，崇禎帝無兵可調，就寄希望於張同敞可以藉張居正的聲名和影響，南下調兵。

張同敞千里兼程，可惜他兵還沒召集多少，崇禎帝就吊死在煤山，隨後清兵入關，大明朝真的是亡國了。張同敞的同學好友都勸他應該遠身避禍，以保張家血脈，因為張同敞到這時還沒有後代。可張同敞卻說：「先祖為國，常思死而後已，我怎能做個不肖子孫呢？」

那意思是說，我的曾祖張居正為國家可以不計榮辱、不計生死，我當然要像他老人家一樣，在國家危難關頭挺身而出，怎麼能只顧自己的安危呢？我要這樣的話，死後有何面目去見我的曾祖父呢？

你別說，張同敞想起當年張居正外除邊患、內平叛亂，一手創建出一個中興而鼎盛的大明王朝，就感覺頗為自負。

祖先的血液在他的身體裡流淌，他明知明王朝大勢已去，可他一定要做些什麼，要像他的祖先張居正那樣為國家做些什麼，無論成敗得失，無論功過是非。

他先是幫助南明小朝廷積極籌畫抗清大業，後來弘光政權滅亡，他又趕到雲南保衛永曆皇帝，誓死抗清。永曆帝封張同敞總督的官職，讓他協調各路兵馬。可實際的兵權卻都在各路的將領手中，大家人心渙散，根本不聽指揮。張同敞只希望能以一腔熱血感動所有的人。所以打仗時，他做為一介書生，前進的時候，總是一馬當先；士氣動搖的時候，他則端坐不動。多少次，他以個人的氣概穩定了軍心，漸漸地，他取得了將士們的信任與愛戴。

可畢竟大勢已去、獨木難支。永曆五年，也就是在張同敞堅持抗戰了八年之後，清兵攻入廣西，永曆帝逃往梧州，桂林的軍隊潰散，只剩下一座空城。而抗清名將瞿式耜留守空城，堅決不肯走。張同敞聽聞之後，隻身一人，泅水渡江，來見瞿式耜。

瞿式耜見到張同敞說：「我為留守，當然要死在桂林。總督你沒有守土的責任，還是離開吧！」

張同敞握著瞿式耜說：「古人恥獨為君子，先生為什麼不讓同敞我與你共生死呢？」聽了這話，瞿式耜熱淚盈眶，說：「別山，你不愧出自忠孝之家！」

別山是張同敞的號，瞿式耜那意思是說，你真不愧是張居正的後代啊！

瞿式耜端出酒來，外面風雨大作，兩人則正襟危坐，秉燭達旦。

天亮時，清兵攻入桂林城。投降清軍的定南王孔有德直衝帥府，抓住了瞿式耜，非常高興。他不認得張同敞，就問此人是誰。結果張同敞開口就是長篇大論，把孔有德賣祖求榮罵得狗血噴頭。孔有德惱羞成怒，當時命人打斷了張同敞的雙臂，並挖掉了張同敞的一隻眼睛。可張同敞依然怒罵不止，當孔有德知道這就是張居正那位有名的曾孫後，也不敢下手了。他把瞿式耜和張同敞關進大牢，想把他們勸降，但這兩個人若是能降，下面的仗就不用打了。

可惜他算盤雖然打得好，但根本就找錯了人。這兩人要是肯降，還會在風雨之夜獨守一座空城嗎？

張同敞和瞿式耜被關在獄中，因牢房只隔一堵牆，兩個人就彼此談笑吟詩、互相鼓勵。張同敞的《自訣詩》序裡說：「被刑一月，兩臂俱折。忽於此日，右手微動，左臂不可伸矣。曆三日，書得三詩，右臂復痛不可忍；此其為絕筆乎？」

那意思是說，在被關押的一個月裡，因為受刑，兩臂都折斷了。有一天右手忽然可以微微動彈，但左手仍一點都不能動，就憑著這隻可以微微動彈的右手，寫了三首詩。因為右手只是能微微動彈，這三首詩他整整寫了三天。等到寫完這三首詩，右手再也不能動了，同敞知道，這大概就是自己的絕筆作了。

我們來看其中的一首說：

「彌月悲歌待此時，成仁取義有天知！衣冠不改生前制，名姓空留死後詩。破碎山河休葬骨，顛連君父未舒眉。魂兮懶指歸鄉路，直往諸陵拜舊碑。」

這詩是說自己要殺身成仁、捨生取義了，而自己生是大明的人、死是大明的鬼，如今山河破碎、國破家亡，也無所謂什麼死後安葬、入土為安，就算是我的魂魄，在我死後也不會只想著回到家鄉去，而是要像我的祖先張居正一樣，到我大明的歷代皇陵那裡去拜謁。以此來告訴世人，大明雖亡，但張居正的子孫自有代代忠骨，浩氣長存！

孔有德讀了張同敞和瞿式耜的詩，知道勸降根本沒有希望，又怕夜長夢多，所以決定殺掉兩人。

行刑的那天，據說張同敞堅決不肯跪著受刑，他就站在那看著劊子手，臉上沒有絲毫懼色。據說他的頭被砍掉後，他的身子卻屹立不倒，劊子手上前推，可他的身軀還是屹立不倒。當時，孔有德和在場的清兵都嚇壞了，大家不由自主地給張同敞血淋淋的身體跪下來，「砰、砰、砰」磕了幾十個響頭，那屍體才砰然倒地。

逃到南寧的永曆帝聽到這件事之後，悲慟異常，他下令朝廷上下拜祭瞿、張二人。尤其對於張同敞，永曆帝念其臨終時還沒有子嗣，特地贈封其為江陵伯。據說有一段時間，他每天拿著張同敞和瞿式耜的絕命詩翻來覆去地讀，邊讀邊流著淚說：「國無江陵！國無江陵！」

我們知道，明人會以出生地來稱呼一個人，但某個地名特指某位名人之後，這個地名一般不再專指其他人，這在古籍的寫作中也算是種潛規則的筆法。在明代，能稱張江陵的只有張居正，而此時永曆封張同敞為江陵伯，還哀歎「國無江陵」，那到底是單指的張同敞，還是也兼指張居正呢？

我想，答案不言自明，這個「江陵伯」和這句「國無江陵」實在包含著明人一語雙關的哀歎，那就是這位民族英雄張同敞身上流淌的不正是那位治國能臣張居正的血液嗎？

張同敞和他的祖先張居正，本來都應該是國家依賴的棟梁，可這樣的人太少了。平常的時候，沒有危難的時候，這樣的人，你會覺得無所謂；可國破山河碎的時候，面對江河日下的時局，面對碌碌無為的當政者，誰能不由衷地思念這樣的人呢？

這就叫「家貧思賢妻、國難思良相」啊！

人們正是在張同敞的身上看到了當年張居正有能力、有毅力振興大明王朝的那段輝煌。可惜，張居正畢竟只有一個，自這位大明王朝不世出的奇才離開人間後，再也沒有人能續寫他的輝煌了。張同敞做為張居正的後人，雖然他也有能力、也有毅力，只是他再也沒有張居正的那個時代和機遇了。

當然，他身上依然流著他曾祖父的血，他依然有張居正那樣唯國家利益至上的立場，他依然有張居正那樣面對重重危難「雖千萬人而吾往矣」的勇氣和決心，他也依然有張居正那樣「知我罪我，在所不計」的堅持與氣概。

有這些，一個王朝才有希望；有這些，一個民族才有希望。

這大概就是張居正留在「天壤間」的那段「精誠」、那種精神的內涵所在。

所以，在張同敞、瞿式耜死後，先是人們自發地為他倆安葬，後來清政府也被這兩人視死如歸的氣概所震撼，康熙年間曾下令表彰兩人寧死不屈的氣節。到了道光二十年，也就是一八四〇年鴉片戰爭前，江河日下的大清王朝也面臨著國難當頭的厄運，這時他們也想起張同敞和張居正這樣的人來了。廣西巡撫親自在張同敞和瞿式耜的殉難處，為兩人立了一塊兩米高的巨大石碑，題名叫「常熟瞿忠宣、江陵張忠烈二公成仁處」碑，不僅表彰他們的氣節，也希望能冀此喚醒人們保家衛國的決心與勇氣。

一九六三年，在廣西出席歷史學會議的郭沫若先生專程到瞿、張的墓前來拜謁這兩位英雄。他分別寫了兩首詩來讚頌瞿、張兩人。他的《贊張同敞》詩寫道：

「的是奇男子，江陵忠烈張。隨師同患難，與國共存亡。臂斷何曾斷，睛傷並未傷。萬人齊仰止，千古整冠裳。」

我個人覺得這首詩寫得非常好，尤其開篇的這句「的是奇男子，江陵忠烈張」，說的雖然只是張同敞，但放在張居正身上又何嘗不可呢？

舉目大明王朝兩百七十六年的歷史，能力挽狂瀾、開創中興盛世的張居正難道不也是個奇男子嗎？

能以一句國家利益至上，迎著反奪情的倫理風暴，把改革事業進行到底的張居正難道不算是個奇男子嗎？

能超越世人的毀譽，能超越世俗的榮辱，並最終實現個人理想與國家振興的張居正難道不就是個奇男子嗎？

「的是奇男子，江陵忠烈張！」

在張居正故居裡想到郭沫若先生這詩句時，突一轉念，說不定朱東潤先生也到過廣西，也在張同敞的墓前憑弔過這位繼承了張居正「精誠」精神的不屈英雄。要不然，他怎麼會在《張居正大傳》的最後也說到了張同敞的英勇就義，並在交代了張同敞的生平後，突發感慨地說：

「同敞死了，熱烈的血液，灌溉了民族復興的萌芽！」

當時，我站在張居正故居裡，站在張居正的塑像面前，突然完全明白了朱東潤先生所留下的那兩個謎團。

朱東潤先生在一九四一年的抗戰歲月裡，用了僅僅七個月的時間就寫出了這部洋洋三十萬字的皇皇巨著，他的創作熱情完全來自於那個特殊的時代。

當時抗日戰爭雖然已經進入了相持階段，但日本軍國主義的囂張氣焰正是達到了高潮。朱東潤先生是一九四一年八月六日完成整部《張居正大傳》的創作的，再過整整四個月，也就是十二月七日，正是日本偷襲珍珠港、太平洋戰爭全面爆發的時間。朱東潤先生是在顛沛流離的流亡生活中，是在全民族的深重災難中，趕出這部《張居正大傳》的。

時至今日，我們依然完全可以感受到朱東潤先生在樂山的流亡歲月裡、在忽明忽暗的煤油燈下奮筆疾書時的激憤與激動。

所以傳記的最後，用的完全不是傳記的筆法。在全書的最後，朱東潤先生用沉重的筆觸寫道：

「整個的中國，不是一家一姓的事，任何人追溯到自己的祖先的時候，總會發現許多可歌可泣的事實。有的顯煥一些，也許有的黯淡一些，但是當我們想到自己的祖先，曾經為自由而奮鬥、為發展而努力，乃至為生存而流血，我們對於過去，固然看到無窮的光輝，對於將來，也必然抱著更大的期待。前進啊，每一個中華民族的兒女！」

「前進啊，每一個中華民族的兒女！」——這應該就是這部傳記叫「張居正大傳」而不叫「張居正傳」的理由吧！

在張居正的身上，身受著國破家亡之痛的朱東潤先生該是寄寓了怎樣的屬於民族的期望？在張居正的身上，每一個渴望民族偉大復興的中華兒女又該是寄寓了怎樣的屬於整個民族的期望？

所以，這絕不只是一個人的傳記，這是一種屬於整個民族的精神傳記，這樣的傳記稱之為「大傳」，名至實歸！

如今，那段抗戰的艱難歲月雖然已經過去，甚至呼喚張居正精神的朱東潤先生也已千古，但這種呼喚、這種對民族偉大復興的期望，不一直在我們每一個人的身上、每一個人的心靈與血液裡流淌著嗎？

正是出於這個原因，我們才在今天把「萬曆首輔張居正」的人生歷程再一次展現在觀眾們面前！

也正是出於這個原因，我們才在如今「為發展而努力」的奮鬥歷程中緬懷這位為自己的國家與民族做出過巨大貢獻的先人！

事實上，我在北上的列車中，在張居正故居的庭院裡，在「百家講壇」講述「萬曆首輔張居正」的每一個日日夜夜裡，促使我能夠滿懷激情地去穿越歷史的塵埃，去面對張居正這個歷史人物的最根本動因，也就在於朱東潤先生在《張居正大傳》中說的最後這句話——

「前進啊，每一個中華民族的兒女！」

後記

我的伯樂，名叫馬琳。她是「百家講壇」的編導，也是南京人，所以算是回到了故鄉，找到了我。

我喜歡上課，有點宿命論地認為自己就是一個「教書匠」的命。課堂上的那種氛圍，以及那種氛圍裡的愉悅，都讓我深深為之著迷。馬琳也對我說，「百家講壇」其實就只是一個課堂！

於是，暮春的一個早上，我坐火車到了北京，來到了「百家講壇」。因為有「教書匠」的宿命，也因為「百家講壇」對我來說只是一個課堂，所以我講得還算放鬆、還算順利，得到了節目組的認可。接下來，我的編導們就和我一同策畫了這個「大明名臣」的系列選題。

之所以會在「大明名臣」的系列裡選擇先講張居正，是因為我個人非常喜歡這個人物命運裡那種奮進又孤獨的悲劇力量。誠如我在最後一講裡談及朱東潤先生創寫《張居正大傳》時的心情：每一個民族都自有其值得緬懷、不容忘卻而又在時光長河裡逐漸被淡漠了的英雄！我以為，張居正正是這樣一個人。

讓我非常欣慰的是，不論是「百家講壇」的領導們，還是編導們，都非常理解我，也非常支持我，並打破常規，讓我這個徹頭徹尾的「新人」把這個並不算熱門的選題，一講就講了二十五講。

如今回頭思量，我常會想起那句話——「海納百川，有容乃大」。大概，這也正是「百家」的氣魄與胸懷所決定了的。

這個系列裡，具體負責我的編導是「百家講壇」的現任主編那爾蘇。說起來，我倆還特別有緣。那爾蘇只比我小幾歲，我們都出身軍人世家，都有一個嚴厲的軍人父親，也都曾惹下過童年時以為算是「塌天」的」大禍……相似的童年經歷讓我們相見恨晚，也相得甚歡。

因為溝通良好，我們有了愈來愈多的共同語言。他會很細緻地告訴我他們做節目的經驗，從來不貿然指出我的問題，只是讓我看到更好的方式與技巧；他會很耐心地揣摩我的文稿，從來不輕易否定，只是讓我看到更具價值的方向與空間；他會想到我想不到的方方面面，甚至為我料理好一切細枝末節，包括講課時的一杯水、一張紙巾，好讓我毫無壓力地站到講臺上，去融入屬於自己的課堂。

說起來，講課的順利完全得益於很多人的汗水與呵護。印象最深的是魏淑青主任和製片人聶叢叢老師，她們常在百忙中親自參與選題的策畫與討論，一談就是好幾個小時，有時飯也顧不上吃一口，敬業的精神實在讓我感動。

還有王詠琴老師、吳林老師、高虹老師、于虹老師、馬曉燕老師和楊靜老師，當然還有很多幕後工作人員，他們都為「萬曆首輔張居正」付出過許多心血。而講稿的出版，更離不開楊瑞雪社長、劉海濤老師、蘇東老師和逯衛光老師的辛苦與努力，我唯有懷著一顆感恩的心，對所有幫助我、支持我的師長和朋友，在心底默默地存著感激。

我想，時光終究會流轉過去，唯有曾經共度的歲月，永不磨滅。

國家圖書館出版品預行編目資料

萬曆首輔張居正／酈波著. -- 初版. -- 臺北市：麥田出版：家庭傳媒城邦分公司發行, 民2011.12
面； 公分. --（重說・史；15）
ISBN 978-986-173-706-5（平裝）
1.（明）張居正 2.傳記
782.867 100023923

重說・史 15

萬曆首輔張居正

作　　者　酈　波
責任編輯　關惜玉・林俶萍
封面設計　蔡南昇

編輯總監　劉麗真
總 經 理　陳逸瑛
發 行 人　凃玉雲
出　　版　麥田出版
城邦文化事業股份有限公司
台北市中山區民生東路二段141號5樓
電話：02-2500-7696　傳真：02-2500-1966
發　　行　英屬蓋曼群島商家庭傳媒股份有限公司城邦分公司
台北市104中山區民生東路二段141號11樓
書虫客服服務專線：02-25007718・02-25007719
24小時傳真服務：02-25001990・02-25001991
服務時間：週一至週五09:30-12:00・13:30-17:00
郵撥帳號：19863813　戶名：書虫股份有限公司
讀者服務信箱E-mail：service@readingclub.com.tw
歡迎光臨城邦讀書花園　網址：www.cite.com.tw
麥田部落格　http://blog.pixnet.net/ryefield
香港發行所　城邦（香港）出版集團有限公司
香港灣仔駱克道193號東超商業中心1樓
電話：(852)2508-6231　傳真：(852)2578-9337
E-mail：hkcite@biznetvigator.com
馬新發行所　城邦（馬新）出版集團【Cite（M）Sdn. Bhd.（458372U）】
11, Jalan 30D / 146, Desa Tasik, Sungai Besi, 57000 Kuala Lumpur, Malaysia.
電話：（603）90563833　傳真：（603）90562833

印　　刷　前進彩藝股份有限公司
初版一刷　2011年（民100）11月29日
初版四刷　2012年（民101）2月3日

定價：380元
ISBN：978-986-173-706-5

城邦讀書花園
www.cite.com.tw